本书为浙江省哲学社会科学规划后期资助课题成果（13HQZZ006）；本书为宁波国际港口与物流研究中心前期立项，在此基础上申报获得浙江省社科规划后期资助立项；本书获得宁波工程学院学术专著出版基金资助。

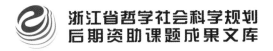
浙江省哲学社会科学规划
后期资助课题成果文库

多式联运价值增值研究
——基于集装箱运输的实践

Duoshi Lianyun Jiazhi Zengzhi Yanjiu

焦新龙 著

中国社会科学出版社

图书在版编目（CIP）数据

多式联运价值增值研究：基于集装箱运输的实践/焦新龙著．—北京：中国
社会科学出版社，2016.7
ISBN 978 - 7 - 5161 - 7277 - 3

Ⅰ.①多…　Ⅱ.①焦…　Ⅲ.①集装箱运输 - 多式联运 - 研究　Ⅳ.①U169

中国版本图书馆 CIP 数据核字（2015）第 296743 号

出 版 人	赵剑英
责任编辑	宫京蕾
特约编辑	大　乔
责任校对	董晓月
责任印制	何　艳

出　　版	中国社会科学出版社
社　　址	北京鼓楼西大街甲 158 号
邮　　编	100720
网　　址	http：//www.csspw.cn
发 行 部	010 - 84083685
门 市 部	010 - 84029450
经　　销	新华书店及其他书店

印刷装订	北京市兴怀印刷厂
版　　次	2016 年 7 月第 1 版
印　　次	2016 年 7 月第 1 次印刷

开　　本	710×1000　1/16
印　　张	16
插　　页	2
字　　数	279 千字
定　　价	62.00 元

凡购买中国社会科学出版社图书，如有质量问题请与本社营销中心联系调换
电话：010 - 84083683
版权所有　侵权必究

前　　言

纵观人类发展的历史，交通运输与人类的生存和发展息息相关，其发展是人类文明发展的主要分支。多式联运作为交通运输新的组织方式，在最大程度上整合了不同运输方式的经济、技术特性，在最大程度上实现了交通运输资源的合理配置和高效应用，在最大程度上保障了交通运输的快速、可持续发展。在科技、文化、理论加速发展的当今应该如何推进集装箱多式联运自身的发展以更好地同社会、经济的发展相适应、相促进是货运发展中的重要议题。价值作为人类文明史上的重要概念一直伴随着，甚至左右着人类生产和生活的诸多方面。关于价值的理论研究也不胜枚举，其在不同领域的应用对促进全人类的发展起着不尽相同的重要作用。价值工程理论作为一种新型的管理技术，具有广泛的研究领域和应用范畴，在社会经济生活的各个领域发挥着重要作用，也为解决集装箱多式联运的发展问题提供了崭新的研究视角。

基于以上研究背景，站在经济分析的视角，通过分析集装箱多式联运理论，以价值工程为理论基础阐述了货运价值和货运价值增值的内涵，分析研究了集装箱多式联运价值增值问题。以系统的理论分析为基础，应用系统性的思想、价值分析的方法、价值增值的基本理念，借鉴数学、经济学、管理学、运筹学、博弈论等学科的分析方法和信息技术、数据库管理技术等，以集装箱多式联运为集中点综合多学科管理思想和计算方法，从集装箱多式联运的宏观发展层面分析了追求价值增值的重要意义；从理论分析的角度以现有理论为基础详细阐述了集装箱多式联运的价值、价值增值的含义；从微观分析的角度阐述了集装箱多式联运价值增值的主体，以及增值动力、增值动力的作用机制；在理论与实践相结合的指导思想下提出了集装箱多式联运价值增值策略及其应用；并就典型的集装箱多式联运流程进行价值分析，结合具体实例分析了集装箱多式联运价值的增值过程。期望从价值的角度和深度入手解决集装箱多式联运中低效运作等问题，从而提高集装箱多式联运的整体效益，并为其发展提供新的理论基础和研究视角。集装箱多式联运价值增值研究为宁波国际港口与物流研究中心前期立项，在此基础上申报获得浙江省社科规划后期资助立项。

目　　录

第一章

绪　　论

第一节　研究背景和意义

一　研究背景

　　纵观世界文明史，不难看出人类的生存发展与交通运输息息相关，在认识世界、改造世界的过程中，劳动者、劳动工具和劳动对象必然要发生各种各样的物理位移。于是人类通过不同的方式，使用不同的工具来实现人和物的物理性位移，这就产生了交通运输，并因此得以不断发展。而且人类历史的实践证明，一个国家或者地区的经济、政治、文化和社会生活的各个方面、各个层面的发展，在很大程度上都取决于交通运输业的发展程度。因此，在一国范围或者一区域范围内运输是重要的支柱性产业之一，是国民经济发展的命脉所在，是现代文明得以彰显的重要载体。马克思指出："除了采矿工业、农业和加工制造业以外，还有第四个物质生产部门，它也经过手工业生产、工场手工业生产和机器生产三个不同的发展阶段。这就是运输业，不论它是客运还是货运。"[①]运输作为一个独立的特殊物质生产部门，为社会提供各种各样的运输服务。

　　随着社会生产力的不断进步和社会分工的不断细化，运输工具也在不断地发生变化，由于各种运输过程中采用的运输工具和运输组织不同，进而又形成了不同的运输方式。从运输的具体运作来看，不同的运输方式主要体现为不同的运输基础设施和载运工具。其中，运输基础设施主要由线

[①]　转引自严启明、韩艺萌《国际货物运输》，对外经济贸易大学出版社1994年版，第1页。

路（公路、铁路、航道、航线、管道等）和站场（火车站、汽车站、机场、港口、码头等）组成，是各种运输工具流动的物质载体。[①] 载运工具主要有汽车、火车、轮船、飞机等，是各种被运送货物或者旅客流动的物质载体。按照运输基础设施和运载工具不同，可以将运输划分为五种运输方式，分别是公路运输、铁路运输、水运、航空运输和管道运输。不同的运输方式在运输市场中以其经济特性和技术特性相互竞争、相互替代而占据各自的一席之地。按照运输所运送的对象不同，可以将运输分为旅客运输和货物运输，世界上绝大部分运输都是由货运完成的。

　　各种不同运输方式特有的经济、技术特性决定了其优势的同时也决定了其不可避免的劣势，如何使各种运输方式在发挥优势的同时避免劣势成为交通运输发展的一大问题，而多式联运的出现非常漂亮地解决了这一问题。多式联运整合各种不同运输方式，利用其各自的经济、技术特性，以尽可能低的成本提供综合性的服务。在多式联运过程中多式联运合同起着至关重要的作用，保障整个货运过程，托运人和多式联运经营人或其代理签订多式联运合同，并将货物交付给多式联运经营人或其代理，由多式联运经营人或其代理完成整个集装箱多式联运过程。托运人只和多式联运经营人或其代理打交道，而不去过问整个联运过程中涉及的其他承运人。而且，双方所签订的多式联运合同对全程运输负责，具有法律效力。

　　就全球范围而言，多式联运得到了将近 60 年的发展，而我国的集装箱多式联运发展历史相对比较短暂，仅有 40 来年，虽然取得了一定的成绩，但同时也出现了许多不容忽视的问题，主要表现为以下六个方面。

　　（1）服务意识方面

　　我国多式联运一些相关部门服务意识较差，一些管理部门的手续繁杂、工作效率低下。甚至还没有建立起为货运市场的多式联运货运需求提供满意服务的基本意识，在很大程度上仅仅关注眼前的、短暂的经济利益，而没能从服务市场、服务大众的理念出发来展开多式联运服务的各项活动。

　　（2）基础设施方面

　　随着我国国民经济和交通运输的发展，交通运输基础设施建设取得了傲人的成绩，但是不合理建设、重复建设大量存在，造成运输资源浪费严

---

①　张周堂：《基于可持续发展的综合运输体系》，陕西人民出版社 2011 年版，第 27 页。

重。同时，已建基础设施的使用效率并不高，运作效果远未达到预期目标。特别是我国沿海中小港口以及内河港口基本上是以多用途码头、杂货码头为主，码头基础设施、技术装备不尽合理，制约着多式联运的快速发展。而内河航道等级总体较低，不能满足多式联运中水运快速化和深水化的基本要求。同时，连接内陆铁路、货场、物理节点的硬件、软件设备设施不足，导致综合的运输能力较差。

（3）运输环节方面

多式联运是对多种运输方式的协调运作，高效的多式联运需要各运输环节的紧密配合，需要各种运输方式相互协调发挥整体最优。但是，目前我国各种运输方式之间的不合理竞争大量存在。铁路运输网络的完善和运行速度的不断提升使得铁路运输和公路运输在中短途运输中展开了激烈竞争，而高速公路的快速发展与在合理运输半径内的绝对优势使得水路集装箱短途运输又面临了强有力的竞争。正是由于各种运输方式之间的市场竞争日益激烈，使得承运方为了占领足够的市场份额采用全方位、各层面的市场竞争，其中不乏一些不正当的价格竞争、行业垄断等不规范行为，从而导致我国货运市场和多式联运市场不能健康有序地发展。

（4）管理水平方面

多式联运是对多种运输方式的协调应用，其运营组织需要更高水平的管理能力，需要对各种运输方式、各种运输方式的运营过程、各种运输方式涉及的承运人及相关人员进行科学合理的计划、组织、指挥、协调和控制。只有高效的管理能力与顺畅的运送过程完美结合才能更好地完成整个多式联运任务，并取得最大的产出—投入之比，为消费者创造更大的价值。

（5）信息技术方面

信息技术在我国多式联运中的应用虽然取得了很大成就，但是伴随着信息技术本身的不断更新发展与我国多式联运市场的繁荣发展，信息技术在集装箱多式联运中的应用、推广、普及进程远不如信息技术自身的发展迅速，也远不能满足货运市场中供、需双方日益增长的信息技术需求。

（6）法律法规和海关监管方面

我国多式联运相关法律法规的制定与发展不能很好地与多式联运自身的发展相协调，特别是海关的监管方面存在诸多问题。尤其突出的问题是不同关区之间中转手续烦琐、协调不足。出口箱的出境证明、报关单回执联的签退周期等方面的工作都有待于进一步改善，各关区之间的中间环节有待不断简化，实现不同关区的协调一致，最大限度地为我国多式联运的发展服务。

价值工程理论作为一种新型的管理技术，以用户的功能需求为出发点，对产品或者服务的功能进行分析，系统研究功能与成本之间的关系，以提高产品或者服务的价值为目标，由各利益方共同参与进行有计划、有组织、有秩序的增值活动。价值工程理论具有广泛的使用范围，可以应用于社会经济的各个领域，自其产生至今价值工程在全球范围内社会经济的各个领域取得了卓越的成果。而集装箱多式联运具有明显的流程性特征，组成流程的各个环节的价值共同决定了整个集装箱多式联运的总价值。如果将价值工程理论应用于集装箱多式联运的价值分析中，将有助于集装箱多式联运价值的增值，有助于提高货运的运作效率，从而解决我国集装箱多式联运乃至整个货运发展的战略性问题。

二　研究意义

集装箱多式联运作为货物运输发展的总体趋势占据诸多方面的绝对优势，就价值层面而言，集装箱多式联运活动为消费者所创造的价值量是任何一种运输方式以及简单的接驳运输所无法比拟的。但是，我国乃至国际上许多国家的集装箱多式联运并没有得到理论意义上应有的重视与发展，究其原因可能涉及很多方面，而且不同国家、不同发展阶段都有其各自原因所在。尽管如此，集装箱多式联运作为当前货物运输发展的最优运作形式的重要地位是毋庸置疑的，而且这一点也越来越得到广泛的认可和关注。本书在此引入德国多式联运发展作为小案例来做一简单说明。21世纪初，德国的货物运输发展过程中出现了很多诸如运输效率低下、运输基础设施破坏严重等问题，于是德国自上而下地加大了对铁路货运与内河运输的支持。其初衷在于将公路运输量向铁路运输和水运运输转移，从而减少公路货运的压力，但实践结果并没能如愿以偿：公路的货运量并没有大幅下降，铁路和水运的货运量也没能得到提高。然而，却又取得了出乎意料的收获，即多式联运的货运量大大增加，集装箱多式联运得到了前所未有的发展，可谓"有心栽花花不开，无心插柳柳成荫"。可见，集装箱多式联运以其自身优势在不断吸引着企业和政府对其关注，并当之无愧地成为货物运输的发展趋势。

而价值工程自其产生至今，经过 60 多年的发展，取得了傲人的成绩。遗憾的是没能应用于交通运输领域，更没能在集装箱多式联运中发挥其应有的效力。究其原因也是多方面的，总体而言可以概括为两个方面，即表层原因是货运发展的现状存在诸多问题，例如运作散、乱、杂等；深层原因是政府对企业的考核从来没有涉及价值的深度，也就是说仅仅关注到了企业所取得的经济利润，而没有关注到企业为消费者所创造的价值，从而使得企业的运作仅仅关注最表层的经济效益和市场份额。

鉴于以上对多式联运的分析，本书选题为"集装箱多式联运价值增值研究"，从价值的角度和深度入手，分析集装箱多式联运价值及其增值的相关理论，并借鉴价值工程的理论和方法实现集装箱多式联运的价值增值。研究价值增值的意义主要体现在以下两个方面：①就集装箱多式联运自身而言，通过实现价值增值为货运需求者创造更大的价值，从而实现企业自身的发展；②就整个货物运输而言，通过实现集装箱多式联运价值的增值，将多式联运的价值优势更突出地显现出来，促进货运向着多式联运的方向不断发展。从而实现货运资源的合理配置，促进交通运输的可持续发展。

对本书的研究意义，还可以从理论基础、研究方法、研究成果以及政府管制和引导四方面来给予说明。

首先，从理论基础层面上来分析，本书将价值工程理论作为理论分析的基础（本书中将价值工程和价值分析视为同一理论，并不对其进行刻意的辩解和区分）具有理论可行性和实际可操作性，是切实可行的。集装箱多式联运具有明显的流程性特点，可以对集装箱多式联运流程的各个组成环节进行价值分析，应用逆推分析法寻找具有增值潜力的环节，并选择切实可行的增值策略，从而实现预期的增值目标。

其次，从研究方法层面上来分析，本书将规范的理论分析和典型的流程分析相结合，通过规范的理论分析建立理论框架，借用一定的计算机软件技术和分析方法对理论框架进行模拟应用，再借助实例分析对理论框架和理论结果展开实际应用和检验。本书中应用到的研究方法主要包括经济学、管理学、运筹学、系统论、博弈论等。

然后，从研究成果层面上来分析，集装箱多式联运价值的增值成果是可以定量衡量的。由于集装箱多式联运的价值是一个比值性质的概念，因此其增值的程度可以通过对增值前后的比值比较来衡量。本书在研究中引入了集装箱多式联运价值系数，用定量计算的方法对增值结果进行衡量，更具可操作性。而且，通过对集装箱多式联运价值及其增值的衡量可以更为准确地反映集装箱多式联运的绝对优势，有助于引导整个货物运输向多式联运运作方向的发展。

最后，从政府管制和引导层面上来分析，本书阐述了准确的理论支撑和实际工作中对政府引导和管制的迫切需求。本书研究中将政府管理部门视为集装箱多式联运活动的参与方，视为集装箱多式联运增值主体之一，在实现集装箱多式联运价值增值的过程中政府将发挥积极的引导与合理的监管作用。

综上所述，当前理论界对货运价值的研究非常少见，本书希望通过对集装箱多式联运价值增值的研究，将价值增值的思路应用于集装箱多式联运中，实现多式联运的跨越式发展。本书研究预期实现的目标是：梳理价值工程理论在集装箱多式联运中的应用，并在此基础上探讨集装箱多式联运价值增值的分析方法和增值策略，使得集装箱多式联运的各个参与方都能因为集装箱多式联运价值增值而得益。而且，在促进集装箱多式联运发展的过程中无形地产生了对整个货物运输发展方向的引导作用。

第二节　研究综述和动态

一　集装箱多式联运研究综述

我国集装箱多式联运的发展从 20 世纪 70 年代起步，到 80 年代夯实基础阶段，再到 90 年代进入了全面发展时期，集装箱多式联运的运作取得了一定成绩，集装箱多式联运理论的发展也随之一步步得到不断加强与深入，特别是进入 21 世纪后学术界对集装箱多式联运的探讨更是呈现出百家争鸣的态势。1995 年，邱木根、孙晓军通过对美国铁路集装箱运输和多式联运服务的了解分析，提出了国外成功经验对我国的启示。[1] 1999 年，朱晓宁、边彦东、马桂贞应用 FHW 综合评价的方法对多式联运通道

---

[1]　邱木根、孙晓军：《美国铁路集装箱运输和多式联运服务对我们的启示》，《理论学习与探索》1995 年第 5 期。

效益进行了综合性的评价。① 2002 年，张建勇、郭耀煌针对一种多式联运网络的最优分配模式展开了详细研究，在对多式联运网络进行具体描述的基础上，从实现总成本最小化的原则出发，建立了一种多式联运网络的最优分配模型，从定量的角度分析了多式联运系统的合理组织。② 王云鹏、王占中、赵颖、钱小小应用 Petri 网技术，展开对多式联运流程的研究，并取得了一定成果。③ 钱小小引入 BPEL4WS 对多式联运的业务流程集成进行研究，提出了多式联运流程的信息流整合模式。④ 上海海事大学的张孝伟就多式联运承运人的若干问题展开了分析，从法律角度探讨多式联运人的责权利。⑤ 北京交通大学吕凯对面向多式联运的运输优化展开了深入的研究，并提出了相关的优化方法。⑥ 中铁国际多式联运有限公司总经理黄小平结合工作实践对中国大陆桥国际多式联运的现状和展望进行了深入分析。⑦ 南京航空航天大学的杨文东、王文芳通过建立模型对有时间窗的多式联运问题进行深入分析，提出了有时间窗多式联运问题的双层优化模型，并设计了求解路径优化模型的蚁环算法。⑧ 王雪瑞、包文在已有的研究基础上，通过建立多式联运程序模型，使得共同配送中时间窗问题在现有生产能力下得到最优解，以完成对基于时间竞争的多式联运程序模型的研究。⑨ 王巍、张小东、辛国栋通过建立组合优化模型，对多式联运的运营组织的优化进行求解研究。⑩

① 朱晓宁、边彦东、马桂贞：《关于多式联运通道效益综合评价问题的研究》，《系统工程理论与实践》1999 年第 4 期。

② 张勇建、郭耀煌：《一种多式联运网络的最优分配模式研究》，《铁道学报》2002 年第 8 期。

③ 王云鹏、王占中等：《基于扩展 Petri 网的多式联运流程研究》，《工业技术经济》2005 年第 8 期。

④ 钱小小：《基于 BPEL4WS 的多式联运业务流程集成研究》，吉林大学，2006 年。

⑤ 张孝伟：《多式联运承运人若干问题》，《集装箱化》2007 年第 11 期。

⑥ 吕凯：《面向多式联运的运输优化研究》，北京交通大学，2008。

⑦ 黄小平：《中国大陆桥国际多式联运的现状和展望》，《大陆桥视野》2008 年第 12 期。

⑧ 杨文东、王文芳：《有时间窗的多式联运问题分析与建模》，《南京航空航天大学学报》2009 年第 2 期。

⑨ 王雪瑞、包文：《基于时间竞争的多式联运程序模型》，《物流技术》2009 年第 8 期。

⑩ 王巍、张小东、辛国栋：《基于多式联运的组合优化模型及求解方法》，《计算机工程与应用》2009 年第 7 期。

与此同时，学术界对集装箱多式联运的相关探讨研究，也为集装箱多式联运的发展提供了经验借鉴。2005 年，戴恩勇对集装箱多式联运策略进行了深入研究。① 同年，上海海事大学的王斌对集装箱空箱调运的优化进行了深入的分析与探讨，为航运业提供了有益的理论指导和方法支持。② 周跃就集装箱多式联运的运输决策与协调问题进行了研究，将供应链的相关研究思路应用于多式联运中来，这一研究思路为多式联运的理论研究开辟了新的思路。③ 左志对集装箱多式联运政策与技术评价模型展开了深入分析，建议性地提出了一系列有关改善集装箱多式联运技术、政策及其组合脚本，并利用超级网络和集装箱运输手段和运输路径一体化选择模型对以上的脚本进行定量分析，以此为改善我国集装箱多式联运系统提供理论依据。④ 马彬将物流发展的理念与多式联运相结合，对集装箱多式联运物流系统展开了研究。⑤ 刘秀章通过建立集装箱运输寡头博弈模型，专门针对我国集装箱多式联运的经济合理性进行了深入分析。⑥

二　价值工程理论研究综述

价值工程作为一门新型的管理技术，从产生至今有 60 多年的历史，在世界各国尤其是在工业发达国家得到迅速的推广和普遍的应用，并且卓有成效。

价值工程在美国自其产生就开始持久不衰的应用，并且取得卓越成效。在经济全球化的 21 世纪，美国各个行业对价值工程的应用都为其带来了巨大的经济效益。1961 年，美国军事工程和军事产品开始应用价值工程；1964 年，美国国防部制定了美国军用标准《价值工程规划要求》，命令美国陆军、海军、空军和后勤部门使用此标准；同年，因为应用价值工程，美国财政年度节约开支 2.5 亿美元；1969 年，美国建筑工程项目开始应用价值工程；1970 年，美国国会批准将价值工程应用于联邦公路、公共建筑及公共设施，并要求在合同订立中订入价值工程奖励条款；1979

①　戴恩勇：《集装箱多式联运策略研究》，武汉理工大学，2005 年。
②　王斌：《集装箱空箱调运优化研究》，上海海事大学，2005。
③　周跃：《集装箱多式联运运输决策与协调问题的研究》，河海大学，2006。
④　左志：《集装箱多式联运政策与技术评价模型研究》，大连理工大学，2007 年。
⑤　马彬：《集装箱多式联运物流系统研究》，西安建筑科技大学，2008。
⑥　刘秀章：《集装箱多式联运经济合理分析》，《管理纵横》2009 年第 2 期。

年，在全国范围内自上而下的认可了价值工程作为新型管理技术的卓越成效；1993年，美国政府管理与预算局要求政府和联邦机构在工程项目、房屋建造等承包合同中广泛应用价值工程；1995年，美国国会通过法案，强制要求超过2500万美元的项目投资必须开展价值工程研究；1996年，美国总统签署了美国国会通过的104—106号公共法令，以法律的形式确立了价值工程及其在经济发展中的作用和地位，该法令要求，不仅仅是国防部门，联邦政府的其他部门均应用价值工程。在经济全球化的21世纪，美国各个行业对价值工程的应用都为其带来了巨大的经济效益。①

日本也是应用价值工程较早的国家，日本价值工程的发展过程中理论发展与实践应用结合得非常紧密。1955年，日本派出考察团到美国考察价值工程，并认定价值工程是降低成本的有效方法；1957年，日本将价值工程正式介绍给产业界，但当时未能得到应有的重视；1961年，日本培养出第一批价值工程专家，真正开始了对价值工程的应用；1965年，日本成立了"日本价值工程协会"，致力于价值工程的普及；1975年，日本对价值工程的应用已经普及全国的各个行业，全国企业应用价值工程的比率高达90%。日本在不断践行价值工程的过程中，也为价值工程的发展做出了巨大的贡献，特别是在创造工程学方面提出了大量的创造技法。

英国从20世纪50年代后期开始引入价值工程，到60年代就在全国范围内得到普及推广，许多大公司纷纷采用价值工程，英国的交通运输部和邮电部门也开始了价值工程的项目研究。

奥地利自1975年开始制定价值工程的国家标准，如《价值分析——概念、方法》《商业伙伴之间的价值分析》《价值分析——机构的体制编排说明》《价值分析——协调人、任务、要求》等。

法国于1984年开始制定了一系列的价值工程国家标准，如《价值工程——术语》（XO - 151）、《价值工程——基本特点》（XO - 152）和《价值工程——实施建议》（XO - 153）等。

1978年，价值工程由日本传入我国，并迅速在企业界、理论界、教育界传播开来，在工业企业等行业中得到广泛应用。1984年，国家经委倡议推行18种管理方法，价值工程位居其中。1987年，国家颁布价值工程

---

① 王乃静：《价值工程概论》，经济科学出版社2006年版。

国家标准（GB 8223-87）。在此之后的十几年间，我国对价值工程的研究和应用出现过一定的波折。但是从 2000 年至今，对价值工程的研究受到了广泛的关注。以中国知网（CNKI）所收录的信息为例，1994 年到 2009 年期间，以价值工程为题的学术文本达 2000 多篇。胡树华、张治河、覃家君研究了价值工程的创新本质与发展；[①] 刘贵文、沈岐平调查研究了价值工程理论在我国建筑行业中的发展现状；[②] 张彩江、李克华、徐咏梅对我国价值工程理论与实践的发展历史进行了回顾，并且深入分析了价值工程在我国影响程度降低的深层次原因；[③] 同年，张彩江、孙东川、李莉莎又利用系统及系统复杂性分析研究了传统价值工程认识和实践的不足；[④] 张彩江、马庆国还剖析了价值工程应用系统的复杂性机理；[⑤] 王乃静对价值工程理论中的全面价值管理进行了分析研究；[⑥] 刘冷、沈明、李成忠分析探讨了应用领域延伸给价值工程理论带来的挑战；[⑦] 付建兵、邱菀华、易卫平将价值工程应用于建筑节能领域。[⑧] 价值工程应用于交通运输领域的学术研究相对很少；1988 年，朱焕文提出了"运用价值工程可以有效降低铁路运输的成本"这一重要观点；[⑨] 2012 年，陈业华、张明莉运用价值工程理论分析了运输的时间价值。[⑩]

三　现有文献研究的不足

交通运输业作为国民经济的支柱性产业在我国得到迅猛发展，但是长期

---

① 胡树华、张治河、覃家君：《价值工程的创新本质与发展》，《价值工程》2001 年第 1 期。

② 刘贵文、沈岐平：《价值工程在我国建筑业中发展现状的调查研究》，《价值工程》2001 年第 3 期。

③ 张彩江、李克华、徐咏梅：《对我国价值工程理论与实践的回顾和影响降低的深层次原因分析》，《南开管理评论》2002 年第 1 期。

④ 张彩江、孙东川、李莉莎：《由系统及系统复杂性检视传统 VE 认识和实践的不足》，《南方经济》2002 年第 1 期。

⑤ 张彩江、马庆国：《价值工程应用系统的复杂性机理认识》，《科学研究》2005 年第 2 期。

⑥ 王乃静：《新经济时代的价值工程——全面价值管理》，《价值工程》2005 年第 2 期。

⑦ 刘冷、沈明、李成忠：《应用领域延伸对价值工程理论的挑战》，《北京机械工业学院学报》2006 年第 1 期。

⑧ 付建兵、邱菀华、易卫平：《价值工程在建筑节能中的应用》，《中国能源》2006 年第 6 期。

⑨ 朱焕文：《运用价值工程是降低铁路运输成本的有效途径》，《铁道运输与经济》1988 年第 3 期。

⑩ 陈业华、张明莉：《运输时间价值的价值工程效用分析》，《统计与决策》2009 年第 2 期。

以来处于散乱状态，特别是货物运输的集约化水平不高，尚未能像其他行业一样产生龙头企业带动中小企业的发展态势。市场竞争手段仅止于价格竞争，大型企业的规模优势无法体现，优秀企业的品质优势也难于体现。鉴于价值工程理论能够有效平衡功能与成本，更好地满足需求，从价值工程角度来探究运输行业的发展应该是极具意义的工作，但目前相关方面的理论研究在国内很少。仍以 CNKI 所收录的信息为例，1994—2009 年，在 2000 多篇以价值工程为题的学术论文中涉及"运输"主题的只有 7 篇，在集装箱多式联运中如何应用价值工程的理论研究更是少之又少。

国内外学术理论界虽然对集装箱多式联运以及价值工程理论各自独立的研究取得了卓越成果，并且在各自的实践领域取得了一定的应用，为实践工作提供了有力的理论支持。但是，如何将价值工程这一新型的、有效的管理技术应用于集装箱多式联运中，为集装箱多式联运的发展提供新的研究视角和发展思路是以往学术理论研究的突出不足。

（1）现有文献，大都是孤立地研究多式联运流程的优化，或者从费用成本角度入手，或者从运输线路角度入手，或者从时间窗的角度出发等，缺乏一种具有集成效果的理论支持来整合集装箱多式联运的整体优化。

（2）现有文献，针对如何寻找集装箱多式联运中的薄弱环节没有清晰明了的判定标准，虽然对流程的优化展开了分析，但是对如何寻找需要优化的流程以及货运环节没能给予很好的交代。这在实际工作中无形地弱化了预期的优化效果，很难取得卓越的优化成果。

（3）现有文献，对价值工程的研究虽然已经触及交通运输行业，但是还未深入集装箱多式联运领域，也没能触及应用价值工程理论推进集装箱多式联运发展的分析与研究，更没能将价值这一概念引入集装箱多式联运中来分析集装箱多式联运的价值。

第三节　研究重点和内容

一　研究重点

集装箱多式联运价值增值是一个复杂的、可循环的动态系统，涉及经济学、管理学、交通运输、运筹学、概率论、博弈论等诸多学科领域。综合这些基础理论和相关研究方法，寻求集装箱多式联运的增值环节，选择集装箱多式联运的增值策略，实现集装箱多式联运价值增值是促进集装箱多式联运跨越式发展的中坚力量。

不论是从经济学入手还是从管理学切入，集装箱多式联运价值增值问题包括有多方面的研究内容，本书选择其中的关键问题作为研究重点，即什么是集装箱多式联运价值？集装箱多式联运价值增值（增值的含义）？为什么要追求集装箱多式联运价值增值（增值的意义）？谁去实施集装箱多式联运价值增值（增值的主体）？哪些力量推进了集装箱多式联运价值增值（增值动力）？如何实施集装箱多式联运价值增值（增值策略）？第一，弄清楚集装箱多式联运价值及其增值的含义是整个研究工作的理论基础。第二，增值活动有了实际意义才会引起各参与方的充分重视，增值意义是基本前提。第三，增值的主体应该由谁来担当是增值活动的重点，如果没有合适的增值主体整个增值研究都是水中月镜中花。第四，增值主体的增值动力是集装箱多式联运增值得以顺利实施的根本保障，增值动力是增值活动的关键所在。第五，集装箱多式联运价值增值策略使得价值增值从预期目标变为实际利益，如果没有科学、高效的增值策略整个增值活动将是纸上谈兵。

本书的研究重点如图 1 - 1 所示。

二　研究内容

1. 多式联运与价值工程理论基础

分别通过对多式联运与价值工程理论进行分析得出价值工程理论在集装箱多式联运中具有适应性这一重要结论，以此奠定本书的理论基础。

2. 集装箱多式联运价值及其增值的含义

集装箱多式联运价值中的价值借鉴价值工程中对价值的界定方法，是一个比值性质的概念，即集装箱多式联运功能与其对应的成本之间的比值，这与西方经济学中的价值类似但界定得更为具体，且与马克思劳动价值理论中的价值是截然不同的两个概念。而且与集装箱多式联运价值相关的还有集装箱多式联运功能与成本的含义，这些概念的界定为集装箱多式联运价值增值的研究提供了合理的研究范围。因此，科学合理地界定集装箱多式联运的价值及其增值是本书研究的一个主要内容。集装箱多式联运价值的增值是通过分析集装箱多式联运的功能、成本以及功能与成本之间的联动关系，来寻求集装箱多式联运功能与成本比值的增加。集装箱多式

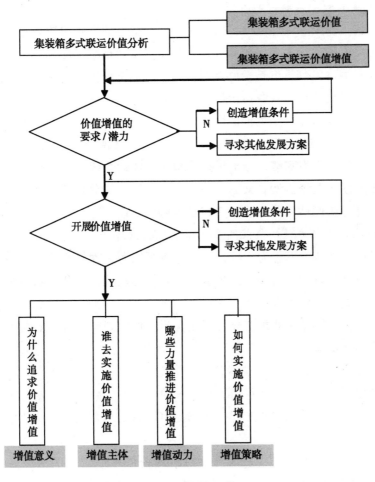

图 1 - 1 研究重点

联运价值增值是一个复杂、循环的动态过程，对价值增值的衡量可以借用具体的数据来量化。以上两个重要概念的界定回答了"什么是集装箱多式联运价值增值"这一关键问题。

3. 集装箱多式联运价值增值的主体

通过对集装箱多式联运价值增值意义的简要概括，分析了价值增值的得益方，并以此为切入点分析得出：集装箱多式联运企业和政府管理部门共同组成了集装箱多式联运价值增值的主体。进而对增值主体的行为及其行为动力，以及价值增值的动力及其作用机制展开深入研究。对集装箱多式联运价值增值主体的研究解决了"谁来实施集装箱多式联运价值增值"这一关键问题。

4. 集装箱多式联运的价值分析

集装箱多式联运价值分析的过程是价值增值的准备阶段，通过价值分析得出可以实现价值增值的环节，为制定增值目标奠定基础。同时，集装箱多式联运价值分析也是增值能否顺利实现的重要保障，正确、合理的价值分析使得集装箱多式联运价值增值水到渠成；出现偏差、错误的价值分析将阻碍集装箱多式联运价值增值，还将耗费大量的人力、物力和财力。

5. 基于价值增值的集装箱多式联运系统协调性分析

以价值增值为基准，分析了集装箱多式联运系统协调的概念，在对集装箱多式联运系统协调要素分析的基础上，进一步分析了集装箱多式联运系统内外部协调性以及集装箱多式联运协调机制。

6. 基于价值增值的集装箱多式联运流程设计

以价值增值的思想为主导，分别分析了以海运为核心的集装箱多式联运流程设计、以空运为核心的集装箱多式联运流程设计和以陆运为核心的集装箱多式联运流程设计。

以上从具体操作的角度分析了在实际工作中如何从流程的角度来设计更优化的运输流程。

7. 集装箱多式联运价值增值策略

集装箱多式联运价值是功能与成本的比值，故而增值策略必须从功能与成本两方面来考虑。基于此，本书提出了集装箱多式联运价值增值的策略及其应用。

以上对集装箱多式联运的价值分析和价值增值策略的研究则解决了"如何实施集装箱多式联运的价值增值"这一关键问题。

8. 基于价值增值的集装箱多式联运的风险控制

鉴于集装箱多式联运组织的负责性，在追求价值增值的同时风险控制是一个关键环节，也是保障价值增值的基本条件。通过分析集装箱多式联运的风险因素、风险类型和风险评价，提出了具体的风险控制措施。

第二章

多式联运与价值工程理论分析

第一节　多式联运理论分析

一　相关概念的辨析

论及多式联运必然引出一系列相关的理论，如综合运输、国际多式联运、国内多式联运、集装箱多式联运等，本章首先对这几个概念进行简要的辨析，为下文的论述界定科学的范畴。

1. 综合运输

综合运输是综合发展和利用铁路、公路、水路、管道和航空等各种运输方式，以逐步形成和不断完善一个技术先进、网络布局和运输结构合理的交通运输体系。综合运输强调的是各种运输方式的协调以及综合运输系统的构建，包括旅客运输和货物运输。

2. 多式联运

多式联运是指从装运地到目的地的运输过程中包含两种及其以上的运输方式。和综合运输相比较，多式联运更多关注货物运输，强调的是运输过程中运输方式的非唯一性，目前并没有涉及多种运输方式综合后的运输体系的构建。而且，当前的多式联运大都以货物运输为主，尚未涉足旅客运输。多式联运按照其运作的地域范围不同可以分为国际多式联运和国内多式联运。

（1）国际多式联运与国内多式联运

国际多式联运是指按照多式联运合同，以至少两种不同的运输方式，由多式联运经营人把货物从一国境内运送到另一国境内指定地点交付的全过程。国际多式联运可以理解为多式联运的一个子集，地域范围界定为国际范围。突出强调的是货物的起运点和交付点必须处于不同的国家地界。国际多式联运以其他运输组织形式不可比拟的优越性在世界各地得到广泛的推广和应用。

国际多式联运的运输组织形式主要有三种。一是海陆联运（Carriage Paid to）：海陆联运是国际多式联运的主要组织形式，以航空公司为主体，签发联运单证，与航线两端的内陆运输部门开展联运业务，与大陆桥运输开展竞争。二是陆桥运输（Land Bridge Service）：陆桥运输是指采用集装箱专用列车或卡车，把横贯大陆的铁路或公路作为中间"桥梁"，将大陆两端的集装箱海运航线与专用列车或卡车连接起来的一种连贯运输方式。究其本质，陆桥运输也是一种海陆联运形式。目前，远东/欧洲的陆桥运输线路有西伯利亚大陆桥（Siberian Landbridge）和北美大陆桥（North American Landbridge），以及其他陆桥运输形式［如小陆桥运输（Minibridge）和微陆桥运输（Microbridge）组织形式］。三是海空联运（Sea–jet–one）：海空联运又称为空桥运输（Airbridge Service），在运输组织方式上和陆桥运输有很大的差别。陆桥运输在整个货运过程中使用的是同一个集装箱，没有换装过程；而海空联运的货运通常要在航空港换入航空集装箱，有换装过程。

我国国内多式联运在此简称为国内多式联运，是指多式联运的运送过程中至少有一种运输方式为海运，且运送的地域范围在我国境内。同样，我国国内多式联运也可以理解为是多式联运的子集。

根据不同的分类原则，多式联运有多种分类，但就其组织方式和体制来说，我国多式联运基本上可以分为协作式多式联运和衔接式多式联运两大类。一为协作式多式联运是目前国内多式联运的基本形式，是指两种或两种以上运输方式的运输企业，按照统一的规章或者事先商定的协议，共同将货物从接管货物的地点运送至指定交付地点的运输。根据目前开展联运的依据不同，协作式多式联运可进一步细分为法定多式联运和协议多式联运。二为衔接式多式联运是指由一个多式联运企业综合组织两种或者两种以上运输方式的运输企业，将货物从接管货物的地点运送至指定交付地点的运输。在实际操作中，多式联运经营人既可能由不拥有任何运输工具的国际货运代理、场站经营人、仓储经营人担任，也可能由从事某一区段的实际承运人担任。但无论如何，都必须持有国家有关主管部门核准的许可证书，而且能够独立承担责任。

（2）集装箱多式联运

集装箱多式联运是一种以集装箱为运输单元，将不同的运输方式有机结合在一起，构成连续的、综合性的一体化货物运输。整个运输过程通过一次托运、一次计费、一份单证、一次保险，由各运输区段的承运人共同完成货物的全程运输。集装箱多式联运强调多式联运的运营组织中以集装箱为运输单元[1]，就其理论基础和运作基础而言也可以归类为多式联运的又一子集。

以上几个常见概念相比较而言，综合运输强调的是先进、合理的，综合不同运输方式的交通运输体系，多式联运强调的是对不同运输方式的合理组合和无缝衔接，按其运作的地域范围不同可以分为国际多式联运和国内多式联运。而集装箱多式联运则以其特有的集装箱装备在多式联运这种先进的运输组织方式中独树一帜。

二　多式联运基础理论

多式联运（Multimodal Transport）是指使用多种运输方式，利用不同运输方式各自的经济、技术特性，在最低成本条件下提供综合性服务，是提供高效运输服务的重要手段。多式联运又称为"一站式"运输，设法把不同的运输方式综合起来以追求总的运输成本最低。在多式联运发展的初期，是将公路运输和铁路运输结合起来，当时称之为"驮背式运输服务"。《联合国国际货物多式联运公约》对国际多式联运的定义是：按照多式联运合同，以至少两种不同的运输方式，由多式联运经营人把货物从一国境内接管货物的地点运至另一国境内指定交付货物的地点。需要强调的是，中国的《海商法》对于国内多式联运的规定是：多种运输方式中，必须有海运运输。

多式联运中的托运人将货物一次性委托给联运经营人，交付全程运费，由联运人签发一张联运单证，并承担从收货起到交货止的运输全过程的责任。多式联运经营人具有法律地位，在多式联运过程中以当事人的身份向托运人签发一张联运单证，负责货物的整个运输过程，并按照多式联运合同承担货运运输过程中产生的所有责任，例如货运在运输过程中发生的货损、货差以及延期交付等。在多式联运过程中，多式联运经营人签发

---

[1]　霍红、沈欣：《国际货运代理与海上运输》，化学工业出版社 2009 年版，第 184—222 页。

联运单证时，以承运人的身份向货主承担货运的全过程运输责任；履行合同时，以托运人的身份委托单一运输方式的承运人去完成各个区段上的运输，兼有承运人和托运人的双重身份。

多式联运合同在多式联运全程中起着至关重要的保障作用。在《海商法》中，多式联运合同定义如下：多式联运经营人以两种以上不同的运输方式，其中一种是海上运输，负责将货物从接收地运至目的地交付收货人，并收取全程运费的合同。因为多式联运是对各种运输方式的协调运作，打破了各个运输区域和各种运输方式的传统界限，运输管理思想起着至关重要的作用，而全程的运输管理思想都以多式联运合同为载体来体现。多式联运合同以其如下特征发挥法律保障作用：一是包括两种以上的运输方式，其中必须有海上运输方式（在我国由于国际海上运输与沿海运输、内河运输分别适用不同的法律，所以国际海上运输与国内沿海、内河运输可以视为不同的运输方式）；二是多式联运全程不论有几种运输方式都只有一份多式联运合同，托运人只从多式联运经营人那里取得一种多式联运单证，只向多式联运经营人按照一种费率交纳运费。

根据不同的分类原则，可以将多式联运分为不同的种类。就其组织方式和管理体制不同而言，多式联运可以分为协作式多式联运和衔接式多式联运。协作式多式联运是我国目前货物联运的主要组织形式，是指两种或两种以上运输方式的企业按照统一的规章制度或商定的协议，共同将货物从接管地运至交付地的运输。衔接式多式联运是指由一个多式联运企业综合组织两种或两种以上的运输方式的运输企业，将货物从接管地运至交付地的运输。在衔接式多式联运中，多式联运经营人既可能由不拥有任何运输工具的国际货运代理、场站经营人、仓储经营人承担，也可能由从事某一区段的实际承运人来承担。

多式联运作为一种先进的运输组织形式，和单一运输方式的简单衔接相比较具有明显的优势，主要表现如下：

（1）综合利用了各种运输方式的优势。多式联运通过各种运输方式的合理搭配，充分发挥各类运输工具的技术、经济特性，降低了运输成本，提高了运输效率，最大限度地实现了交通运输资源的合理配置。

（2）最大限度发挥各种运输枢纽的功能。多式联运并不是一种新兴的运输方式，而是对多种运输方式的整合应用，是对各种运输方式在一定运输线路上的最优配置。当然，这种合理配置的前提是各种运输枢纽的合理搭配和高效利用。

（3）充分整合利用运输信息。多式联运过程不仅仅是对不同运输方式的合理搭配，不仅仅是对各种运输枢纽的充分整合，同时也是对全程运输信息进行全面把握。

三 多式联运的产生和发展

多式联运在国际上的发展已经经历了半个世纪，从硬件开发的集装箱化时代开始，经过联运体系的软件发展时期，现在已经真正进入了国际多式联运时代。在国际多式联运的发展历程中，集装箱化进程不断加快，门到门式的服务也逐渐普及，多式联运以其特有的快捷性、便利性、安全性等优点，得到普遍的认可和广泛的应用。

我国多式联运的发展已有60来年的历史了，从20世纪50年代起步，到70—80年代夯实基础阶段，到90年代进入了全面发展时期。但是我国的集装箱运输始终处于分段运输阶段，国际集装箱多式联运也处于发展初期。1997年3月14日，当时的铁道部、交通部发布了1997年的第2号令《国际集装箱多式联运管理规则》，并于同年10月1日开始施行。《国际集装箱多式联运管理规则》的颁布标志着我国已经颁布了管理多式联运的法规，使我国的多式联运管理有法可依，使我国的多式联运经营有序可循，这一规则的实施在一定程度上保证了我国多式联运市场的发展。

1. 国外多式联运的发展

多式联运在欧美等发达国家进入了一个全新的发展时期。欧洲有多条国际运输线路走廊，运输设施完善，电子信息交换系统发达。铁路公司提供双层集装箱列车；港口的所有码头都有直达船坞的铁轨、先进的装卸设施，而且周转迅捷；洲际高速网直接连接，港口可以迅速地将货物通过陆路运输线送达北美的各主要城市。国际发达国家的联运企业，大都是多式联运承运人，像东方海外和太平洋铁路这样专业企业发展起来的多式联运经营人，联运服务多样化。德国、荷兰等国家多式联运运输网络良好，信息化水平高，注重多式联运技术的发展，各种运输方式布局合理，相互协调发展，多样化的多式联运形式。鹿特丹港装卸过程完全用电脑控制，在离货物码头和联运设施附近大力规划建设物流园区，发挥港口物流功能，提供一体化服务。英国的铁路四通八达，铁路部门向来十分重视与港口的联运，直通每一座码头泊位。可以直接把进口货物从港口运送到英国各地，中间不需要驳船转运，十分方便。美国多式联运技术变革，EDI、GPS 等广泛应用于运输系统，运输资源优化配置，向综合运输体系发展。国外多式联运管理向信息化、智能化方向发展，公路、水运、铁路、航空各种运输方式信息化建设进程很快，计算机技术、现代通信技术和现代控制技术与遥感（RS）、地理信息系统（GIS）、全球定位系统（GPS）等高新电子信息技术有效集成的应用在多式联运的各种运输方式中，大幅度提高了效率和服务质量、扩大了规模、加强了管理、赢得了市场。尤其是在运营系统和管理领域的应用开发，大中型企业（航空、铁路、大的联运企业）基本建立起企业内部的管理信息系统，空港、海港设施和作业的自动化程度极大提高。铁路内部的信息管理系统已全国联网，实现了数据的动态采集、分析、处理能力。航空运输一直是现代化程度较高的行业，大型企业早已实现网上办公，先进的信息技术应用较广。信息技术正逐步成为交通运输技术体系的主导技术。

2. 国内多式联运的发展

（1）原始阶段

20 世纪 50 年代的铁路部门，集装箱运输首先在铁路上进行了开创性的运营，成立了相关部门，管理其业务，但由于认识不足，相关业务没有跟上，1958 年撤销了相关部门，形成无人管理的停滞状态。

（2）初级阶段

20 世纪 70 年代的水运部门自 1973 年 9 月开始，外贸部和交通部与日本联合在天津—上海同神户—横滨之间开展国际集装箱运输。此阶段总体上是小规模的实验性的发展阶段。

（3）发展阶段

20 世纪 70 年代后期到 90 年代初期，集装箱多式联运快速发展处于国民经济高速发展时期，该阶段特征如下：政策调控、组织保证、政府支持。

（4）竞争阶段

20 世纪 90 年代初期到 90 年代中期，由于市场开放，国外集装箱进入我国，形成竞争，我国集装箱企业也慢慢适应市场竞争，从政府推动状态下走出来。特征如下：集装箱运输产业规模扩大，集装箱运输企业实力增强，具备了自我生存能力；集装箱多式联运产业出现网络化趋势；集装箱多式联运的标准化趋势；集装箱多式联运的法制化。

（5）联网阶段

20世纪90年代中期至今，发生了深刻的变革，随着我国加入WTO，国际贸易快速增长，中国成为全球最大的集装箱运输地，上海—香港集装箱吞吐量跃居全球前五名，集装箱多式联运系统的枢纽港布局形成，开始向综合物流系统的方向前进，并且其信息化日趋明显。

随着我国经济的发展，特别是我国加入世贸组织以后，贸易全球化和先进科学技术的引入和应用，使多式联运在我国飞速发展。但由于仍大量保留着传统方式，以至于集装箱运输的潜力未能得到应有的发展。主要表现在以下几点：

①当前在我国集装箱联运中，存在着分段运输、国际联运、多式联运三种运输组织形式。由于受一些条件的制约，分段运输的运量占我国集装箱总运量的90%以上。分段运输业务由远洋、沿海、内河、公路、铁路、港、站等运输、装卸及货代企业分营，其经营范围受到一定的限制。这种运输形式不利于提高运输服务质量，不利于加强经营者在运输市场上的竞争地位与合作关系。

②基础设施总量不足、综合枢纽少，多式联运尚未形成综合运输网络。

③运输企业出现了横向联合的趋势。但整体实力雄厚的集约化多式联运的企业少，由于竞争机制的引进，打破了原有独家垄断的格局，对货运的发展起到了一定的促进作用，但是，由于分散经营，没有形成规模效应，国内外联运网点的综合服务功能没有得以充分发挥。

④集装箱中转站在港口腹地设置过剩，与内陆站点数量不足形成较大反差。作为运输各种运输方式的连接点——集装箱中转站，在我国已初步形成了以沿海大中城市港口为枢纽向内陆延伸的扇面集、疏运网络。但由于中转站集中设置在港口及其腹地，出现了与社会实际需求脱节和运力过剩的现象，导致这些中转站建成后实际运量严重不足的状况。而在内陆地区，由于内陆口岸发展迟缓，在其数量及布局上与我国广大地区多式联运发展存在较大差距。

⑤集装箱运输优越性的一个主要特点应是多式联运的门到门运输，以解决规模化运输与零担货运之间的矛盾，并真正发挥集装箱运输的诸多优点。但在我国，"门到门"运输困难重重。因为在追求集装箱的专业化和规模化的情况下，难以将集装箱运输的触角直接伸向货源点和收货点，使

许多原本可以采用集装箱运输的货源不得不仍采用散件运输。

⑥近几年，我国多式联运信息技术发展较快，但是与发达国家有较大的差距，EDI 技术还没有得到普遍应用，货物全程在线跟踪技术更是薄弱。多式联运信息化缺乏有力的宏观环境支持，金融体系支撑不足，安全性差。目前交通信息化应用系统虽然比较多，但是相互独立，数据资源难以实现共享，甚至出现数据的不一致，造成信息化整合与系统集成的障碍。交通信息化在各运输方式、各地域上的发展存在不平衡。

我国多式联运在近 20 年间得到了快速发展，在海运船队规模、港口基础设施配套、内陆集运和疏运网络建设以及相关的法律、规章、规划等均取得了明显发展。1989 年到 1991 年开展了以上海港为枢纽的《国际集装箱运输系统（多式联运）工业性试验》，从设备配套到科学管理到信息系统的应用三个方面展开了理论研究，并结合生产实践的探索，按照国际惯例同时结合我国国情，针对内陆货运集疏效率低下的问题，在充分利用现有资源和补充配套设施的原则下，建立和完善面向内外两大扇面辐射的上海国际集装箱枢纽港，上海至北美、西北欧、澳大利亚、日本远洋干线航线，上海港至上海地区以及苏州、无锡、常州、杭州和嘉兴五条公路集疏运线，上海至郑州、西安、成都三条铁路集疏运线，上海至武汉、岳阳、无锡三条内河支线和上海至青岛沿海支线。同时还形成了以有船承运人中国远洋运输集团总公司和无船承运人中国外轮代理总公司（船舶代理人）及中国对外贸易运输（集团）总公司（货运代理人）为代表的多式联运经营人，并由这三家不同类型的多式联运经营人开展经营和组织国际多式联运业务。以上的这些成果为集装箱多式联运在我国的应用与发展奠定了良好的基础。①

总之，发达国家生产力发展水平较高，其交通运输建设起步早，基础设施完善，高新技术应用充分，为了满足经济发展对交通的需求，各国交通部门均根据本国的国情和特点对交通运输体系进行了系统的规划和设计，相关法律齐全，信息技术应用较广，多式联运等先进运输方式发展很快，并带动了内陆多式联运，特别是铁路、公路与港口的联运衔接，从而进一步完善了多式联运体系。

---

① 吕凯：《面向多式联运的运输优化研究》，北京交通大学，2008。

3. 国内多式联运发展存在的问题

20 世纪 80 年代后期，国家把发展交通运输放在突出位置，对交通基础设施投入了大量资金，并制定了"三主一支持"（即公路主骨架、水运主通道、港站主枢纽和支持保障系统）的长远发展规划。在各部门积极构建发展战略的同时，各地也在加紧物流园区的规划和建设。但是，目前我国在物流发展和集装箱多式联运通道运输网络规划、建设及运营管理过程中还存在一些问题。

（1）各种运输方式自成体系，缺乏统一规划，区域间协调力度不够

首先，国家规划的 20 个沿海主枢纽港口、23 个内河主枢纽港口、45 个公路主枢纽城市、12 个铁路大型国际集装箱办理站和 25 个铁路集装箱口岸站相互衔接协调不够，缺乏有效协调配合，直接影响到各种运输方式的有效衔接。

其次，各种运输方式尚未形成合理的分工，市场范围交叉严重，在同类货源上进行盲目竞争，不能合理发挥各自的优势。加上各种方式自主经营和收费，缺少全程服务，信息资源不能共享，运输管理水平较低，不利于降低运输成本，阻碍了集装箱多式联运的发展。

再次，同样的问题还体现在不同地区之间缺乏紧密的合作。最突出的就是在同一经济区内的港口、枢纽和物流园过多过密，重复建设现象严重，造成了大量的资源浪费，据统计，在珠三角 41698 平方公里的土地上，已规划或计划发展的物流园区超过 30 个，长江三角洲地区规划和在建的物流园区也达 20 多个。同时，各地物流园区的功能定位不够明确，功能大多雷同，布局也不尽合理，不同功能类别的物流园区的分布并未得到合理配置，有一些功能相同的园区集中分布在比较临近的区域内，面对着同样辐射范围内的客户群体，不但造成了重复建设，也易引发恶性竞争。

根本上讲，这些问题是由于缺乏统一规划造成的。在纵向上，省、市甚至县级市都各自规划物流园区；在横向上，铁路部门、港务部门、公路货运部门也纷纷依托自己的站场对本系统进行规划，出现了各自搭台各自唱戏的局面。

（2）集装箱货运站区域分布不合理

规划的集装箱货运站主要分布在东部沿海地区，而且设置过多，出现与实际需求脱节和运力过剩的现象；内陆缺少集装箱办理站，且规模小，

缺少配套设备，不能与集装箱运输系统协调运作，使沿海与内陆城市之间的集装箱运输需求不能得到充分满足。从枢纽内分布上来看，一些枢纽内集装箱办理站过密，不利于集约型经营模式的形成和集装箱的运输组织。

（3）集装箱港口的规模效应不够，综合竞争力较低

尽管集装箱枢纽港口的基本格局已经形成，但一些地方政府、企业受经济利益的驱动，大规模投资兴建集装箱港口码头，造成重复建设；更严重的后果是，使集装箱运量分散，降低设备的利用率，增加作业成本，不能形成规模经营效益。

（4）多数物流中心功能比较传统

能够有效连接不同运输方式的大型综合货运枢纽、服务于区域或城市的物流基地和物流中心等现代化物流设施比较缺乏；货运枢纽功能不全，多数停留在仓库、货运站的水平，设施比较简陋，信息化程度低，物流组织能力不强，集装箱中转运输没有形成规模，与现代物流的要求相差较远，严重影响着货物集散和运输效率的提高。如郑州虽然是运输的一大中转站，但是由于它的设备较为缺乏，枢纽功能还很落后，大多数还停留在货运站和仓库的水平上。

（5）集装箱货运站和物流园区与城市交通衔接不合理

目前大部分集装箱办理站和物流中心是在原有货运站的基础上改建而成的，过于靠近市中心，市区分时段交通管制限制了大型集装箱卡车的进出。同时，市区道路拥挤，与场站衔接的道路狭窄，不利于大型集装箱卡车通行，也给城市交通带来了很大压力。这给大型集装箱卡车的通行带来很多的不便，更是限制了公路集装箱运输的发展。

4. 多式联运的发展趋势

近年来，世界经济全球化和区域经济一体化的发展，极大地推动了集装箱多式联运的发展。同时，国际航运市场的竞争日趋激烈，多式联运如果仅仅着眼于"一票到底"的运输过程，将不能满足客户的要求。货主要求承运人拥有完整的运输网络，能将原材料和产成品利用"门到门"运输方式准确无误地运往世界各地，且能适应不断变化的环境。此外，承运人还必须在运输的各个环节中为货主提供增值服务。

这要求集装箱多式联运业必须以它的综合能力、精确度以及高度可靠性、及时性的运输和完善的综合物流服务来满足顾客的要求。在这种形势下，多式联运经营人欲在全球市场上生存与发展，就必须将服务范围拓展

到各种领域。如班轮公司除了经营传统的海运业务以外，还须介入陆上运输、代理、仓储和流通领域。承运人必须拥有综合物流系统，去统辖从发货人到收货人的整个物流过程。

可见，在集装箱多式联运基础上产生和发展起来的综合物流的实质是以集装箱多式联运为核心，中间包括储存、装卸、搬运、包装、流通加工、配送和货物信息跟踪等多个环节。综合物流是集装箱多式联运的发展趋势，综合物流管理将成为世界运输业的重要力量。集装箱多式联运与现代物流的一体化发展是我国集装箱运输日益融入世界航运市场的要求。

第二节　集装箱多式联运理论分析

现代集装箱运输自产生时起就与多式联运紧密地结合在一起，使得多式联运具有集装箱运输的高效率、高质量、高投入、高技术和系统性的特点。同时，多式联运的发展与集装箱运输系统特别是集疏运系统的完善有着紧密的关系。

一　集装箱多式联运的概念

集装箱运输是运输发展的高级阶段，是以集装箱为运输单位进行货物运输的一种先进的运输形式，也是成组运输中的一种高级运输形态。集装箱多式联运是指以标准化集装箱为运输单元，经过两种及以上的运输方式，由联运经营人组织完成从接受地点至交付地点形成的连续的、综合性的一体化货物运输。集装箱多式联运的特征是全程运输是通过一次托运、一份单证、一次计费、一次保险、一票到底、全程负责。多式联运不一定是以集装箱为运输单位，但是正是集装箱与多式联运的结合，使二者都焕发了活力和勃勃生机。

二　集装箱多式联运的特征

1. 集装箱多式联运的特点

（1）高投资。多式联运中的集装箱、各类运输工具以及各种港站设施、机械设备和整个集疏运系统都需要投入大量的资金。随着运输工具的现代化、大型化，装卸机械的大型化、专业化和管理现代化，集装箱运输所需的人力资源将进一步减少，但对管理人员、技术人员、业务人员的素质将提出更高的要求。因此，企业也需要加大对人力资源的投资。

（2）规模化。集装箱多式联运是一个典型的规模经济行业。首先是船舶的规模化，海陆联运公司 1966 年下水的第一艘全集装箱船，箱位仅有 226 个，而现在投入营运的最新集装箱船，箱位已经超过 1 万个。集装箱航运也是一个资本高度密集型的行业，资本薄弱的小企业在这个行业中生存的空间极小。少数航运巨头不断通过收购兼并或者联营的方式，使船队规模发展到了惊人的程度，如今马士基公司拥有的船舶数量多达 500 艘，运输能力达 200 万个箱位，占全球运力的 16.3%。

（3）高效率。传统的件杂货运输具有装卸环节多、劳动强度大、装卸效率低、船舶周期慢等特点。而集装箱多式联运完全改变了这种状况。以集装箱在码头的装卸为例，目前一台集装箱吊机每小时可以装卸 36—37 只箱，也就是说不到两分钟即可装卸一只箱。一艘运载数千箱的越洋集装箱船，在一个港口停靠装卸的时间往往不超过 12 小时。因此，集装箱多式联运是一种高效率的运输组织形式。

（4）高协作。集装箱多式联运是把高效装卸的专业化码头、快速周转的运输船队、四通八达的集疏运网络、功能齐全的中转站、各种类型的运输经营人和实际承运人、遍布世界的代理网络、科学准确的信息传递和单证流转、协同工作的口岸各部门（海关、三检、理货、保险及其他服务部门等）有机结合在一起的复杂的运输系统工程。如果相互配合不当，就会影响整个多式联运系统功能的发挥，如果某一个环节失误，必将影响全局，甚至导致运输生产停顿和中断。因此，要求搞好整个多式联运系统各个环节、各个部门之间的高度协作。

（5）标准化。集装箱多式联运的标准化主要体现在：箱型的标准化带来的货物运量和外形尺度的标准化；各种运输方式中运输工具的专业化和标准化；各类港、站设施的专业化和结构、布局及设计要求的标准化；各类装卸、搬运机械设备的标准化；运输管理组织、运输装卸技术工艺标准化；运输法规、运输单据的统一化、标准化等。

（6）高质量。集装箱多式联运的高质量体现在：集装箱有较高强度和较好的封闭性，可以减小全程运输中由于各种原因引起的货损、货差、被盗、丢失的可能性；货物运输速度快，提高了货运的时间价值；简化了货运全过程所涉及的各个环节（托运、装卸、通关等）的手续，方便和简化了货主制作单证。

（7）特有的营运格局。集装箱多式联运最大的特点是主力船公司拥有很大的支配权，它们以最大的集装箱船行走在洲际或越洋航线上，这些干线班轮停靠的港口不多，往往仅限于一些国际性航运中心，又以它们自己的或其他公司拥有的、行走于区域支线上的船舶为这些干线班轮集散或疏运，形成了无论是船舶、航线还是港口都主次分明的网络。

2. 集装箱多式联运的优缺点

（1）优点

集装箱多式联运最明显的优势是将传统的海运港到港运输发展成为"门到门"运输。集装箱多式联运不仅实现了各种运输方式之间的无缝连接，充分发挥了各种运输方式的优势，而且全程采用一次托运、一次付费、一票到底、同意理赔、多式联运经营人全程负责的组织形式，因而多式联运也具有手续简便、安全可靠、提早结汇等优势。

①简化托运、结算及理赔手续，节省人力、物力和有关费用。在国际多式联运方式下，无论货物运输距离有多远，由几种运输方式共同完成，且不论运输途中货物经过多少次换装，所有一切运输事宜均由多式联运经营人负责办理。而托运人只需办理一次托运，订立一份运输合同，支付一次费用，一次保险，从而省去托运人办理托运手续的许多不便。同时，由于多式联运采用一份货运单证，统一计费，因而也简化制单和结算手续，节省人力和物力。此外，一旦运输过程中发生货损货差，由多式联运经营人对全程运输负责，从而也可以简化理赔手续，减少理赔费用。

②缩短货物运输时间，减少库存，降低货损货差事故，提高货运质量。在国际多式联运方式下，各个运输环节和各种运输工具之间配合紧密，衔接紧凑，货物所到之处中转迅速，大大减少货物在途停留时间，从根本上保证了货物安全、迅速、准确、及时地运抵目的地，因而也相应地降低了货物的库存量和库存成本。同时，多式联运系通过集装箱为运输单位进行直达运输，尽管货物运输途中需要经过多次转换，但由于使用专业机械装卸，且不涉及箱内货物，因而货损货差事故大为减少，在很大程度上提高了货物的运输质量。

③降低运输成本，节省各种支出。由于多式联运可以实现"门到门"运输，因此对于货主来说，在货物交由第一承运人以后即可取得货运单证，并据此结汇，提前了结汇时间。这不仅有助于加速货物占用资金的周转，而且可以减少利息的支出。此外，由于货物是装在集装箱内进行运

输，因此从某种意义上来说，可相应地节省货物的包装、理货和保险等费用的支出。

④提高运输管理水平，实现运输合理化。对于区段运输而言，由于各种运输方式的承运人各自为政，自成体系，因而其经营业务范围受到限制，货运量相应也有限。而一旦由不同的运输方式承运人共同参与多式联运，经营的范围可以大大扩展，同时可以最大限度地发挥其现有运输设备的效用，选择最佳运输线路以实现合理化运输。

⑤其他作用。从政府的角度来看，发展多式联运具有以下重要意义：有利于加强政府部门对整个货物运输链的监督和管理；保证本国在整个货物运输过程中获得较大的运费收入比例；有助于引进新的先进运输技术；减少外汇支出；改善本国基础设施的利用状况；通过国家的宏观调控与指导职能保证使用对环境破坏最小的运输方式达到保护本国生态环境的目的。

（2）缺点

①对于实际从事运营的运输企业和场站企业而言，除了需要大量的初试投资和招聘高素质的人才之外，还会增加空箱调运成本和空箱堆存成本。比如，在装货港和卸货港货物流量不平衡的情况下，如中国—北美、中国—欧洲等航线上，班轮公司不得不将所属空箱调回，这大大增加了成本。另外，如果集装箱的调度调配不当，也会造成集装箱在某地的积压，产生大量的堆存费。

②对于多式联运经营人而言，一方面，不仅会面临实际承运人的抵制与竞争，而且需要对实际承运人及其他分包商的过失承担向货主的赔偿责任；另一方面，还需要对因货主未付运费或货源落空而向实际承运人或其他分包商承担违约责任。因此，与货运代理人或船务代理人相比，多式联运经营人的风险更大。

③对于货主而言，会面临诸如多式联运经营人的能力风险、道德风险等，从而使货主无法利用多式联运的优势。

三　集装箱多式联运形成的机理

1. 宏观层面分析

（1）飞速发展的国民经济促进了我国集装箱多式联运的形成

经济的发展和交通运输业的发展是相互促进相互影响的。经济的不断发展需要不断完善的交通运输体系作为支撑，而交通运输业的发展又进一步推动经济的不断向前发展，二者之间是一种"交替推拉"的共生关系。作为交通运输的一个子系统，集装箱多式联运与国民经济之间也相应地存在着这种共生关系，在相关因素的作用下，集装箱多式联运和国民经济之间可以形成良性的正反馈机制，从而使双方向更高水平的方向协调、发展。

国民经济的高速发展为我国集装箱多式联运的形成奠定了基础。第一是产业结构的变化，产业结构的变化将导致运输方式向"高速、高效、高质"的方向转变，体现为运输需求发生变化，要求各种运输方式各尽所能、协调发展，集装箱多式联运无疑具备这种优势。第二是进出口总量增速迅猛，外贸运输货物中90%的货物是使用海运，对大型、专业化船舶和成组运输的需求使得集装箱运输这一现代方式得到空前发展。第三是区域经济的非均衡增长，由于我国经济的增长是从东部沿海开始的，这使集装箱多式联运主要集中在沿海地区。这种非均衡的增长格局从短期看来有利于形成规模经济效应，促进集装箱多式联运的发展，但长期看来，非均衡的经济增长模式不利于国民经济的发展，从而也不利于集装箱多式联运的发展。

（2）不够健全的制度体系影响了我国集装箱多式联运的发展速度

集装箱多式联运的发展需要一定的经济基础作为支撑，但其形成快慢却受到制度因素的影响。可以说，影响集装箱多式联运发展好坏的一个重要因素就是制度因素。

①社会主义市场经济体制推动了集装箱运输的发展。随着改革开放的不断发展和深入，我国的市场经济体制也逐渐从计划经济体制中走出，逐步形成和完善了运输市场体系。不同运输方式之间技术经济特点的优劣交叉，决定了任何一种运输方式都有其优势领域，同样的，不同运输方式之间的技术经济特点也同样决定了任何一种运输方式都有其不足。因此，在充分了解各运输方式技术经济特性基础上实现各运输方式的最优化组合已是市场竞争的必然趋势和要求。

②部门分割体制造成了集装箱多式联运的协作困难。由于我国的交通运输管理是分部门管理体制，公路、水路、铁路、民航都归属不同的部门管理，一个统一的交通运输管理部门迟迟未能建立。各运输部门都在各自运输领域内发展自己，形成了相互之间物质、能量交换的困难和进入壁

垒。在是一个需要由各种运输方式参与的集装箱多式联运大系统中，仅仅依靠一种运输方式不可能在这种相对封闭的环境中建立有效的运输协作，必须通过统一规范的合理制度来推动。集装箱多式联运组织成功的必要条件无疑是组织管理上的统一性。

③运输法规和政策的制定和出台引导了我国集装箱多式联运的发展。运输政策是国家各级政府和交通部门为实现社会运输的高效运行和健康发展而对运输业的未来发展规划、部门结构和基础设施制定的法律法规，最终目的是促进国家或地区国民经济的和谐可持续发展。20 世纪 70 年代，国家领导人高度重视集装箱运输的发展，要求大力发展集装箱运输；到了 80 年代，国家各部门通力合作，实施了"集装箱多式联运的工业性试验"项目。进入 90 年代，《国际集装箱多式联运管理规则》《中华人民共和国海商法》《中华人民共和国铁路法》等相关法律法规的出台，极大地推动了我国集装箱多式联运的发展。

（3）经济全球化促进了我国集装箱多式联运的发展

经济的迅速发展需要更加完善的交通运输体系实现不断增加的货物位移，对世界范围内的运输网络和环境提出了更高的要求。经济全球化表面看来是各国相互依存合作、互惠互利，而内在则体现为在保护本国利益驱使下的各国之间的相互竞争。我国要想在全球经济化的浪潮中争得一席之地，在激烈竞争的格局中胜出，在国际集装箱多式联运市场上占有一定的份额，必须推进集装箱多式联运的发展步伐，实现中国运输现代化。

（4）运输技术的进步成为促进集装箱多式联运发展的推力

集装箱运输的发展受到与运输技术相关的众多技术创新实践活动的影响，在很大程度上技术创新体现为信息技术的发展。集装箱多式联运是以标准化集装箱为运输单位，一票到底，全程负责的运输过程，这体现为运输过程的机械化和管理的现代化。以 EDI（电子数据交换）为代表的现代信息技术和信息手段在集装箱多式联运系统中的运用，通过计算机全部完成或大部分完成整个处理过程，使集装箱多式联运系统安全快捷、有序协调地运转。

2. 微观层面分析

（1）成本推动机理

在集装箱多式联运形成的微观层面，成本的推动和效益的拉动共同影响着集装箱多式联运的形成。推动集装箱多式联运形成的成本分为经济成本和时间成本两项。

①经济成本（Economie Cost）

经济成本是指企业所用的所有资源总的机会成本，推动集装箱多式联运形成的经济成本包括交易成本、平均成本和外部成本。

交易成本（Transaction Cost）。交易成本是指在一定社会关系中，人们自愿交往、彼此合作达成交易所支付的成本，也即人—人关系成本。它包括以下几项：搜寻成本、信息成本、议价成本、决策成本和监督交易进行的成本。在集装箱多式联运中，代理规模的递增将使交易成本递减，从而使单位货物所承担的交易成本越小，主要表现在：第一，从搜寻成本和信息成本看，代理企业与运输企业保持着密切的联系，能相对容易地取得运力供需等各方面的信息，从而平均到每单位货物上的信息成本也相应较少。第二，从议价成本看，与众多的运输企业有相关业务联系的代理企业在议价时相对容易，从而降低议价成本。在决策成本方面，了解供需信息的代理企业可以为货主选择最佳的运输方式和最优的路径，从而尽可能地降低决策成本。第三，由于各代理企业拥有大量的代理网点，可以为货主企业提供多层次的服务，从而为货主企业节省了不必要的差旅费和通信费，最终降低交易成本。

平均成本（Average Cost）。规模经济是指在一定科技水平下生产能力的扩大，降低单位成本，从而使长期平均成本下降。通过扩大生产规模，规模经济主要有两种类型：第一是内部规模经济，指企业在规模变化时由自己内部所引起的收益增加；第二是规模外部经济，是指整个行业规模变化而引起个别企业的收益增加。集装箱多式联运实现规模经济的途径为：一方面联运企业通过集装箱大型化等内部的技术创新，降低单位运输成本，实现内部规模经济；另一方面企业通过扩张与联合实现规模外部经济。由于从事集装箱多式联运服务需要大量硬件和软件上的投资，依靠一种运输方式的运输企业很显然不具备这种实力，为此，与不同种运输方式企业之间进行优势互补和相互协作的现象随之产生，实现集装箱多式联运规模外部经济，从而降低平均成本。

外部成本（External Cost）。外部成本是指一方受益或成本没有通过市场的公平交易而转移到另一方，使得另一方在不支付成本的情况下受益或不受益的情况下支付成本。与社会相互依赖相互联系的每一成本和收益都有一种潜在的外部性。在集装箱多式联运系统中，货主就与多式联运的每一个环节形成了一种固定的共荣关系。货主在享受到优质服务的同时，集装箱多式联运系统的各环节也有稳定货源，可以有效抵御外部性的侵蚀，降低需要支付的外部成本。这也可从新制度经济学中得到进一步的理解，新制度经济学认为外部性的存在是制度创新的一个源泉，集装箱多式联运的形成和发展其实就是一个制度的创新过程。

②时间成本（Time Cost）

按照"速度经济"的解释，速度经济是指从生产到流通速度带来的经济性。从战略管理的角度来看是快速反应能力（Qulck Response），指企业在突变的竞争环境中，能否迅速作出反应的能力。集装箱多式联运对速度经济的追求体现在准点供货（JustlnTime）和对生产企业"零库存"的物流要求上，由于"门到门"的运输过程涉及包装、装卸、运输、仓储、配送等一系列物流环节，假如这一系列的某个环节出现问题，将影响物流整个环节的正常运转，准点供货和零库存也就无从谈起。对于生产企业来讲，这种快速的准点供货能够降低产品进入或转移过程中的时间成本，尤其在经济高速发展的今天，替代产品的市场生命周期日益缩短，对控制产品进入的时间成本的要求也越来越高。各种运输方式通力合作、协调运输的集装箱多式联运在有效降低时间成本方面无疑具有独特的优势。

（2）效益拉动机理

①规模经营效益

企业的经营效益来自于两个方面：一是企业存在规模经济效益，在这种情况下，企业通过降低成本的同时增加企业的利润，这反过来刺激企业的扩张；二是企业不存在规模经济，即企业的平均成本并不随生产规模的下降而下降，而利润却随之而增加。集装箱多式联运企业通过兼并重组，扩大自身的规模，从而有利于增强抵御市场风险的能力，有利于提高企业的信用度，有利于对外部资源进行合理的配置，如在境外融资等。

②协同效益

协同效益是指联合后的两个企业的总体效益要大于两个独立的企业效益的简单相加，即所谓的"1 + 1 > 2"。集装箱多式联运在协同效益方面具有显著的特征，主要表现为：第一，通过一次托运、一次结算，从而节省相关的费用。第二，通过零库存管理和准时制管理，从而降低货物发生损坏的几率。各不同运输工具和不同运输环节相互协作、紧密配合的集装箱多式联运系统可以在最大限度上减少货物停留时间，在最大限度上保证货物安全、准确、及时地抵达运送点。第三，可实现"门到门"运输的集装箱多式联运可以降低运输成本和节省开支。货主在将货物交由第一承运人之后便可取得货运单证并据以结汇，从而加速了资金的流转和降低了成本。

③实现企业发展战略

在货物流动日益频繁的 21 世纪，国内外流通环境在面临严峻挑战的同时，又充满了发展的机遇。随着我国对外贸易壁垒的逐步放宽，国外许多大型的集装箱联运企业通过在我国构建集装箱多式联运服务网络，争当国内的综合物流承运人，给我国集装箱多式联运企业以巨大的挑战和压力。在经济全球化的竞争环境中，我国的集装箱多式联运企业需要对自身有一个清醒的认识，巩固和增加在联运市场的份额，而且必须学习和借鉴外国经验，结合国情，积极发展符合我国实际的集装箱多式联运，从而能够和外国企业抗衡。

④企业形象效益

企业形象是指人们通过企业的产品特点、行销策略、人员风格等各种标志而建立起来的对企业的总体印象。集装箱多式联运以标准化的集装箱为运输单位，使用专业化的装卸机械，从而减少货物的货损货差。集装箱多式联运企业着眼于为顾客提供高效、优质的服务，满足了运输从数量需求型向质量效益型转变的时代要求。集装箱多式联运企业通过提高企业形象，着眼于未来的竞争战略，从而实现了企业品牌价值的最大化。

第三节　价值理论分析

一　劳动价值理论

劳动价值理论是关于社会商品的价值是由无差别的人类劳动所创造的理论，其核心思想是无差异的人类劳动决定了商品的价值。这一思想最早由英国经济学家配第提出，随后亚当·斯密和大卫·李嘉图以此为基础为这一理论的发展做出巨大贡献。马克思继承了亚当·斯密和大卫·李嘉图对劳动价值理论的科学论证部分，应用辩证分析法和历史唯物主义理论从根本上改造了劳动价值理论，并赋予其时代背景和历史使命，在此基础上创立了剩余价值理论以及后来的利润理论、平均利润理论。马克思的劳动价值理论从以下四个层面阐述了其思想精髓。

（1）社会商品都具有二重性，即价值和使用价值。价值是凝结在社会商品中的无差异的物化劳动和人的活劳动（总称为抽象劳动），是商品的社会属性，构成了商品交换的基础；使用价值是商品自身所具有的、能够满足人的某种需求的基本属性，是商品的物质属性，构成了商品交换的起源。

（2）生产社会商品的劳动具有二重性，即具体劳动和抽象劳动。具体劳动是指生产商品过程中实际发生的劳动；抽象劳动是凝结在商品中的无差异的人类劳动，在商品市场上，货币所表示的价值就是抽象劳动。

（3）商品价值量由生产这种商品的社会必要劳动时间决定。商品的具体劳动和抽象劳动都难以合理地体现商品价值，因此引入社会必要劳动时间，即在现有的社会正常的生产条件下，在社会平均的劳动熟练程度和劳动强度下制造某种使用价值所需要的劳动时间。社会必要劳动时间恰恰能够明确地反映商品的价值，决定商品的价值量，成为市场经济发挥作用的方式和途径。

（4）价值规律。商品的价值量由生产这种商品的社会必要劳动时间决定，商品的价格随着市场供需情况的变化围绕着价值上下波动。

马克思的劳动价值理论中的"价值"与西方经济学家所研究的"价值"完全不同，前者是隐藏在社会商品中的无差异的抽象劳动，随着人类社会的发展必然追求这一"价值"的降低；后者则将"价值"更多地视为产品或者服务的有用性和有益性，即产品或服务得以存在的重要性和必要性的体现，随着社会经济与生产技术的发展必然追求这一"价值"的增加。两种研究背景下的"价值"内涵不同、发展不同，但都以其各自的发展方式为人类文明的发展推波助澜，为社会经济生活的进步贡献力量。

二　价值链和价值流理论

西方经济学界认为企业从事各种行为的过程不仅仅是生产原材料在企业运作中的流动过程，也是企业所处环境的相关信息流动的过程，更是产品从原材料到产成品的变化过程中价值不断增加的过程，即价值流动的过程。因此，价值流动的重要性早已得到经济学家的关注，并展开了相关的理论研究。当前发展相对成熟、应用较为广泛的是价值链和价值流理论。

1. 价值链理论

1985 年，哈佛大学商学院教授迈克尔·波特首次提出了价值链的概念："每一个企业都是在设计、生产、销售、发送和辅助其产品的过程中进行的种种活动的集合体，所有这些活动可以用一个价值链来表明。"①迈克尔·波特将价值链理论引入跨国企业的战略管理中，期望应用价值链理论解决为什么在没有吸引力的产业中仍能存在盈利水平高的企业，为什么在吸引力很大的产业中存在有亏损的企业等问题。②

《中国会计百科全书》对价值链的描述如下：企业是一个作业集合体，每完成一个作业都要消耗一定的资源，而作业的产出又形成一定的价值，并转移到后续作业，依次逐步推移，直至最终把产品提供给企业外部顾客，以满足他们的需要，最终产品作为企业内部一系列作业的集合体，凝结着在各个作业上形成而最终转移给顾客的价值，由此所形成的一个以价值表现的链条，就是价值链。

价值链的发展历程可以用下面的表格简要总结（见表 2 - 1）。

表 2 - 1　　　　　　　　价值链理论发展历程简介

序号	学者（研究人员）	学术成果	时间
1	赫斯科特（Heskett）	《服务质量》（Service Quality）	1986
2	赫斯科特（Heskett）、萨赛（Sasser）、克里斯托弗·W. L 哈特（Chirstopher W. L. Hart）	《服务性突破：改变游戏规则》（Service Break throughs: Changeing the Rules of the Game）	1991
3	约翰·P. 科特（John P. Kotter）、赫斯科特（Heskett）	《企业文化与绩效》（Corporate Culture and Perfor - mance）	1992
4	哈佛学者（哈佛商业评论）	《让服务利润链发挥效用》（Putting the Service Profit Chain to Work）	1994
5	赫斯科特（Heskett）、萨赛（Sasser）和史科莱斯格（Schlesinger）	《服务利润链》（The Service Profit Chain）	1997
6	赫斯科特（Heskett）、萨赛（Sasser）和史科莱斯格（Schlesinger）	《价值利润链》（The Value Profit Chain）	2009

① 尹美群：《价值链与价值评估》，中国人民大学出版社 2008 年版，第 22—23 页。

② Hong, Duan, Xianfeng, Huang. A design of strategic based on value chain of surveying and mapping enterprises in China [J]. Proceedings of SPIE - The International Society for Optical Engineering, v 6754, n PART 2, 2007, Geoinformatics 2007: Geospatial Information Technology and Applications；冯海龙：《价值链管理———一种提升企业竞争力的战略管理模式》，《经济体制改革》2002 年第 4 期。

价值链理论将企业的价值活动分为两类：基本活动和辅助活动。①

基本活动是指与企业产品或者服务直接相关的活动，是产品或服务在实质上的创造，包括：后勤进货、生产作业、后勤发货、营销和售后服务等。

辅助活动是指那些为基本活动的执行提供输入或者资源或基础性设施的活动，包括：基础设施、人力资源管理、技术开发、采购等活动。

价值链图示如图 2 - 1 所示。

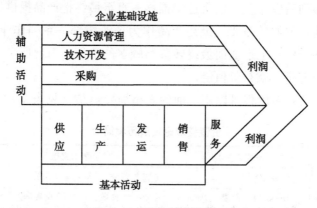

图 2 - 1　价值链基本图示

由价值链的基本图示可以明显看出，企业的基本活动直接为市场提供价值需求，辅助活动则为基础活动得以顺利实施提供各种保障。不论是基础活动还是辅助活动，都将为企业带来利润。

2. 价值流理论

在波特的价值链理论基础上，随着网络信息技术的飞速发展，美国的詹姆斯·迈天（James Martin）于 1997 年将波特的"价值链"概念进一步拓展为信息网络技术环境下的价值流。② 并在其著作《生存之路——计算机技术引发的全新经营革命》（Cybercorp—The New Business Revolution）中首次提出价值流理论。詹姆斯·迈天将价值流定义为：相互衔接的、一组有明显存在理由的、实现某一特殊结果的一连串的活动。

价值流是使一个特定产品（不论是一个商品、一项服务，或者两者的结合）通过任何一项商务活动的三项关键性管理任务时所必需的一组特定

① 方琢：《价值链理论发展及其应用》，《价值工程》2011 年第 6 期。
② 孙婧：《基于价值流的企业成本控制研究》，河海大学，2006.3。

活动。① 这三项活动是：在从概念设想，通过细节设计与工程，到投产的全过程中解决问题的任务；在从接订单到制订详细进度计划到送货的全过程中的信息管理任务；在从原材料制成最终产品，送到用户手中的物质转化任务。② 价值流通过以上三项任务将具有价值的产品和服务送达到顾客。例如，公路货运企业的任何一份订单的履行就是一个简单的价值流。在这个价值流中，输入的是企业和客户签订的运输订单，而输出的是客户所需要的货物运输服务。

价值流的概念是基于价值链理论提出的，两者极易混淆，但是价值流和价值链是两个互不相同的概念。价值流和价值链的主要区别可以概括为以下三个方面。

首先，两者定义的基础不同。"价值链"的定义是建立在整个企业价值增值过程之上的，它连接的是企业的供给方和企业的需求方，更着重于说明整个企业，是指企业的各种价值活动的组合。企业进行"价值链"分析的目的是发现存在于各项价值活动之中的竞争优势。"价值流"的定义是建立在企业的各项活动之上的，需要对企业的每一项价值活动进行详细分解，并按照业务流程进行重新设计。可以说，价值流是价值链上的一部分，各个价值流综合起来组成了价值链。迈克尔·波特在他的著作《竞争优势》中描述道："价值链取消公司的隔离，采取战略相关行为，理解成本行为记忆有的资源和潜在资源（竞争性）的区别。"而价值流则要简单得多，价值流是满足特定类型顾客（内部或者外部）的一系列活动。③

其次，两者的研究对象不同。价值链研究的对象是整个企业的价值增值过程，而价值流研究的是企业的各项活动。价值流的研究是价值链研究的基础，而价值链研究的对象范畴更大一些。

最后，两者的研究目的不同。对价值链进行研究的目的是增强整个企业的核心竞争能力，为企业的发展提供更优的运作模式；对价值流的研究是为了优化企业的某一运作流程，当企业的某一运作细节出现问题时常常会采用优化价值流的方法对其进行改善。

3. 价值利润链理论

所谓的价值利润链是哈佛商学院的三位教授詹姆斯·赫斯科特

① [美] 詹姆斯·P. 沃麦克、丹尼尔·T. 琼斯：《精益思想》，商务印书馆 2012 年版。

② 马汉武、刘颖：《基于供应链的价值流分析》，《物流技术》2010 年第 11 期。

③ 李涵：《再建企业价值流》，《企业活力》2003 年第 8 期。

（James Heskett）、小厄尔·萨赛（Earl Sasser）和莱恩·史科莱斯格（Leonard Schlesinger）通过价值利润链来说明企业必须关注员工、顾客、投资者、供应商以及其他的利益相关者提供最大化的利润。价值利润链理论将传统的对企业利润的关注扩大到对和企业相关的、所有利益相关者利润的关注。而且，指出新的价值导向将提高组织的运作效率和收益率。价值利润链理论将企业经营的参与者分为三个主体：顾客或客户、企业员工和投资者，强调这三者之间的协调和相互关系的重要性；这一理论还强调了企业管理、企业文化、企业战略的重要意义。[①] 价值利润链可以用图2-2表示。

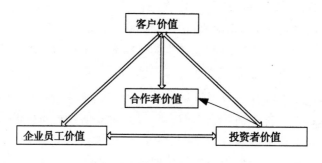

图 2-2 价值利润链示意图

价值利润链中的"价值"分为客户价值、企业员工价值、合作者价值和投资者价值。表达式分别为：

$$客户价值 = \frac{成果 + 流程质量}{价格 + 客户获得的成本}$$

$$企业员工价值 = \frac{能力 + 工作地点质量}{1/周工资 + 获得工作的成本}$$

$$合作者价值 = \frac{收入 + 关系质量}{业务进行的成本}$$

$$投资者价值 = \frac{对投资者的回报 + 对研发、员工、客户和投资者的投资}{投资基础}$$

同价值链理论、价值流理论相比较，利润价值链理论将研究视角进一步扩大，关注到了市场中的客户、企业员工、投资者三方的利润，将"多方共赢"的理念深入研究过程中，更具积极意义。

---

① 詹姆斯·赫斯科特（Heskett）、萨赛（Sasser）和史科莱斯格（Schlesinger）：《价值利润链》，机械工业出版社2012年版，第9页。

三 价值工程理论

1. 价值分析的产生

具有价值工程之父誉称的劳伦斯·戴罗斯·麦尔斯（Lawrence D. Miles，1904—1985）最早提出了价值分析的概念。

第二次世界大战对各国造成的巨大破坏直接导致了战后各种生产原材料极度缺乏，美国国内的生产原材料、物资供应也特别紧张，价格飞涨。麦尔斯就在这个时候开始潜心研究降低成本和提高产量的方法，并且取得了很大的成绩，价值分析即在这个时期逐渐完善形成。最为典型的案例是麦尔斯寻求"替代品"的采购思想，即在不改变产品性能的前提下寻找成本更低的原材料来替代原有的昂贵的原材料。麦尔斯将整个研究过程中所采用的方法做以整理，命名为价值分析（Value Analysis，VA）。[①] 1947年麦尔斯在《美国机械师》（*American Machinist*）杂志上公开发表题为《价值分析》的学术论文，将其发现与创新公开。自此，价值分析理论在学术界正式诞生。

麦尔斯在价值分析中提出了优质产品和廉价制造两个重要的概念，优质产品是指具有能充分满足用户所需功能的产品，廉价制造是指用最少的资源得到产品。并从产品和资源两者之间的关系可以导出产品的价值公式

$$Value = \frac{Function}{Cost}$$：或者缩写为 $V = \frac{F}{C}$。以上价值公式中：*Value* 是指产品所具有的价值；*Function* 是指产品所必备的功能；*Cost* 是生产该产品所消耗的资源。

麦尔斯所提出的价值分析概念以及上述的价值公式将价值的概念公式化，将普遍意识上产品的功能和产品的有用性变成可以量化的形式。其创新之处主要表现在以下四个方面。

（1）麦尔斯的研究发现，用户购买的并不是产品自身，而是产品所具有的功能和有用性。

（2）从产品的功能和实现此功能所消耗的资源两者的关系入手，将价值的概念公式化，有助于对其展开具体量化。

（3）为了用更低的资源消耗生产更优质的产品，必然要求重新审查

① 杨建昊、金立顺：《广义价值工程》，国防工业出版社 2009 年版，第 2—3 页。

产品的设计、生产方案。

（4）整个价值分析都旨在提高产品价值的管理技术。

价值分析理论自其产生就受到极大关注，并且为企业带来了很大的经济效益。通用电气在1948年开始推行价值分析，到1965年为止因为应用价值分析而获得的经济效益高达2亿多美元。

2. 价值分析和价值工程

1954年，美国海军舰船局开始关注通用电气公司的价值分析，并且成立专门的研究机构引进价值分析技术。同时，根据美国实际情况将价值分析改名为价值工程。美国之所以将价值分析改称为价值工程是因为美国国防部的产品中新产品居多，从最初的产品研制与设计阶段就要考虑产品的价值，这不是分析和研究现有产品的价值的技术，而是为了重新研制与设计出资源消耗少而价值高的产品，因此改名为价值工程更贴切。[1]

对于价值分析和价值工程的辨析，主要集中于应用阶段的不同。价值分析主要是应用于现有的产品，以改善现有产品的价值为主要目的；价值工程是从新产品的研制和开发阶段入手，以保证研究和设计出耗资少、价值高的产品。尽管价值分析和价值工程的研究对象有着细微的差别，但两者的原理和方法是一致的，两者都是追求以最低的消耗获得用户最为满意的产品功能，其本质内容也是一致的。而且，价值分析和价值工程的分析目标也是一致的，都是提高分析对象的价值，或提高用户的使用价值。

本书的研究核心是集装箱多式联运的价值增值，在增值过程中不仅仅会涉及对原有集装箱多式联运过程的优化而且还会涉及具体环节新的组织运作模式，因此，本章在本书研究过程中将价值工程和价值分析视为同一理论，并不做刻意的辨析和区分。

3. 价值工程的定义

各国对价值工程的定义并不统一。

美国：价值工程以最低的总费用，以不损害必要的质量、性能、可靠性、维修性而实现必需的功能为目的，着重于对国防部的系统、装置、设施、程序、补给品的功能要求进行分析的有组织的活动。[2]

日本：价值工程是以最低的寿命周期费用、可靠的实现必要功能为目

---

① Porter M. E. Competitive Advantage [M] . New York: The Free Press, 1985: 11 – 21.

② 美国国防部:《价值工程手册》(新版)，张耀涛等译，1968年。

的，着重于产品或者劳务的功能研究的有组织的活动。①

中国：价值工程是通过各相关领域的协作，对所研究对象的功能与费用进行系统的分析，并不断创新，旨在提高研究对象价值的思想方法和管理技术。②

虽然各国给出的价值工程定义在措辞方面有一定的差别，但是都体现了价值公式的精髓，即任何产品的价值都与其功能成正比，而与其成本成反比。

4. 价值工程核心概念

价值工程理论涉及了三个核心概念，即价值（Value）、功能（Function）和成本（Cost）。

（1）价值

价值问题一直以来都在经济学和哲学领域中得到广泛的讨论，对价值内涵的理解也多种多样，但在价值工程中价值有其特殊的内涵。价值工程中的价值是作为一种"尺度"提出来的，③ 即"评价事物有益程度的尺度"。一物的价值高则说明该事物的有益程度高、效益大、好处多；价值低则说明该物的有益程度低、效益差、好处少。如果从市场消费者的角度来分析，在日常的经济活动中，人们购买物品时常常要考虑物品的有用性和价格。即当两种物品的市场价格大体相同时，人们往往愿意购买性能较好、功能较强的物品。如果从企业的角度对产品的价值进行评定时，往往将价值公式中的成本看作生产这种产品或提供这种服务所投入的人力、物力资源，是企业的输入；把功能看作产品所能满足客户的效用，即产品对消费者的有用性，是企业的输出。那么，价值就相当于从产品中所获得的经济效益。从这一角度来分析，价值工程根据产品或服务功能与成本之间的比值来判断其经济效益，目的是提高产品或服务的价值。④

价值工程之父麦尔斯在他的著作《价值工程分析技术》一书中指出："一个自由企业在全面竞争中的长期成功取决于它不断向用户出售最佳的价值，以唤起预期的价格，换言之，'竞争'决定了一个企业必须采取

---

① 日本文部审定的《价值工程函授教材》。

② 我国国家标准（GB 8223—87）。

③ 田威、韩荣：《价值工程与创造》，科学普及出版社1991年版。

④ 彭景云：《基于价值工程理论的结构体系经济性分析》，昆明理工大学，2006。

'价值令人满意'的方针，以达到产品或者服务富有竞争能力的结果，这种最佳价值取决于两个方面：功能和成本。"

（2）功能

在价值工程中，产品或服务的功能是其所能提供给人们的有用性或者效用。生产过程的成果表面上看是产品或者劳务，而实际上是隐藏在产品或者劳务中消费者所需的功能。客户对产品、服务的购买实际上是对功能的需求，这种需求因为对功能的享用而得到满足。功能的定义可以表述为：载体所具有的，通过用户的使用、欣赏而给用户带来满足和愉悦的那些性能。[①] 由功能的定义可以看出功能主要分为使用功能和美学功能。本文的选题决定了本书主要分析使用功能。

（3）成本

成本是为了获取载体所具有的功能而必须付出的费用，正如麦尔斯所说的"一切成本都是为了功能"。在价值工程理论中成本分为设计成本（designed cost）、功能成本（function cost）、生命周期成本（life cycle cost）。设计成本是指在一定技术经济条件下，为达到特定的功能水平和开展载体设计而预先计算出来的成本；功能成本是总体被分为各个子功能时为实现这些子功能需要付出的费用；生命周期成本是指载体设计、生产、销售、使用、维护、报废等各个阶段支出费用的总和。

5. 价值工程的特点

（1）价值工程以价值改善为目的。价值工程以改善研究对象的价值为目的，即以更低的寿命周期成本，实现产品或者服务的必要功能。在产品或者服务的生产过程中，其功能成本由于科技的进步和用户需求的变化与理想状态必然有一定的现实差距。如何对产品或者服务的功能与成本进行较为理想的协调和配置是诸多行业的重要课题。离开价值工程理论，单方面解决成本问题或者单方面解决功能问题都不能满足供需双方的利益需求。

（2）价值工程以功能分析为核心。价值工程理论以功能为中心展开分析，以用户的功能需求为出发点，将定性和定量的方法相结合，分析产品或者服务的各项功能。确定必要功能，剔除多余功能，完善不足功能，并且将功能和成本相结合寻求二者的最佳结合点。以功能分析为核心的分

---

① 张彩江：《复杂价值工程理论与新方法应用》，科学出版社 2006 年出版的。

析思路不受现有产品或者服务的约束，有助于设计出新的产品或者服务，从而加大了创新力度，实现产品或者服务的新突破。

（3）价值工程是集体智慧的结晶。价值工程本身是一项比较复杂的工作系统，涉及产品或者服务的开发、设计、制造、供应、维修、售后服务等多个方面，需要应用系统性的思想，综合各种经济技术方法，不是个人力量所能完成的。因此，价值工程是一项有组织、有目的、依靠各方面集思广益的系统工作，是集体智慧的结晶。①

6. 价值工程的应用

价值工程作为一门新型的管理技术，从产生至今已有60多年的历史，在世界各国尤其是在工业发达国家得到迅速的推广和普遍的应用，并且卓有成效。

（1）价值工程在美国

1964年，美国国防部制定了美国军用标准《价值工程规划要求》，命令美国陆军、海军、空军和后勤部门使用此标准。同年，因为应用价值工程，美国财政年度节约开支2.5亿美元。

1969年，美国建筑工程项目开始应用价值工程。

1970年，美国国会批准将价值工程应用于联邦公路、公共建筑及公共设施，并要求在合同订立中加入价值工程奖励条款。

1979年，美国自上而下、全国范围认可了价值工程作为新型管理技术的卓越成效。

1993年，美国政府管理与预算局要求政府和联邦机构在工程项目、房屋建造等承包合同中广泛应用价值工程。

1995年，美国国会通过法案，强制要求超过2500万美元的项目投资必须开展价值工程研究。

1996年，美国总统签署了美国国会通过的104—106号公共法令，以法律的形式确立了价值工程及其在经济发展中的作用和地位。该法令要求，不仅仅是国防部门，联邦政府的其他部门均应应用价值工程。

在经济全球化的21世纪，美国各个行业对价值工程的应用都为其带来了巨大的经济效益。②

---

① 王关义：《生产管理》，经济管理出版社2004年版，第255页。

② 王乃静：《价值工程概论》，经济科学出版社2006年版。

（2）价值工程在日本

日本是应用价值工程较早的国家。日本价值工程的发展过程中理论发展与实践应用结合得非常紧密，尤其关注价值工程的应用，而且成效显著。

1955 年，日本派出考察团到美国考察价值工程，并认定价值工程是降低成本的有效方法。

1957 年，日本将价值工程正式介绍给产业界，但当时未能得到应有的重视。

1961 年，日本培养出第一批价值工程专家，真正开始了对价值工程的应用。

1965 年，日本成立了"日本价值工程协会"，致力于价值工程的普及。

1975 年，日本对价值工程的应用以及普及全国的各个行业，全国企业应用价值工程的比率高达 90%。

日本不断践行价值工程的过程中，也为价值工程的发展做出了巨大的贡献，特别是在创造工程学方面提出了大量的创造技法。

（3）价值工程在欧洲其他国家

西欧各国推行价值工程的特点是制定价值工程国家标准。

英国从 20 世纪 50 年代后期开始引入价值工程，到 60 年代就在全国范围内得到普及推广，许多大公司纷纷采用价值工程，英国的交通运输部和邮电部门也开始了价值工程的项目研究。

奥地利自 1975 年开始制定价值工程的国家标准，如《价值分析——概念、方法》《商业伙伴之间的价值分析》《价值分析——机构的体制编排说明》《价值分析——协调人、任务、要求》等。

法国从 1984 年开始制定了一系列的价值工程国家标准，如《价值工程——术语》（XO – 151）、《价值工程——基本特点》（XO – 152）、《价值工程——实施建议》（XO – 153）等。

（4）价值工程在中国

价值工程于 20 世纪 70 年代末引入中国，至今有 30 多年的历史。

1978 年，价值工程由日本传入我国，并迅速在企业界、理论界、教育界传播开来，在工业企业等行业中得到广泛应用。

1984 年，国家经委倡议推行 18 种管理方法，价值工程位居其一。

1987 年，国家颁布价值工程国家标准（GB 8223—87）。

在此之后的十几年间，我国对价值工程的研究和应用出现过一定的波折，但是从 2000 年至今，对价值工程的研究得到了广泛的关注。除此之外，价值工程理论在我国还广泛应用于工程施工方案的选优中、城市轨道交通项目的生命周期监控中、饭店客房管理中、建筑策划阶段设计中等诸多领域。

第四节　价值工程在多式联运中的适用性分析

一　价值工程的研究范围

价值工程本身起源于对生产原材料和原料替代品的研究，紧接着很快就被应用于国防系统和建筑领域中，后来又扩散到社会经济的各个领域，有着广泛的应用范围。纵观社会经济生活的方方面面，到处都会有价值工程的痕迹。价值工程的应用大体可以概括为以下两个方面：一是在工程建设和生产发展方面；二是在组织经营管理方面。

在工程建设和生产发展方面，价值工程理论可以应用到一项工程建设或者一项成套技术项目的分析中，还可以应用到企业生产的每一个零件、每一件产品或者每一台设备上。当然，也可以应用到原材料的采购方面。细化的分析方法有：工程价值分析、产品价值分析、技术价值分析、设备价值分析、原材料价值分析、工艺价值分析、零件价值分析、工序价值分析等。

在组织经营管理方面，价值工程不仅仅是一种提高工程和产品价值的技术方法，更是一项指导决策，是一套行之有效的管理方法。细化的分析方法有：经营活动价值分析、施工方案价值分析、质量管理价值分析、产品服务价值分析、管理方法价值分析、作业组织价值分析、组织人员管理价值分析等。

因此，价值工程的研究范围是非常广泛的，适用于制造型行业、服务型行业和商业型行业。

早在 1975 年，日本在机械、机电、运输和精密仪器四个行业中的调查表明，价值工程在企业中的普及率高达 90%（参见表 2－2）。

表 2-2   价值工程普及率统计

行业	公司数（个）	应用价值工程公司数（个）	未用价值工程公司数（个）	普及率（%）
机械	34	28	6	82.4
电机	43	41	2	95.3
运输	17	16	1	94.1
精密仪器	6	5	1	83.3
合计	100	90	10	90.0

资料来源：杨建昊、金立顺：《广义价值工程》，国防工业出版社 2009 年版。

价值工程的广泛应用使得日本企业界纷纷降低了企业成本，提高了企业的经济效益。

1995 年，美国在联邦政府各机构中做过一次关于价值工程应用效益的调查，结果如表 2-3 所示。

表 2-3　　　　美国联邦政府各机构应用价值工程费用的节省额

机构名	节省额（美元）
国防部	734385000
运输部	686373874
服务管理部	109608453
陆军工程部	59554000
内政部	22427840
农业部	8764155
司法部	5990387
退伍军人管理局	2270800
健康与人类服务部	1884464
国际发展部	800000
其他	91721

资料来源：杨建昊、金立顺：《广义价值工程》，国防工业出版社 2009 年版。

从表 2-3 可以很明显看出，美国政府部门也广泛应用价值工程，并且取得了很大成绩。另据统计，从 1983 年到 21 世纪初，美国国防部通过应用价值工程的方法节省了超过 250 亿美元的资金；近五年来，美国在高速公路及高等级公路建设项目中也开始了对价值工程的应用，平均每年节约投资 10 亿美元以上，超过项目投资总额的 5%。

在我国，价值工程也被广泛应用于机械、纺织、化工、建筑、电子、交通、农业、轻工、石油、邮电、水利等许多生产领域以及管理过程的各个方面。价值工程"以最低的费用获取所需要的功能"这一理论精髓概括了生产与生活的各个方面，反映了一切技术经济问题所存在的普遍规律。而且，任何一件产品、任何一个组织、任何一个项目、任何一道工序，都可以用价值工程抽象其功能的本质，并从技术上找到多种实现所需功能的途径，找到为了功能所要支付的成本，而这些成本中必然存在一种最低成本状态。因此，可以概括来说：凡是要实现功能则必须支付成本，凡是要支付成本则必然存在有最低成本，凡是要寻求最低成本则涉及价值问题的研究，涉及价值工程的应用。

综上所述，价值工程遍布全球，在各个行业中发挥着其难以抵挡的魅力，价值工程的研究范围可以触及社会生活与经济生产的各个领域。

二　集装箱多式联运应用价值工程的必要性

从经济学角度来分析，货物的运输属于经济活动，货物的多式联运属于经济系统的范畴。一方面，货运过程就是产生货运服务的过程，是经济要素流转的过程，也是其他经济活动赖以正常运行的基础。另一方面，货运活动本身就是对货运服务的生产、销售的过程，是货运服务供给者在一定的社会规则约束下通过一系列的货物运输生产获得财富的过程。价值工程在集装箱多式联运中应用的必要性主要表现为以下两个方面：

价值工程是控制集装箱多式联运运作成本的重要手段。在货物的多式联运生产过程中，价值工程贯穿各个环节。价值工程对运作环节功能与成本进行监督，通过分析运作环节的功能与成本之间的关系，发现并消除其中的多余功能，提高运输资源的利用效率，从而达到控制集装箱多式联运运作总成本的目的。

价值工程是评价集装箱多式联运供给者发展策略的重要准则。集装箱多式联运供给者（联运企业）发展过程中可能会采取各种各样的发展策略，但是每一项策略都必须满足价值工程理论的两条准则：一是联运企业的发展策略必须能够为多式联运的货运市场提供满足需求的货运服务；二是联运企业的发展策略必须能够尽可能多地降低企业的总费用支出。两者结合，才能从本质上促进企业的发展，实现企业对各个层面的利益追求。

三　价值工程在多式联运中的应用

1. 多式联运基础设施建设方面

价值工程在多式联运基础设施建设方面的应用主要体现在建设项目上。例如，在公路工程领域，价值工程可应用于规划和施工管理阶段的动态决策分析，可以在很大程度上提高公路工程的质量，降低公路工程的成本。[①]

多式联运基础设施的功能分为基础功能和辅助功能两大部分：基础功能有保证运载工具的安全行驶、保证足够的承载能力、保证稳定性、保证抗滑性和耐久性等；辅助功能有保证运载工具行驶的安全舒适、保证基础设施自身的养护和管理便利、保证自然生态平衡、保证创造优美的几何线性等。为了实现以上各项功能，多式联运基础设施在建设中必须付出相应的成本，主要包括有建设前的规划成本、建设中的建设成本，以及建设交付使用后的维护成本等。价值工程的应用贯穿于整个建设项目的始末，在保障项目要求（功能）的前提下，追求最低的成本投入，以此来获取最高的价值。

2. 多式联运载运工具的开发生产方面

各种交通运载工具并不能直接创造出价值，而是通过间接地满足运输需求者对运输服务的需求而产生价值，是价值的物质载体。在日常的社会生产中，为了保障交通活动的顺畅进行需要耗用大量的资源，这些资源一部分用来生产制造交通运载工具，一部分用来保障运载工具的正常运转和日常使用。随着交通运输行业的快速发展和国民经济的不断繁荣以及全社会运输需求的绝对量不断增加，各种运载工具的绝对量也不断增加，与此同时社会资源的数量却是不断下降的。尽管全球范围内都在不断地开发新能源，但是新能源的开发速度远远不及现有能源的消耗速度。因此，如何以最小的能源消耗获得最大的交通运输服务功能已经成为交通运输行业的焦点问题，而价值工程正是解决这一问题的有效途径。[②]

以我国轿车行业对价值工程的应用为例[③]，提高功能、降低成本是轿

---

① 闫磊：《公路工程中价值工程的应用》，《林业科技情报》2009 年第 3 期。

② 刘运强：《价值工程在客车研发中的应用》，《客车技术与研究》2005 年第 5 期。

③ 李丹：《轿车价值工程研究》，吉林大学，2008 年。

车行业发展的总体目标。为实现这一目标，首先要分析研究轿车结构系统、功能体系以及成本系统，构造轿车及其零部件的功能评价模型和成本评价模型，并建立整个轿车设计生产过程的价值计算模型。在以上分析研究的基础上，才能正确应用价值工程，提高轿车行业的价值。

3. 多式联运运营组织方面

价值工程在多式联运运营组织中的应用目前在我国并没有得到很好的开展，但是多式联运的运营组织具有明显的流程特点，这种按照流程运作的特点适宜应用价值工程。

在多式联运领域中，特别是多式联运的运营组织中应用价值工程理论具有理论可行性和实践可操作性。虽然每一项特定的多式联运活动都具有独特性，但多式联运服务的同质性特征也不容忽视，正是这种同质性特征使得集装箱多式联运服务具有明显的可替代性。因此，从理论上分析，可以对多式联运的具体流程应用价值工程，通过研究流程上各个环节的功能与成本，寻找可以实现增值的环节，应用提高价值的方法策略，实现集装箱多式联运价值的提升。多式联运的运营组织中应用价值工程理论的实践可操作性表现为多式联运运作环节的功能和成本能够利用具体指标量化，这就使得我们可以得到各个环节准确的价值系数，而通过对价值系数的变化逆推为对功能与成本的控制，从而反过来优化运输的运作环节，优化整个流程，最终实现集装箱多式联运价值的增值。依照以上的分析推理可知，多式联运作为交通运输系统中的重要组成部分同样适用于应用价值工程来实现其价值增值与其他层面上的优化。

本书正是在以上理论分析的基础上，将价值工程这一具有广泛使用范围的基础理论应用于多式联运货物领域，以期借助这一理论实现集装箱多式联运价值的增值，为集装箱多式联运的发展提供理论突破口。

本 章 小 结

本章对本书研究过程中涉及的相关研究理论进行了简要的梳理。

首先，概述了多式联运理论：从多式联运的基础理论入手，回顾了多式联运在我国的发展历史；对几个与多式联运相关的理论进行了辨析，如综合运输、多式联运以及集装箱多式联运等，为本书的论述界定了科学范畴。

　　其次，对劳动价值理论、价值流理论、价值链理论等进行了简要的辨析，并剖析了马克思提出的劳动价值理论中的"价值"与西方经济学家提出的经济学"价值"有着完全不同的内涵和外延。指出前一"价值"随着人类社会的发展将逐渐降低，而后一"价值"则随着社会经济与生产技术的发展必然追求这一"价值"的增加。两种研究背景下的"价值"内涵不同、发展不同，但都为人类文明的发展推波助澜，为社会经济生活的进步贡献力量。而价值工程理论作为一种新型的管理技术自其产生就逐步应用于社会经济中的各个领域，并取得了卓越的成效。

　　再次，在对价值理论的分析特别是价值工程理论分析的基础上展开了价值工程在集装箱多式联运中的适用性分析。通过分析价值工程理论的应用范围说明这一理论具有极其广泛的应用范围，其研究范围可以触及社会生活与经济生产的各个领域。价值工程在集装箱多式联运领域中的应用的必要性表现为两个方面，一是，价值工程是控制集装箱多式联运运作成本的重要手段；二是，价值工程是评价集装箱多式联运供给者发展策略的重要准则。价值工程在多式联运中的应用主要表现在基础设施建设方面、载运工具开发生产方面、多式联运运营组织方面。并指出，当前学术界对价值工程在运输组织方面的应用研究不足，但鉴于多式联运明显的流程性特点适宜应用这一理论。本书正是基于以上的理论分析，展开对集装箱多式联运价值增值问题的研究。

第三章

集装箱多式联运价值及价值增值理论分析

第一节　多式联运经济系统分析

一　运输系统中的经济系统

1. 系统

学术界对系统的定义多种多样，其中较为贴切的描述是：系统是由一些相互联系、相互制约的若干组成部分结合而成的、具有特定功能的一个有机整体。系统的定义包括三方面的内涵：首先，系统是由若干要素组成的。这些要素可能是一些个体，也可能本身就是一个系统。其次，系统要有一定的结构。系统是由其构成元素组成的集合体，这些组成元素之间相互联系、相互制约。再次，系统要具有一定的功能。系统的功能也就是其目的性，是系统与外部环境相互联系、相互作用表现出来的性质、能力和功能。系统具有明显的动态性特点，系统的内部组成元素和外部环境都处于动态过程中，系统的状态常常是可以转换、可以控制的。而且系统具有普遍存在性。在宇宙间，从基本粒子到整个银河系，从人类社会生产到人类精神思维，从自然科学界到社会科学界，系统无所不在。[①] 系统大致可以分为自然系统、人工系统和复合系统三种类型：自然系统又包括生态系统、天体系统等；人工系统有经济系统、生产系统等；复合系统是自然系统和人工系统的组合，如导航系统等。

2. 经济系统

经济系统是人类经济活动的过程及其结构，往往指一个国家或地区经

---

① ［德］恩格斯：《自然辩证法》（第二卷），人民出版社1995年版。

济生活所形成的有机体，属于人工系统的一种。经济系统是由一些相互联系、相互制约的若干经济要素组成的，具有经济功能的有机整体。经济系统的含义有广义和狭义之分，广义的经济系统是物质生产系统和非物质生产系统中相互联系、相互作用的若干经济要素组成的有一定经济功能的有机整体；狭义的经济系统是社会再生产过程中生产、交换、分配、消费等环节的相互联系、相互作用的若干经济要素组成的具有一定经济功能的有机整体。经济系统的构成要素主要有经济物质和经济信息两部分[①]：经济物质包括劳动力、原材料、资金、生产设备等；经济信息包括生产技术、管理技术、相关的政策法规等。经济系统的经济物质和经济信息一方面在系统内相互作用、相互制约；一方面与系统外界的环境进行相互作用，从而产生了系统内外要素的流动，这种流动就构成了经济系统的输入和输出。经济系统的特定功能就是在输入输出的过程中实现的。物质系统论中[②]，经济系统的基本函数为 $B = f(C, S, E)$，其中 B（Behavior）表示经济系统的行为和功能，C（Component）表示经济系统的组成要素，S（Structure）表示经济系统的结构，E（Environment）表示经济系统所处的环境。因此，经济系统的行为和功能是经济系统的组成要素、系统结构、所处环境的函数。

经济系统具有一般系统所共有的特点，如有机性、整体性、动态性、可控性、目的性、相对稳定性等，除此之外，经济系统还有其特性。首先，经济系统的主体要素是社会经济人，人的主观意志在整个系统中有着举足轻重的作用；其次，经济系统是一个非平衡式的开放性系统，即经济系统的输入、输出是不平衡的；再次，经济系统的目标具有多样性，即经济系统一般都有着非单一的系统目标；最后，经济系统涉及的外部环境具有广泛性特点，即经济系统的外部环境涉及生态环境、政治环境、人文环境等。

3. 多式联运属于经济系统

（1）交通运输属于经济系统的范畴

交通运输是人和物借助一定的交通运输基础设施，以各种运输工具为载体，实现物理上的空间位移。

从经济学角度来分析，交通运输属于经济活动。一方面，交通运输过

---

① 王翼：《经济系统分析预测与控制》，中国城市出版社 2007 年版，第 1—3 页。

② 张华夏：《物质系统论》，浙江人民出版社 1987 年版，第 160 页。

程就是生产服务的过程，是经济要素流转的过程，也是其他经济活动赖以正常运行的基础。另一方面，交通运输活动本身就是对运输服务的生产、销售的过程，是交通运输从业人员在一定的社会规则约束下通过一系列的运输生产获得物质财富的过程。因此，交通运输活动本身就是一种经济活动，而且是经济系统中不可或缺的组成部分。所以，交通运输具有经济系统的本质特征和基本规律，属于经济系统的范畴。

从系统论角度来分析，交通运输自成完整体系。首先，交通运输由若干要素组成：交通运输基础设施、交通运输载运工具、交通运输技术和信息，以及参与到交通运输中来的人和货等。其次，交通运输具有一定的结构：交通运输各组成要素在相互关联、相互影响的作用下实施的交通运输活动。例如，单独的交通运输运载工具或者单独的交通运输基础设施均不可能实现任何运输任务。再次，交通运输具有特定的功能：完成各种各样的交通运输活动。综合以上三点，交通运输具备系统的三大要点，能够自成完整的体系。而交通运输活动又属于社会经济中的经济活动，因此，交通运输属于经济系统的范畴。

（2）多式联运属于交通运输系统的范畴

多式联运是使用多种运输方式，利用不同运输方式各自的经济、技术特性，在最低成本条件下提供综合性服务，是提供高效运输服务的重要手段。多式联运过程中并没有使用新兴的交通运输基础设施，也没有使用新兴的交通运输载运工具，其本身并不是一种新兴的运输方式，而是将现有的各种运输方式进行统筹协调，以追求更高的运输效率和更合理的运输资源配置。因此，多式联运属于现有的交通运输系统范畴。

（3）多式联运属于经济系统的范畴

同样，借用以上的分析思路和分析结论可知：交通运输属于经济系统的范畴，而多式联运属于交通运输系统的范畴。因此，可以得出多式联运属于经济系统的范畴，而且多式联运也自称系统。

系统、人工系统、经济系统、交通运输系统以及多式联运系统五者的关系可以用图3-1的文恩图表示。

系统、人工系统、经济系统、交通运输系统以及多式联运系统五者是依次真包含的关系，相互之间有着不间断的、元素的输入与输出。

而且集装箱多式联运作为多式联运系统的重要组成部分也自成系统，即集装箱多式联运系统。首先，集装箱多式联运包含多重元素，如集装箱

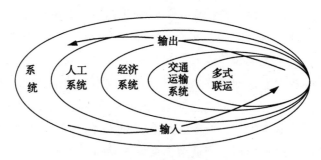

图 3 - 1   系统文恩图

多式联运经营人、集装箱多式联运托运人、多式联运合同、集装箱多式联运法律法规等。其次,集装箱多式联运的各组成要素之间互为相关,而且相互合作工作。再次,集装箱多式联运系统的目标是完成集装箱多式联运任务,为货运需求者提供满意的货运服务。集装箱多式联运系统构成图如图 3 - 2 所示。

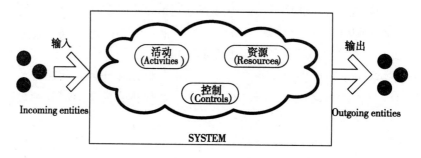

图 3 - 2   集装箱多式联运系统构成图

集装箱多式联运是多种运输方式的互补和协调,因此,集装箱多式联运系统的子系统可以按照不同的运输方式来划分,分别为:铁路运输子系统、公路运输子系统、水路运输子系统(至少有海运运输)和航空运输子系统。同时,各种运输方式之间的合作与衔接需要有其他子系统的协调,主要包括:海关子系统、商检子系统、港口码头子系统、货运站子系统。集装箱多式联运系统正是在上述子系统的不断协调中完成货运任务,满足货运需求的。

二   集装箱多式联运的经济特性

集装箱多式联运作为经济系统具有一般经济系统的经济特性的同时,还具有多式联运自身的特性。主要体现在以下方面:

1. 运输活动的经济性特征

集装箱多式联运的经济特性突出表现为运作的经济性，即货运费用成本的节约与时间成本的节省。首先，同单一运输方式以及各种运输方式的简单接驳运输相比，集装箱多式联运综合利用了不同运输方式各自的经济特性，争取在最低费用成本的前提下提供满足需求的货运服务。集装箱多式联运费用成本的降低一方面来源于不同运输方式运作过程中各自的经济特性；一方面来源于不同运输方式之间的无缝式衔接，另一方面仓储、运输、包装、搬运装卸等运作环节的减少在很大程度上减少了整个集装箱多式联运运作的费用成本。其次，集装箱多式联运在最大限度上实现了运输时间成本的节约，主要体现在集装箱多式联运越来越明显的便利性和快捷性。集装箱多式联运时间成本的节约一方面来源于不同运输方式各自的技术特性，不同运输方式突出的技术特性决定了在某些货运活动中选择不同的运输方式必然会节省运输时间，而多式联运正是注重了对不同运输方式的合理选择，从而为整个运输过程节省了时间成本。集装箱多式联运时间成本的节约另一方面来源于多式联运对不同运输方式之间合理衔接的关注，正是因为对不同运输方式之间的衔接进行了科学分析，才为无缝式衔接提供了可能性，才有助于实现整个货运过程的流畅性，从而最大限度地实现了货运的便利性和快捷性。

2. 基础设施的凝固性特性

多式联运使用多种运输方式，利用不同运输方式的各自经济、技术特性，在最低成本条件下提供综合性的货运服务，将现有的各种运输方式进行统筹协调，以提供更高效率的运输服务。集装箱多式联运的基础设施即现有的各种运输方式的基础设施，具有明显的凝固性特征。

截至 2007 年年底，我国铁路营业里程达 7.80 万公里；公路里程达 358.37 万公里，其中高速公路里程达 5.39 万公里；内河航道里程达 12.35 万公里；民航航线里程达 234.30 万公里；管道输油（气）里程达 5.45 万公里。国家铁路机车拥有量 17311 台，地方铁路机车拥有量 335 台，合资铁路机车拥有量 660 台；民用汽车拥有量达 4358.36 万辆，其他机动车拥有量达 9434.03 万辆；民用运输船舶拥有量 191771 艘；内河主要港口码头泊位数 8161 个，沿海主要港口码头泊位数达 3970 个。[①] 各种运输基础设施一旦建设，对应的资产就凝

---

① 本段落数据来源：《中国统计年鉴》（2008），中华人民共和国国家统计局网站 http：//www. stats. gov. cn。

固，因此，集装箱多式联运的基础设施具有明显的凝固性。

3. 运营组织的网络化特性

集装箱多式联运过程中涉及多种运输方式、多种运输工具与多种运输线路，这就决定了集装箱多式联运的运营组织比单一运输方式的运营组织更具复杂性。

对于集装箱多式联运需求者来说只需要和多式联运经营人或其代理联系，多式联运需求者将多式联运需求交与多式联运经营人或其代理，由集装箱多式联运经营人或其代理完成整个运输过程。但是，多式联运经营人或其代理却需要和集装箱多式联运的各程承运人以及相关的海关、商检部门取得联系，并安排多式联运全程运输。而多式联运运输过程中，又要涉及多种运输方式以及不同运输方式之间的换乘，同时每种运输方式的运输过程中又涉及仓储、配载、包装、搬运装卸等多个环节的运作以及不同环节之间的有效衔接。在整个多式联运过程中，多式联运合同作为运输过程的法律保障对全程运输负责，而多式联运各参与方也将对这一合同负责。可见，多式联运的运营组织具有明显的网络化特点。多式联运主要参与方之间的关系图可简要表示如图 3 - 3 所示。

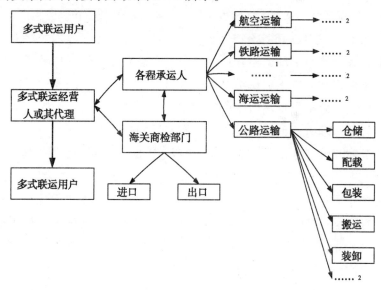

图 3 - 3　多式联运主要参与方的关系图

说明：图中"……[1]"表示可能出现的不同运输方式及其组合，"……[2]"表示各种运输方式下不同的运输业务环节。

4. 竞争性特性

集装箱多式联运的竞争性表现为内部竞争性与外部竞争性共存。所谓外部竞争性是集装箱多式联运市场中各联运企业之间的竞争，主要表现为对市场份额的争夺；所谓内部竞争性是多式联运内部各种运输方式之间的竞争，主要表现为各种运输方式的经济、技术特性的发展与相互竞争。

表 3 - 1　　　　　　　各种运输方式优劣势及适用性汇总表

运输方式	优势	劣势	适用性
航空运输	速度快，机动性大，可将地面上任何距离的两个地点连接起来	载重量小，运输成本和运价比地面运输高，受气候条件限制大	实效性要求较高的货物运输，主要有班机、包机、集中托运和航空急件传送等
水运运输	运输成本低（铁路的1/5，公路的1/10，航空的1/30），运力大	受自然气象条件因素影响大，运送速度慢，准时性难以把握，安全性较差	大宗货运的越洋运输，多用于产品附加值小的货物运输，海运运输是集装箱多式联运中必不可少的环节
铁路运输	运力大，成本小，较少受气候、季节等自然条件的影响	固定成本高，受轨道限制，灵活性差	远距离大宗货物运输，经济里程大于200公里
公路运输	送达速度仅次于航空运输，灵活机动，具有较强的连续性，可实现门到门运输	运输能力较小，耗能大，外部成本较大，劳动生产率相对较低	提供灵活性、多样性的运输服务，多用于价高量小的货物门对门运输，经济半径小于200公里，可补充和衔接其他运输方式

5. 外部性特征

多式联运的外部成本是由多式联运运作过程带来的，主要表现为运输外部成本、配送外部成本、搬运装卸外部成本、仓储外部成本和包装外部成本。

运输外部成本是多式联运过程中产生的主要外部成本，主要有以下两方面：一方面是运输过程带来的交通事故；另一方面是运输过程中产生的生态污染。运输过程中可能发生各种交通事故，给受害人带来人身、精神伤害以及财产损失。运输过程中产生的污染主要有水域污染、航道污染、铁路沿线污染，以及公路运输中载货车辆释放大量的一氧化碳、二氧化碳和氮、硫氧化物，从而产生汽车尾气污染，刹车片与制动盘的摩擦，以及汽车轮胎和地面的摩擦产生可吸入颗粒物和车辆行驶会扬起地面的灰尘等。同时，运输过程中产生的交通噪声容易引发周围群众一些疾病的突发，例如心脏疾病等。配送外部成本主要体现在多式联运的运输过程中，配送环节的外部成本表现为生态污染、交通拥堵、城市道路的低效率使用等。搬运装卸伴随着整个集装箱多式联运过程，也带来了不少外部成本。目前我国搬运装卸的野蛮操作现象普遍存在，货损货差连连不断，造成大量的资源浪费和废弃，而废弃物又有可能再次造成生态污染，例如，化学液体或气体货物造成了水源污染、大气污染和土壤污染。仓储是集装箱多式联运运作环节上的重要节点，有效解决了货物在流通时间上的矛盾。但是仓储不当极易造成货物的腐败和变质，造成环境污染。特别是特种货物、危险品货物等，务必要采取有针对性的仓储技术和管理办法，以避免给人民群众带来生命财产威胁，给生态环境带来破坏。包装能有效保护流通过程中的各种商品，是提高商品价值的有效途径之一。但是包装过程中会产生包装垃圾和生活垃圾，会给自然环境带来破坏。

6. 区域性特性

集装箱多式联运作为交通运输子系统同样具有明显的区域性特征。就我国东、中、西部三大地区来说，由于自然条件、社会经济发展的不平衡，以及一系列的历史原因等，集装箱多式联运呈现出了不尽相同的发展现状和发展趋势。集装箱多式联运的区域性特征主要来源于以下方面。

（1）自然环境的区域性：多式联运作为交通运输的子系统，其运作过程中或多或少必然受到自然环境的影响，自然环境的区域性直接影响到多式联运的区域性。

（2）国民经济的区域性：国民经济的发展受到多方面的影响，具有明显的区域性特征。而国民经济的发展与多式联运的发展互相影响、相互促进。一般情况下，国民经济发展较快的地区其多式联运也会得到很好的发展；而多式联运的快速发展又进一步推动社会经济的繁荣。因此，国民经济的区域性决定了多式联运的区域性特征。

（3）多式联运基础设施建设的区域性：多式联运的发展必须借助一系列的基础设施和载运工具等，而基础设施的建设在我国具有明显的区域性，例如中东部地区的基础设施建设速度要快于西部地区。因此，多式联运基础设施建设的区域性特征在很大程度上决定了多式联运的区域性特征。

第二节 集装箱多式联运价值内涵分析

一 核心概念介绍

集装箱多式联运价值的内涵分析中，借鉴价值工程理论对价值的定义，引入两个核心概念：集装箱多式联运的功能与成本。

1. 功能

（1）含义：集装箱多式联运的功能是指货运服务能够满足货运需求者对货物运输需求的属性。在货物的多式联运过程中，多式联运托运人对货运服务的需求是提前与承运人的货运过程产生的，而且货运服务的生产和货运服务的享用具有同步性。在这一过程中，托运人对货运服务的需求实际上是对多式联运货物运输功能的需求，这种需求伴随着对货运服务功能的享用而得到满足。因此，多式联运承运人借用各种运输基础设施，运用各种运载工具、运输技术、运输信息等来实现多式联运货物的运输服务，这些运输服务对多式联运托运人所具有的有用性和有益性就是集装箱多式联运的功能。

（2）本质：根据集装箱多式联运功能内涵的描述可知其本质是对货运市场中货运需求的满足。再深入探究，集装箱多式联运的功能来源于市场中的货运需求，集装箱多式联运的功能在货运服务的过程中按照既定的要求、通过实现货物的时间效用和空间效用促进货物使用价值的实现。例如，某个集装箱多式联运的订单为：上海—美国，经由洋山港到达西雅图，完成某农产品的多式联运任务。针对该订单而言，此批货物的多式联运功能是完成农产品从上海到西雅图的多式联运，以实现该产品在西雅图的食用价值；此项集装箱多式联运功能的本质是满足承运人就该农产品在西雅图食用价值的追求。

（3）表现形式：集装箱多式联运的功能从本质上而言是按照市场需求实现货物的时空效用，往往通过多种多样的表现形式展现其隐蔽的广泛内容，主要的表现形式罗列如下。货物安全送达：避免货损、货差、货物的灭失和变质等；货物及时送达：在指定的时间内完成货物的运输过程；货运服务便捷：最大限度地为货运需求的满足提供便利；货运费用合理：在保证质量的前提下尽量追求"物美价廉"的货运服务；货运环节顺畅等。

2. 成本

集装箱多式联运的成本是为了获取集装箱多式联运的功能而支付的所有人力、物力、财力的总和。集装箱多式联运有别于单一运输方式下的接驳运输，从技术支持层面、实际运作层面、服务管理层面而言都极具绝对优势。特别是货物全程运输的时间成本和费用成本两方面都将得到很大程度的改进。

二　集装箱多式联运的价值

1. 内涵

早在 1867 年，《资本论》第五卷中给出最早的价值定义：一种事物，能够满足另一种事物的某种需要的属性就是这一事物的价值。也就是一物能满足某种需要的属性叫作该物的价值。更详细的解释是：物质世界中事物（包括一切物体、动作、事件或者现象，也包括精神世界中的一切思维，以及这些思维的有形或者无形的产品）因为生命的需要而产生的，能满足生命的存在、延续、发展进化等其中某一种需要的属性，称为该事物的价值。按照这种理论来说，劳动没有创造价值，而是人类的需要创造了价值，正是因为人类的需要而使得事物有存在和发展的意义。价值工程中的价值沿袭这一理论，并对其进行了发展，更确切地指出事物或者活动的价值是此事物或活动的功能与实现这些功能所消耗的费用之比。

鉴于此，本书将集装箱多式联运的价值界定为：评价集装箱多式联运服务的功能与实现此功能所消耗的费用之比合理程度的尺度。用公式可以表示如下：

集装箱多式联运的价值 = 集装箱多式联运的功能/功能对应的成本

2. 本质

价值工程之父麦尔斯在《价值工程分析技术》一书中指出："一个自由企业在全面竞争中的长期成功取决于它不断地向顾客出售最佳价值，以唤起预期的价格。换言之，正是竞争决定了一个企业必须采取'价值令人满意'的方针，以达到产品或者服务富有市场竞争力的结果，而这种最佳的价值取决于两个方面，即功能和成本。"

《价值工程分析技术》一书指出："多年以来，人们已经认识到一项合格的产品，一定要符合顾客的需求和愿望，要能达到顾客满意的程度。

也就是说，该产品一定要有功能特性，而这种特性正是顾客所需求的。"
"而且，人们也越来越清楚地看到，产出成本一定要既能使顾客按其满意
的价格购买产品，又能在取得成本与产品实际成本之间保留足够的空间，
以确保企业持续而健康地发展。"以上所提出的既要保持适当的功能，又
要保持适当的成本，这便引出了价值及其本质。

《价值工程分析技术》一书指出："如果一项产品或者服务有恰当的
功能和成本，则一般认为有良好的价值；反之，就认为没有良好的价
值。"但是在实际生产生活中，"最大的价值可能永远得不到。但是，任
何产品的价值等级都依靠人们所识别、研究、利用的每一个适用方案、工
艺、材料的效果和解决问题系统所具有的效果而定"。麦尔斯通过一系列
的研究与实践得出结论：价值工程理论可以帮助一个企业甚至一个行业在
以更低成本满足顾客需求方面，得出更优的决策方案。当这些更优的方案
得以实施时，可以节省15%—20%或者更多的成本，同时丝毫不会降低
顾客方面的价值。

正是《价值工程分析技术》一书的反复论证和麦尔斯的不断探索，
为我们揭示了价值工程理论基础下的产品或者服务价值的本质，即产品或
者服务的价值本质上是产品或者服务的功能和产品或者服务生命周期成本
的比值，是产品或者服务的功能与成本合理配置程度的衡量尺度。

综合以上分析，集装箱多式联运价值即集装箱多式联运所具有的货运
功能和因此付出的成本之间的比值，集装箱多式联运价值的本质是一个比
值性质的概念，它揭示了集装箱多式联运功能和货运成本之间的配置情
况，反映了成本的利用效率。

3. 特点

集装箱多式联运的价值具有如下主要特点。

（1）隐蔽性：集装箱多式联运的价值隐藏在集装箱多式联运业务流
程中，需要依托一系列的物质载体，需要工作人员的挖掘才能发现。

（2）动态性：集装箱多式联运价值随着集装箱多式联运过程中不间
断的输入、输出而发生变化，具有明显的动态性特点。

（3）可控性：多式联运的货运价值在数量上是集装箱多式联运功能
和集装箱多式联运成本之间的比值，因此可以通过控制这两项实现对集装
箱多式联运价值的人为控制。

4. 物质载体

集装箱多式联运的价值隐藏在多式联运业务流程中，具有不可视性，

因此只有借助一定的物质载体才能实现整个价值的流动过程以及增值过程。集装箱多式联运价值有以下的物质载体。

（1）多式联运基础设施及其附属物：如铁路、公路、水路、港口、场站、机场、码头、管道等，以及通信基础设施、养护设施等。

（2）运载工具：如汽车、火车、轮船、飞机等。

（3）运送对象：多式联运货物。

（4）运输资源：为了实现多式联运正常运作而耗费的各种物料、燃料等。

（5）货币、各种有价证券以及多式联运单证。

第三节　集装箱多式联运价值增值内涵分析

一　集装箱多式联运价值增值的含义

1. 含义

集装箱多式联运价值增值，即增加集装箱多式联运的价值。从定性角度而言是增加集装箱多式联运的有用性和有益性，从定量角度而言是增加集装箱多式联运功能与成本的比值。因为定性角度的增值是个比较模糊的概念，不易于衡量，更不易于实际操作，所以本书主要侧重从定量的角度来研究集装箱多式联运价值增值。因此，本书主要从价值工程理论中的价值公式 $V = F/C$ 入手，来分析集装箱多式联运价值的增值，并引入价值系数对价值增值结果展开定量计算。

为了更清晰地界定多式联运价值增值的含义及其本质，本书给出以下两点说明。

（1）集装箱多式联运价值增值中的"价值"有别于劳动价值理论中的"价值"。

本书以集装箱多式联运价值增值为研究议题，是基于价值工程理论展开研究的，其中的价值是作为一种"尺度"提出来的，即"评价事物有益程度的尺度"。活动的价值高则说明该活动的有益程度高、效益大、好处多；价值低则说明该活动的有益程度低、效益差、好处少。实现集装箱多式联运的价值增值是提高货运服务的有益程度，提高货运服务的功能与成本之间的比值。这一"价值"与马克思劳动价值理论中的"价值"完全不同，与西方经济学界研究的"价值"相似，但更为具体、更为深刻地揭示了产品或者服务的本质。

首先，马克思的劳动价值理论揭示了一切商品的价值都是由人的劳动创造的，所谓的"价值"是凝结在商品中的物化劳动和人的活劳动的总和，这一价值的衡量标准是凝结在商品中的社会必要劳动。随着生产力和生产方式的不断发展，凝结在同一商品中的社会必要劳动时间必然不断减少，同样在社会生产中，更多的是追求这一价值量的减少。

其次，西方经济学界研究的"价值"也突出产品或者服务的有用性，相关的理论有：价值链①、价值流②、价值利润链等。其中价值流的概念是基于价值链理论提出的，两者极易混淆，但是价值流和价值链是两个互不相同的概念，两者的主要区别可以概括为以下三个方面：定义基础不同、研究对象不同、研究目的不同。同价值链理论、价值流理论相比较，利润价值链理论③将研究视角进一步扩大，关注到了市场中的客户、企业员工、投资者三方的利润，将"多方共赢"的理念深入研究过程中，更具积极意义。在此研究背景下，随着社会经济和生产科学的日新月异，必然会追求这一"价值"的增加。可见，不同研究背景下的"价值"内涵不同、发展不同，但都为人类文明的发展推波助澜，为社会经济生活的进步贡献了力量。

最后，价值工程理论是唯一关注产品或者服务的功能与成本之间合理配置的理论，相对而言更全面、深入地展开了对价值问题的分析，这也是本书选择价值工程理论为理论支撑点的主要原因之一。

---

① 尹美群：《价值链与价值评估》，中国人民大学出版社 2008 年版，第 22—23 页；Hong, Duan, Xianfeng, Huang. A design of strategic based on value chain of surveying and mapping enterprises in China [J]. Proceedings of SPIE – The International Society for Optical Engineering, v 6754, n PART 2, 2007, Geoinformatics 2007: Geospatial Information Technology and Applications；冯海龙：《价值链管理——一种提升企业竞争力的战略管理模式》，《经济体制改革》2002 年第 4 期；方琢：《价值链理论发展及其应用》，《价值工程》2001 年第 6 期。

② 孙婧：《基于价值流的企业成本控制研究》，河海大学硕士学位论文，2006 年；［美］詹姆斯·P. 沃麦克、丹尼尔·T. 琼斯：《精益思想》，商务印书馆 2002 年版；马汉武、刘颖：《基于供应链的价值流分析》，《物流技术》2003 年第 11 期；李涵：《再建企业价值流》，《企业活力》2003 年第 8 期。

③ 詹姆斯·赫斯科特（Heskett）、萨赛（Sasser）和史科莱斯格（Schlesinger）：《价值利润链》，机械工业出版社 2005 年版。

（2）集装箱多式联运价值增值的得益者是多方的

集装箱多式联运价值增值将为集装箱多式联运市场中的各个参与方带来不同的得益。第一，集装箱多式联运价值增值将为联运企业带来更大的经济效益和社会效益。第二，集装箱多式联运价值增值为货运需求方带来更优的货运服务以及相对于货运服务功能更低的费用支付。第三，集装箱多式联运价值增值为集装箱多式联运市场带来更大的市场利润空间和更高层次的货运市场。第四，集装箱多式联运价值增值有助于提高整个多式联运行业的供给能力和服务水平，为实现集装箱多式联运的可持续发展提供有力支持，并为促进货运朝着多式联运方向发展提供榜样式的动力。第五，集装箱多式联运价值增值为整个国民经济的发展注入新的活力。

2. 意义

从经济学角度来分析，货物的多式联运活动属于经济活动。一方面，货运服务的生产过程就是产生货运服务的过程，是经济要素流转的过程，也是其他经济活动赖以正常运行的基础。另一方面，货运活动本身就是对货运服务的生产、销售的过程，是货运服务供给者在一定的社会规则约束下通过一系列的货运生产获得物质财富的过程。集装箱多式联运价值增值的意义远不止于联运企业自身，多式联运市场各参与方以及整个交通运输系统都将因此获益。

（1）集装箱多式联运服务供给方——企业：集装箱多式联运企业通过应用价值工程，能够兼顾功能与成本，提供更高水平的集装箱多式联运服务，从而促进企业自身的发展、获得更高的经济效益和社会效益，实现社会资源的优化配置。

（2）集装箱多式联运服务需求方——用户：联运企业实施价值工程，是从货运服务的功能和成本入手，其宗旨是为用户提供更高的服务价值。因此，集装箱多式联运需求方将得到更好的货运服务。

（3）多式联运货运市场：集装箱多式联运服务供、需双方的得益将促进整个联运市场的健康发展，而联运市场的优化又将反作用于联运企业和消费者，实现三方共赢。

（4）交通运输行业：价值工程的应用在很大程度上节省了有限的资源，也促进了资源的合理配置，提高了集装箱多式联运运作效率，促进多式联运行业的发展，并且将其积极推动力作用于整个交通运输行业，促进交通运输行业的优化和可持续发展。

（5）国民经济和社会生活：应用价值工程实现价值增值的过程中不仅仅提高了集装箱多式联运的经济效益、社会效益以及生态效益，还促进了联运市场以及整个运输业的发展，同时必然惠及国民经济和社会生活各个方面的发展。

综上所述，集装箱多式联运价值增值过程将使得联运服务的各个参与方以及整个交通运输行业和国民经济、社会生活等多方获益。同时，也是集装箱多式联运实现跨越式发展，特别是发展方式得以向更高效方式转变的必然要求。因此，在我国集装箱多式联运发展现状下研究价值增值问题具有重要的战略意义。

二　增值的过程是动态系统

集装箱多式联运价值增值，即提高集装箱多式联运功能与成本的比值，是不断寻求集装箱多式联运功能与成本之间更优比值的过程，也是不断优化集装箱多式联运运作流程的过程。在研究集装箱多式联运价值的过程中，首先是了解现状，即现有的集装箱多式联运发展现状，特别是业务流程的发展现状。在当前发展现状的基础上选定研究对象，分析集装箱多式联运的功能、成本与价值，分析功能与成本之间的联动关系以及两者各自的变化规律，是实现集装箱多式联运价值增值的必要条件和前提准备。然后对研究对象进行价值分析、应用价值增值策略实现当前集装箱多式联运价值的增值。上述过程是集装箱多式联运功能、成本、价值三者不断变化、相互影响、相互作用的过程，增值过程自成系统。而且，增值系统中的构成元素不断变化、相互影响，同时增值系统与其所处的外部环境不断发生物质与精神的交换。因此，集装箱多式联运价值增值的过程是一个复杂的动态系统。

集装箱多式联运价值的增值随着集装箱多式联运的发展以及国民经济的发展不断发展、更新。当前一轮的集装箱多式联运价值增值实现后，增值结果将成为新一轮价值增值的起点，而集装箱多式联运价值增值是一个只有起点没有终点的运作过程。价值工程公式 $V = F/C$ 中的 V 的最小值为当前值，只有更大值始终没有最大值。鉴于此，集装箱多式联运价值增值是一个不断循环的动态系统。

三　增值衡量的具体量化指标

从理论层面分析而言，集装箱多式联运的价值自身是一个比值性质的概念，是一个具体的量化指标，由此可知集装箱多式联运价值增值也可以量化为具体指标。但是，直接量化集装箱多式联运的价值必然需要量化多式联运的功能。众所周知，多式联运的功能包括广泛的内容，直接对其进行货币化不具现实操作性，而且货物的多式联运过程跨地区甚至跨国界，不同功能的权数也很难确定，因此本书在此引入价值系数，以较为准确地分析货物的多式联运。

首先，价值系数同价值本身概念相类似，也是一个比值性质的概念，即某一项集装箱多式联运活动或者其中的某一特定环节的价值系数是与之对应的功能系数与成本系数的比值。

其次，功能系数反映的是某一项集装箱多式联运活动或者其中的某一特定环节的功能的重要性程度。在实际计算中往往用到以下的公式：功能系数 = 某集装箱多式联运活动或环节的功能重要性/全部功能的重要性，即 $F_n = F_i / \sum F_i$。其中，功能的重要性是根据专家打分来计算的，这就解决了不同地区、不同时间、不同运作环节的功能无法量化的难题。

第三，成本系数反映的是某一项集装箱多式联运活动或者其中的某一特定环节的成本占总成本的比重。在实际计算中往往用到以下的公式：成本系数 = 某集装箱多式联运活动或环节的成本/总成本，即：$C_n = c_i / \sum C_i$。

综上分析，价值系数的计算公式如下：$V_n = F_n / C_n$。

在集装箱多式联运价值增值过程中不能从多货运价值自身入手，而要关注集装箱多式联运的功能和成本。不是单纯地强调提高货运服务的功能，也不是一味片面地强调降低货运成本，而是从两者之间的比值出发，实现功能和成本的合理配置。集装箱多式联运价值的增值实质上是寻求功能与成本之间的最佳关系，从而实现增值的目标。价值增值中，假设集装箱多式联运当前的价值系数为 V_c，通过对一系列的增值策略实现价值增值后的价值系数变为 V_c^1，则集装箱多式联运价值增值的程度可以用 $\dfrac{V_c^1 - V_c}{V_c} \times 100\%$ 直接衡量。

第四节　集装箱多式联运价值及价值增值的影响因素分析

集装箱多式联运的价值与其功能、成本之间有着密切的关系，两者之间的数量关系决定了两者之间的比值，也就决定了集装箱多式联运的价值。因此，可以将影响集装箱多式联运价值的因素分为两类，一类是与集装箱多式联运功能相关的影响因素；一类是与集装箱多式联运成本相关的影响因素。

一　功能相关影响因素

在集装箱多式联运市场中，用户对集装箱多式联运的需求究其本质是对集装箱多式联运功能的需求，集装箱多式联运实现货物的空间效用和时间效用是用户所需求的，也是用户愿意支付一定的费用所购买的。集装箱多式联运功能的大小直接影响集装箱多式联运价值，而影响集装箱多式联运功能的因素也是多方面的。

（1）集装箱多式联运服务供给者对市场需求的分析。集装箱多式联运服务供给者能否准确分析市场需求是其能否提供满足用户需求的功能的基础，也就是说只有准确把握了市场中用户需求什么样的货运服务功能，才能提供什么样的货运服务功能。

（2）集装箱多式联运服务供给者对货物服务过程的把握。在准确了解集装箱多式联运市场上对货物服务的功能要求后，整个集装箱多式联运过程的安全性、顺畅性和及时性也影响着集装箱多式联运价值，这就要求供应者必须对整个货运过程全面把握。

（3）政府部门的积极推动和合理监管。政府部门在集装箱多式联运过程中能否对其起到积极推动作用也影响着集装箱多式联运的功能，而且政府的合理监管有助于督促集装箱多式联运企业提供更高的货运功能和更合理的货运价格。

二　成本相关影响因素

集装箱多式联运价值的影响因素中与成本相关的因素也是多方面的，可以将其简要概括为以下几个主要方面。

（1）集装箱多式联运系统的成本水平。集装箱多式联运系统的成本水平决定了其所处行业的总成本水平，总成本水平的高低在很大程度上决定了市场中各个经济主体的成本水平，即集装箱多式联运企业的成本水平总是围绕行业总体成本水平上下波动的。

（2）集装箱多式联运企业的成本水平。集装箱多式联运企业的成本水平在一定程度上围绕着行业总体成本水平的变化而变化。同时，集装箱多式联运市场的总体成本水平又是由各个集装箱多式联运企业的成本水平共同决定的。集装箱多式联运企业和集装箱多式联运系统的成本水平之间有着相互影响、相互制约、相互关联、相互决定的联动关系。

三　功能—成本之间的联动关系

根据经济学的基本原理可知，产品或者服务的功能与成本之间往往成正比关系，任何一方的增加将引起另一方的增加。将价值工程理论应用于集装箱多式联运价值的研究中，可以用以下简单模型来诠释集装箱多式联运的功能与成本之间的联动关系。

（1）假设

假设集装箱多式联运的功能和成本就像是天平两端的两个砝码，砝码的重量分别代表着集装箱多式联运的功能大小与成本大小，天平的最中间的平衡点位置代表着用户对货运服务最大限度的满意程度。功能砝码越靠近天平的中央位置越能更大限度地满足市场需求者的功能需求；成本砝码越远离天平的中央位置越需要市场供给者具有更大的市场竞争力。功能与成本的变化可以是数量上的变化也可以是所在位置的变化，变化的前提是保持天平的平衡，即保障集装箱多式联运的价值要满足用户需求。

（2）建模

根据以上的假设与集装箱多式联运价值的特征给出以下简单的模型，如图 3 - 4 所示。

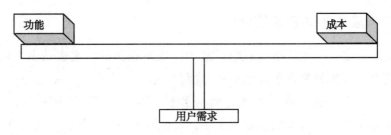

图 3 - 4　集装箱多式联运功能—成本联动关系模型

基于图 3 - 4 所示的模型，集装箱多式联运功能与成本可以千变万化，特给出集装箱多式联运功能—成本联动关系模型的力学图，见图 3 - 5。

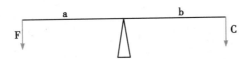

图 3 – 5　集装箱多式联运功能—成本联动关系模型的力学图

如图 3 – 5 所示，功能的力为 F，力臂为 a；成本的力为 C，力臂为 b。当功能与成本发生变化时，要保持天平的平衡则有公式 $F \cdot a = C \cdot b$ 恒成立，即：$F/C = b/a$，则可得：$V = F/C = b/a$。因此，追求价值的更大值就等同于寻找 b/a 的更大值，即成本砝码远离天平的中央位置，功能砝码靠近天平的中央位置。理想状态可以描述为：联运企业市场竞争能力加大的同时所提供的货运服务能够更好地满足市场需求，同时成本减小、功能增大。

在集装箱多式联运实际运作过程中，图 3 – 5 可能发生各种各样的变化，但不论功能与成本如何变化，其导致的结果无外乎两种情况：一是天平的平衡点向"功能"砝码一方移动；一是天平的平衡点向"成本"砝码一方移动。

（3）结果分析

①天平的平衡点向"功能"砝码一方移动

当天平的平衡点向功能方向移动的时候，天平要保持平衡，将会有以下五种情况出现：一是功能增加，成本不变；二是功能增加，成本减小；三是功能大幅度增加，成本小幅度增加；四是功能不变，成本减小；五是功能小幅度减小，成本大幅度减小。

②天平的平衡点向"成本"砝码一方移动

当天平的平衡点向功能方向移动的时候，天平要保持平衡，将会有以下五种情况出现：一是成本增加，功能不变；二是成本增加，功能减小；三是成本大幅度增加，功能小幅度增加；四是成本不变，功能减小；五是成本大幅度减小，功能小幅度减小。

由以上分析可知，集装箱多式联运价值的增值即是 $V = F/C = b/a$ 的增加，是图 3 – 5 中天平平衡点向功能方向移动的过程。即集装箱多式联运价值增值的过程用力学图示可以表示为图 3 – 6，是实现天平平衡点向左移动的过程。

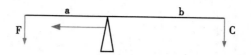

图 3 - 6　集装箱多式联运价值增值模型的力学图

本 章 小 结

本章主要分析了集装箱多式联运价值及其增值的含义。

1. 多式联运经济系统分析

应用系统分析的理论思想，简要分析了系统、人工系统、经济系统、交通运输系统、多式联运系统的含义，得出了以下结论：交通运输属于经济系统的范畴，多式联运属于交通运输系统的范畴，进而得出集装箱多式联运系统属于经济系统的范畴。因此，经济系统中的相关理论在解决集装箱多式联运问题中依然适用。

2. 集装箱多式联运价值内涵分析

首先详细阐述了集装箱多式联运价值相关的核心概念功能和成本，其次对集装箱多式联运价值进行了深入分析，逐一分析了集装箱多式联运价值的内涵、本质、特点、物质载体等。

3. 集装箱多式联运价值增值内涵分析

首先，以价值工程理论为基础，结合集装箱多式联运的特点给出了集装箱多式联运价值增值的基本含义，强调集装箱多式联运价值增值中的"价值"与劳动价值理论中的"价值"是不同的，而且价值增值惠及多方；其次，分析了集装箱多式联运价值的增值过程是一个动态系统，这个动态系统具有复杂性和循环性的特征；最后，给出了价值增值的衡量指标：引入价值系数、功能系数、成本系数的相关概念和计算，用以定量衡量集装箱多式联运价值的增值情况。

4. 集装箱多式联运价值增值的影响因素。集装箱多式联运的价值主要由与之对应的功能和成本来决定，因此可以将多种多样及复杂的影响因素分为两大类，一类是与集装箱多式联运功能相关的影响因素；一类是与集装箱多式联运成本相关的影响因素。并通过建立模型对集装箱多式联运的功能—成本之间的联动关系进行了分析。

第四章

集装箱多式联运价值增值
主体和动力驱动研究

通过对集装箱多式联运价值增值的研究，从价值的角度和深度入手分析集装箱多式联运价值及其增值的主要目的体现在两个方面，一是就集装箱多式联运自身而言，通过实现价值增值为货运需求者创造更大的价值，并实现自身的发展；二是就整个货物运输而言，通过实现集装箱多式联运价值的增值，将多式联运的价值优势更突出地显现出来，促进货运向着多式联运的方向不断发展。从而实现货运资源的合理配置，促进整个交通运输的可持续发展。而分析集装箱多式联运价值增值的主要内容必然包括对增值主体的科学认定和分析，从利己主义的基本思想入手，要合理认定增值主体需要首先从增值活动的得益方分析切入。

从经济学角度来分析，货物的多式联运活动属于经济活动。一方面，货运服务的生产过程就是产生货运服务的过程，是经济要素流转的过程，也是其他经济活动赖以正常运行的基础。另一方面，货运活动本身就是对货运服务的生产、销售的过程，是货运服务供给者在一定的社会规则约束下通过一系列的货运生产获得物质财富的过程，也是实现社会财富分配的过程。因此，集装箱多式联运价值增值的意义远不止联运企业自身，多式联运市场各参与方以及整个交通运输系统都将因此获益。

（1）集装箱多式联运服务供给方——企业：集装箱多式联运企业通过应用价值工程，能够兼顾功能与成本，提供更高水平的集装箱多式联运服务，为消费者创造更大的价值，从而促进企业自身的发展，获得更高的经济效益和社会效益，实现社会资源的优化配置。

（2）集装箱多式联运服务需求方——用户：联运企业实施价值工程，是从货运服务的功能和成本入手，其宗旨是为用户提供更高的服务价值。

因此，集装箱多式联运需求方将得到更好的货运服务、更合理的货运价格，即最终得到最大的货运价值。

（3）集装箱多式联运货运市场：集装箱多式联运服务供、需双方的得益将促进整个联运市场的健康发展，而联运市场的优化又将反作用于联运企业和消费者，实现三方共赢。

（4）交通运输行业：价值工程的应用在很大程度上节省了有限的资源，也促进了资源的合理配置，提高了集装箱多式联运运作效率，促进多式联运行业的发展，并且将其积极推动力作用于整个交通运输行业，促进交通运输行业的优化和可持续发展。

（5）国民经济和社会生活：应用价值工程实现价值增值的过程中不仅仅提高了集装箱多式联运的经济效益、社会效益以及生态效益，还促进了联运市场以及整个运输业的发展，同时必然惠及国民经济和社会生活各个方面的发展。

综上所述，集装箱多式联运价值增值过程将使得联运服务的各个参与方以及整个交通运输行业和国民经济、社会生活等多方获益。权衡比较集装箱多式联运价值增值的诸多得益方可知，集装箱多式联运服务的供给方是集装箱多式联运价值增值的主导力量，而政府管理部门作为引导者和监管方在集装箱多式联运价值增值过程中的重要作用也不容忽视。因此，集装箱多式联运企业和政府管理部门双方的共同努力是实现价值增值的关键。集装箱多式联运价值增值的实质是寻求功能与成本之间比值的更优，增值过程是一个功能与成本不断变化、不断协调的过程。深入分析集装箱多式联运价值增值的主体及其增值动力、动力来源等问题是实现价值增值的必要准备过程。

第一节　增值主体及其行为分析

集装箱多式联运的增值将使货运参与方以及整个多式联运系统、交通运输系统和国民经济等多方受益（包括经济效益、社会效益和生态效益），增值要求来自社会经济的多方呼吁，增值活动需要相关各界的鼎力支持，增值主体由集装箱多式联运企业和相关的政府管理部门共同承担。集装箱多式联运的发展现状虽然在一定程度上满足了企业对经济效益追求，但是作为国民经济的重要产业其发展现状远不能满足社会各界的多方位、多层面需求，这就要求多式联运企业应该采用更有效的研究理论分析集装箱多式联运的运作流程，选择新的研究视角分析集装箱多式联运的发展战略，站在更高的发展层面为市场提供高价值的货运服务。因此，在集装箱多式联运价值增值活动中，集装箱多式联运企业责无旁贷地肩负起增值主体的重担。而且，有鉴于对利己主义在市场机制中主导地位的考虑，如果让集装箱多式联运企业一方担任增值主体，将有可能导致增值活动向着单一的经济效益增加的方向发展，而忽略社会效益与生态效益的重要性，而且有鉴于我国经济社会的发展现状而言，由企业一方担任增值主体还将可能导致增值活动停留于较低的发展层面。与此同时，政府管理部门作为货运市场、集装箱多式联运市场的引导方和监管方能在很大程度上解决以上的问题。鉴于以上考虑，为了避免增值活动不健康的发展趋势和较低的发展层面，本书在分析研究中将政府管理部门也作为集装箱多式联运价值增值的主体。政府管理部门从理论基础和战略发展的层面引导和监管集装箱多式联运的价值增值，集装箱多式联运企业从实际操作和具体业务的层面操作和实现集装箱多式联运的价值增值，双方各司其职而又紧密配合、共同努力，实现我国当前集装箱多式联运的价值增值。

一　集装箱多式联运企业

1. 集装箱多式联运企业的发展阶段分析

根据我国经济发展和集装箱多式联运的发展历程，将集装箱多式联运发展分为三个阶段：初级发展阶段、中级发展阶段和高级发展阶段。

集装箱多式联运发展的初级阶段，即集装箱多式联运产生的阶段，正值我国计划经济向市场经济转型的阶段，由交通部门垄断的运输产业逐步被多种经济成分替代。因此，集装箱多式联运兼有计划经济与多种经济形式的特点，集装箱多式联运企业主要有国有独资和合资模式。国有独资集装箱多式联运企业当时还没有从运输企业中根本分离出来，而是由国家或者地方交通主管部门之间领导，企业独立经营、独立核算，其结构如图 4-1 所示。合资集装箱多式联运企业是在某一区域（往往是港口或腹地地区）由国家或地区交通主管部门、港务局、船公司以及公路运输公司通过协商确定各自的出资份额，共同投资组建。

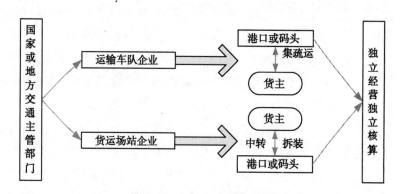

图 4 – 1　国有独资集装箱多式联运企业组织结构图

集装箱多式联运企业发展的中级阶段，新型的企业组织模式和经营模式不断涌现，企业不再拘泥于简单的发展模式，而是向着专业化、规模化、集约化方向发展。出现了零担多式联运企业模式（见图 4 – 2）、集团化集装箱多式联运企业模式（见图 4 – 3）、集装箱多式联运虚拟企业模式（见图 4 – 4）等。

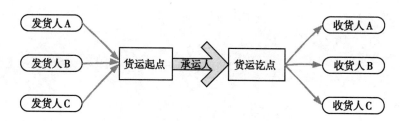

图 4 – 2　零担多式联运企业组织结构图

图 4 – 3　集团化集装箱多式联运企业组织结构图

集团化集装箱多式联运企业的组织结构除以上图示的货运资源共享的形式外，还有共同商议运价等形式，本书在此不一一列出。

集装箱多式联运企业发展的高级阶段是集装箱多式联运企业向现代物流企业的转型阶段。根据发达国家集装箱多式联运发展的模式来看，随着集装箱多式联运向综合物流的转变，运输的每个环节都将向物流服务转

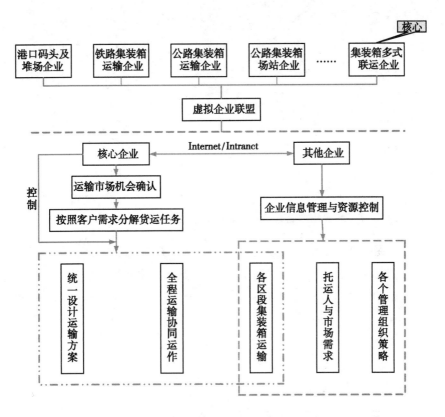

图 4 - 4 集装箱多式联运虚拟企业组织结构图

变。集装箱多式联运企业开展物流服务主要有两种方式，一是集装箱多式联运企业独立完成物流服务（见图 4 - 5）；二是集装箱多式联运企业与运输企业合作完成物流服务（见图 4 - 6）。

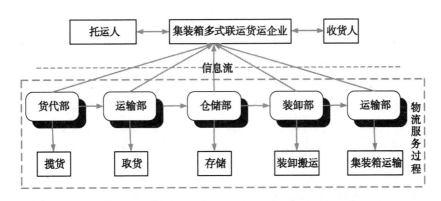

图 4 - 5 集装箱多式联运企业独立完成物流服务运作图

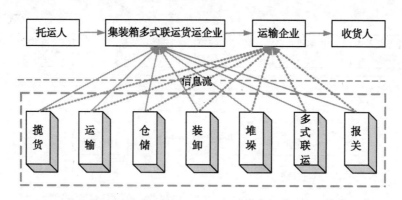

图4-6   集装箱多式联运企业与运输企业合作完成物流服务运作图

目前，我国集装箱多式联运企业的发展从严格意义上来讲依然处于发展的初级阶段。首先，集装箱多式联运企业所能提供的只是低级的代理服务，而大的区域性乃至全国性、国际性的代理网络尚未形成；其次，集装箱多式联运的集疏运体系相对落后，集装箱多式联运的信息技术应用尚未普及；第三，法律法规等集装箱多式联运的保障体系尚不健全。尽管如此，中国集装箱多式联运企业经过十几年的学习和发展，所取得的成绩还是值得肯定的。

2. 集装箱多式联运企业的重要性分析

企业是从事生产、流通、服务等经济活动，以生产或服务满足社会需求，实行自主经营、独立核算、依法设立的一种营利性的经济组织。企业作为国民经济的细胞，是市场经济活动的主体，是社会生产和流通的直接承担者，也是推动社会经济、技术进步的主要力量。其发展历程证明，企业对整个社会经济的发展与进步具有举足轻重的作用，从一定意义而言，企业是否适应社会经济发展的要求直接关系着国民经济状况的好坏，甚至直接关系到全社会能否长治久安。

集装箱多式联运企业作为企业的一个小分支，在社会、经济、生活中同样发挥着企业的重要作用，推动着社会生活的便捷性，促进了社会经济的繁荣，提供了大量的社会就业，产生了人类文明的进步力量。而且集装箱多式联运企业作为集装箱多式联运的供给主体，在集装箱多式联运市场中发挥着市场主导的作用，在交通运输系统中发挥着供给主体的重要作用。集装箱多式联运企业的重要作用主要表现为以下三个层面：首先，集装箱多式联运企业作为货运服务的供给者以市场需求为前提，借用一定的载运工具、运输线路，耗费一定的运输资源，为货运市场提供质量合格的集装箱多式联运服务；其次，集装箱多式联运企业作为国民经济的组成部分，在市场机制和相关经济政策的指导下，实现社会财产和社会资源的更优配置；第三，集装箱多式联运企业在解决社会就业、促进社会繁荣等问题上发挥着积极作用。

3. 集装箱多式联运企业行为分析

集装箱多式联运企业行为是企业为了完成货运任务、获取相应利润等一系列目标而采取的对策和行动。不同理论学派对企业行为分析采用不尽相同的方法，例如，芝加哥学派主要基于价格理论模型对企业行为进行分析，克雷普斯和辛克曼（Kreps and Sheinkman, 1983）应用两阶段静态博弈模型解释古诺—伯川德悖论，以分析企业行为；新产业组织理论认为，企业行为主要包括卖者的价格和产量决策、卖者的产品和销售费用决策（产品差异化和广告）、卖者的掠夺性行为和排他性行为以及企业作为买者的行为这四个方面。本书在研究过程中更倾向于采用新产业组织理论进行思路整理与分析研究。

（1）集装箱多式联运企业的市场地位

集装箱多式联运企业通过建立跨行业、跨地区、跨国界建立货运运输服务体系。集装箱多式联运企业业务运作过程中，用户委托多式联运经营人或其代理完成货物服务，收货人也不必自己去提取货物，而是在被告知的时间内直接得到货物。这种对多种运输方式进行协调的货运组织模式充分发挥了各种运输方式的经济、技术特性，充分利用了各个运输环节的共同或者相似环节，最大可能地实现了货物运输的高效率运作。集装箱多式联运在交通运输系统中以其特有的优越性发挥着越来越重要的作用，同时也不断扩大服务领域和市场范围。多式联运作为一种高效率的运输组织模式已经成为货物运输发展的总体趋势，也是提高交通运输领域利润空间的突破口。集装箱多式联运企业作为交通运输系统中重要的经济主体，在交通运输领域中的重要性也不断凸显，是交通运输系统服务能力和服务质量得以提高的重要动力，也是实现集装箱多式联运价值增值的主体力量。

（2）集装箱多式联运企业的行为动机

企业自其产生就以追求自身的利益最大化为其行为的根本动机[①]，集

---

① 富永建一：《经济社会学》，南开大学出版社 1984 年版，第 32—44 页。

装箱多式联运企业作为企业的分支具有同样的行为动机。集装箱多式联运企业的根本动机是通过为货运市场中的用户提供满足其需求的货运服务而获得尽可能多的经济效益、社会效益以及其他多方面的利益。因此，所谓的"逐利"是集装箱多式联运企业行为的唯一动力源泉，随着我国经济增长方式的转变，企业"逐利"行为中的"利"已经涵盖了社会效益和生态效益。而且，随着集装箱多式联运实践的发展和集装箱多式联运理论的不断深入研究，集装箱多式联运除了单一地追求经济效益以外，越来越重视其他层面的效益，特别是关乎货运可持续发展的生态效益。

（3）集装箱多式联运企业的行为方式

集装箱多式联运企业建立企业制度、明晰产权关系，并建立相应的组织管理机构，使这三者之间形成利益相关、责权分明、相互制衡的关系，从而调动企业内外各因素的协同运作，实现企业既定目标。集装箱多式联运企业的行为方式可以概括为生产、经营和创新三个主要方面。集装箱多式联运企业的生产行为主要包括：集装箱多式联运组织以及货运组织的管理、集装箱多式联运过程中涉及的法律法规实务的处理等。集装箱多式联运企业的经营行为主要包括：货运服务价值的制定、集装箱多式联运企业之间的相互竞争与合作、货运企业自身的管理、货运市场竞争等。集装箱多式联运企业的创新行为主要包括：新产品的创新、新技术的应用、新的组织模式的开发、新的企业组织模式的应用等。

二　政府管理部门

1. 政府管理部门的重要性

"政府"一词起源于唐宋时期的"政事堂"和宋朝时期的"二府"两词的合称，现代汉语中政府的含义有狭义和广义之分。广义的政府是指社会公共权力；狭义的政府是指国家政权机构中的行政机关。政府作为统治阶级行使国家权力、实施阶级统治的工具，是随着阶级和国家的出现而产生的，并随着国家的发展和社会政治、经济生活的日益发展，政府职能不断扩大，政府机构逐步趋于完善。政府通过充分而必要的公共物品来维持社会生活的协调运转，对社会生活和经济生活具有重要的引导意义和管理意义。

按照经济理论的基本观点，市场在运行过程中也存在失灵的情况，因此需要相应的政府管理部门对其进行必要的干预，需要市场充当"航灯"

的角色。政府管理部门对经济运作的干预旨在弥补市场机制中的不足，重整市场秩序，优化市场资源配置。本书中所研究的"政府"主要是站在经济学的视角，将政府管理部门视为集装箱多式联运系统中的经济主体之一，侧重分析其市场职能。

集装箱多式联运作为交通运输系统的子系统，生产过程中同样存在诸多可能导致市场失灵的因素，如货运信息不对称、货运资源配置不合理、货运过程的衔接不确定性和运作不确定性、货物运输的外部性等，需要政府在整个集装箱多式联运系统中承担对以上失灵状况的调整任务。政府管理部门作为集装箱多式联运系统的重要参与方，在促进集装箱多式联运协调运转和健康发展方面发挥着主导作用。①

2. 政府管理部门的行为分析

任何一个经济主体的行为都是主观见之于客观的活动，政府的行为是政府履行其职能的各种活动的总称。经济主体的行为并非主观的、随意的，而是由经济主体的本质属性、所占地位来决定的。经济主体的行为动机是在一定的内外部环境下，经济主体随时间推进而表现出来的表面复杂性，即其所处环境的复杂性的反映。② 因此，政府管理部门的行为就是在特定的行为环境约束下，以其特定的地位和行为动机来引导集装箱多式联运向着更高效、更健康的方向发展。

（1）政府管理部门的市场地位

政府管理部门的重要地位和积极作用贯穿我国集装箱多式联运发展的整个发展历程。在我国集装箱多式联运的引入阶段（20世纪70年代），政府管理部门作为集装箱多式联运服务的直接提供者和直接参与者，参与到集装箱多式联运运作中；在我国集装箱多式联运的夯实阶段（20世纪80年代），政府依然参与到集装箱多式联运的运作中来，同时开始了对集装箱多式联运的整体调控；在我国集装箱多式联运的全面发展阶段（20世纪90年代），政府不仅仅是集装箱多式联运活动的参与方，同时还是集装箱多式联运发展的政策指导方、宏观调控者以及运作监管者。因此，政府管理部门在实现集装箱多式联运价值增值的过程中占据重要地位，是价值增值的理论导向、政策推动的法律保障。

---

① 樊一江：《交通运输系统结构优化经济机制研究》，长安大学，2009年。
② ［美］H. A. 西蒙：《人文科学》，商务印书馆1987年中译本，第57—58页。

（2）政府管理部门的行为动机

政府是普遍意义下公共利益的代表，是市场各方利益发生冲突时的主要协调方，是在追求利益最大化时追求社会公平的重要主体。政府在实现集装箱多式联运价值增值的过程中主要的行为动机表现为两个方面：一是追求更高的社会效益、生态效益和更大的经济效益；二是追求市场竞争的公平性。

追求更高社会效率和更大经济效益的行为动机是基于古典经济学中对经济主体的"经济人偏好"和"可供使用的资源禀赋"而提出的，是集装箱多式联运行为对更高的经济效益和更高效资源配置的追求。政府管理部门在此行为动机下，追求的是整个集装箱多式联运系统的效益最大化，而并非为某个特定的集装箱多式联运企业谋利。因此，政府管理部门既要采取行动反对市场垄断的出现，又要着力扶持可以带动整个系统发展的集装箱多式联运龙头企业，帮助其引领整个行业的发展。同时，政府管理部门不断关注集装箱多式联运资源的合理消耗和有效开发，关注集装箱多式联运资源在市场中的合理配置。追求生态效益是基于集装箱多式联运可持续发展战略目标而考虑的，只有在充分尊重生态规律的前提下追求经济活动的各方利益，才不至于危害人类子孙后代的社会文明发展。政府管理部门在此动机下，追求经济与生态的和谐发展。追求市场竞争公平性的行为动机是基于古典经济学中对经济主体的"制度和生产技术的约束"和"可供使用的资源禀赋"而提出的，是实现集装箱多式联运市场健康有序发展的前提保障。政府管理部门在此动机下，追求的是两方面的公平：集装箱多式联运需求的公平性和集装箱多式联运供给的公平性。所谓集装箱多式联运需求的公平性是指不论贫富贵贱、不论雪域平原、不论春夏秋冬，只要市场上有集装箱多式联运需求，供给主体都应该予以满足。所谓集装箱多式联运供给的公平性是指集装箱多式联运市场中各个从业主体都具有公平的竞争平台，即集装箱多式联运企业之间能够公平地展开竞争，集装箱多式联运企业与其他相关的部门之间（由集装箱多式联运的外部经济引起）也能开展公平的竞争。因此，政府管理部门追求公平的动机一方面保障了集装箱多式联运的健康有序发展；另一方面保障了集装箱多式联运"以人为本"的发展理念。[1]

---

① 邱晓明：《地方政府利用外商投资中的博弈分析》，兰州大学，2004年。

（3）政府管理部门的行为方式

政府管理部门的行为方式主要表现为：投资、规划、引导和管理。

政府的投资性行为主要表现为政府部门对运输基础设施建设的投资。集装箱多式联运作为一种先进的运输组织形式，其基础设施也是整个交通运输系统的基础设施，政府对交通运输基础设施建设的投资占到总投资的一半以上。政府管理部门的规划性行为主要包括对基础设施建设的规划、信息技术平台建设的规划、发展远景方向的规划等。

政府管理部门的引导性行为涉及集装箱多式联运的方方面面，主要包括：一是集装箱多式联运市场中政府的货币政策、运价指导、政府参股、政策法规的倾斜等行为；二是政府倡导理论界对集装箱多式联运相关理论的研究探索等。在此值得强调的是：价值工程理论作为一种新型的、高效的管理技术在社会经济的各个领域得以发挥其傲人的魅力，但是却没能在交通运输领域取得卓越的成绩，究其主要原因在于交通运输领域的混杂性发展现状。而在集装箱多式联运活动中，价值工程同样没能得到应有的普及应用，其运作层面的主要原因在于集装箱多式联运企业"逐利"的目标。再深究其原因，可以追溯到管理层面的具体考核问题，即当前对多式联运企业的考核仅仅限于浅层次的经济效益的考核，而未能深入价值深度。因此，集装箱多式联运企业实现价值增值的行为动力从操作层面而言是对多式联运企业的考核，考核内容包括经济效益、社会效益和生态效益，考核的深度直指多式联运的价值。鉴于此，政府的引导性行为中尤其重要的一点是：制定企业价值相关的考核指标，将价值作为考核企业业绩的重要指标，切实从操作层面促进集装箱多式联运的价值增值。

政府管理部门的管理性行为主要体现为监管和协调两个方面。其中，监管性行为主要有：一是对集装箱多式联运经营主体经营行为的管理，即政府考核并批准集装箱多式联运企业市场运作的职责与权利；二是对集装箱多式联运市场运行的监管，即调节市场运行，杜绝恶意竞争，倡导健康有序的集装箱多式联运市场；三是对集装箱多式联运运作环节的监管，即积极维护货运需求方的利益，保障供需双方的公平合作。政府的监管行为为多式联运的发展制定了公平、公正的游戏规则。政府管理部门的协调性行为是政府对集装箱多式联运各参与方之间的关系进行必要的协调，主要包括：一是提高行业效率行为，即以实现整个行业的效益更优为出发点协调各参与方的行为；二是促进发展行为，即以实现整个行业的发展为出发点协调各参与方的发展战略和市场行为；三是国有资产管理行为，以集装箱多式联运资源的更优配置为出发点，协调集装箱多式联运市场各参与方对资源的分配行为；四是协调对外关系原则，集装箱多式联运往往会涉及一国的对外交易，政府在制定对外经济贸易以及协调国际运输事务等方面的行为。

第二节　增值动力分析

一　增值动力的内涵与外延

集装箱多式联运价值增值的动力即以提高集装箱多式联运价值为目的，以推动集装箱多式联运功能和成本发生变化为手段，以协调集装箱多式联运主体各环节为切入点的所有力量的集合。

动力的原理可以简单概括为：只有正确应用动力才能使管理等各项工作持续且有效地进行。这里强调了正确应用动力的重要性，只有正确应用动力才能发挥其正面推动作用，反之带来的将是阻力。同样，集装箱多式联运增值动力的原理即正确应用集装箱多式联运增值的动力，科学、合理地协调多方关系，才能保证集装箱多式联运价值增值的实现。

集装箱多式联运价值增值的动力具有普遍意义上动力的特征，还具有其特性，概括起来主要有以下几个方面。

（1）相对性。集装箱多式联运价值增值动力的推动作用是相对而言的，动力具有相对性。当研究对象的内外部环境发生变化时，或者研究对象的生命周期运行过程中，动力的积极推动作用有可能发生变化，而且极有可能从正面推动变为负面阻碍，动力是在相应的时期、地点，相应的环境下相对而言的，不能一成不变地、绝对地看待动力。

（2）时效性。集装箱多式联运价值增值的动力是在一定的时期内有效的，动力具有明显的时效性。随着时间的推移，研究对象的内外部环境都将发生变化，动力的有效性极有可能发生变化。

（3）有界性。集装箱多式联运价值增值动力对研究对象的推动作用是有限的，动力具有有界性。随着研究对象寿命周期的变化，动力发挥作用的限度也会发生变化。

（4）来源不确定性。集装箱多式联运价值增值的动力可能是来自某一独立的参与方（包括个人），也可能来自整个集装箱多式联运系统，还可能来源于政府管理部门的宏观调控。

（5）动态性。集装箱多式联运价值增值的动力具有明显的动态性特点，即随着集装箱多式联运的运作过程，动力的作用限度、来源主体等都将发生变化。

因此，在集装箱多式联运价值增值过程中，需要不断整合各方的活动和利益，才有助于实现货运价值最大限度的增值。

二　动力的分类

集装箱多式联运价值增值动力按其来源可以分为四类：经济效益动力、社会效益动力、生态效益动力以及技术发展动力。

（1）经济效益动力：集装箱多式联运属于经济系统的范畴，而且集装箱多式联运活动在满足社会需求的同时追求自身的经济效益。经济效益作为直接动力，影响着集装箱多式联运活动。

（2）社会效益动力：社会效益包括社会生活的方方面面。集装箱多式联运增值的社会效益动力主要有：社会生产流通极大的便利性、社会生活的便捷性，还包括社会就业、市场繁荣等方面。

（3）生态效益动力：生态效益是指人们在生产过程中依据生态平衡的规律，使自然界的生物系统对人类的生产、生活条件和环境条件产生的有益影响和有利效果，生态效益关系到人类生存和发展的根本利益和长远利益。生态经济效益从生态平衡的角度来衡量集装箱多式联运的效益，与多式联运的经济效益之间相互制约、互为因果。集装箱多式联运运作过程中对生态效益的追求是多式联运发展的基本保障，树立多式联运生态经济效益发展的理念将有助于多式联运健康、持续性的发展。

（4）技术发展动力：各种技术的发展，特别是运输技术和通信技术的发展也是集装箱多式联运价值增值的主要动力。科学技术作为生产力，影响着集装箱多式联运的发展，影响着集装箱多式联运价值的增值。

三　动力的影响因素

集装箱多式联运价值增值动力的影响因素是多种多样、多层面、多角度的，大体可以分为内部影响因素和外部影响因素，如图 4-7 所示。

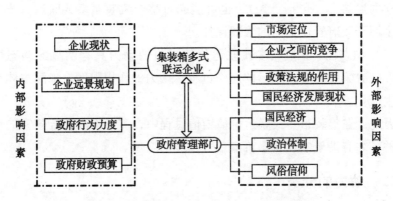

图 4－7　集装箱多式联运增值动力影响因素

　　内部影响因素主要有：集装箱多式联运企业的经营现状、远景发展规划，以及政府行为力度和政府行为的财政预算情况。集装箱多式联运企业的经营现状直接影响着集装箱多式联运的增值动力，良好的运营现状能够为价值增值提供足够的成本支撑和运作支撑，否则不然。而集装箱多式联运企业发展的远景规划也决定着企业是否愿意选择实现集装箱多式联运价值增值这一突破口实现企业的发展目标，因此企业的远景规划影响着集装箱多式联运价值增值的动力来源和动力力度。作为集装箱多式联运增值的另一主体——政府，其行为力度直接关系着政府在促进集装箱多式联运价值增值方面的推动力大小，政府行为相关的财政预算则从财政角度影响着政府对集装箱多式联运价值增值的促进作用。除此之外，政府与集装箱多式联运企业之间的关系也从另一层面影响着增值动力：政府与企业的协调越紧密增值动力越明显，否则反之。

　　外部影响因素主要有：集装箱多式联运市场运作情况、集装箱多式联运企业之间的竞争情况、集装箱多式联运市场中政策法规对增值的影响作用、国民经济发展现状，以及政治体制、风俗信仰等。集装箱多式联运市场运作良好则增值动力越明显；集装箱多式联运企业之间的市场竞争越激烈则企业实施集装箱多式联运增值的内部动力越大；集装箱多式联运市场中相关的政策法规越有利于多式联运行业的发展，集装箱多式联运企业实施价值增值的内部动力也就越大，价值增值越容易实现；国民经济发展情况良好，则集装箱多式联运实现价值增值所赖以寄托的经济基础越牢固，实现价值增值的途径越多。同样，国民经济一片繁荣，政府对集装箱多式联运价值增值的推动力将越大；一国或一区域的政治体制与其经济发展适应性程度越高，政府对实现货运价值增值的推动力越大；一国或一区域的经济发展、政治体制与其风俗信仰之间的协调程度越高，政府对各个行业市场的推动力越大，当然包括集装箱多式联运行业。

因此，内、外部影响因素共同作用，通过集装箱多式联运企业和政府这两个主要的集装箱多式联运增值主体来影响集装箱多式联运价值的增值动力。

四　动力的作用机制

集装箱多式联运价值增值的动力从不同层面、不同角度推动着货运价值的增值，本书主要从竞争和协作两个角度分析集装箱多式联运价值增值的动力作用机制。

1. 竞争

在经济系统中，竞争无处不在、无时不在，竞争伴随着整个经济系统的运行而发展。正如乔治·斯蒂格勒在《新帕尔格雷夫经济学大辞典》中给出的定义：竞争是个人或团体或国家之间的角逐，凡是双方或多方力图取得并非各方均等获得的某些东西时，就产生了竞争。因此，只要在资源有限的领域，必然存在有竞争，竞争是实现资源有效配置的方式和途径。

集装箱多式联运作为一个开放性的系统，与其所处的外部环境发生着不间断的物质、信息交换。集装箱多式联运与其他形式的货运之间必然存在对货运市场份额的竞争、对货运资源的竞争，以及对各种货运信息的竞争。不论是集装箱多式联运与其他形式的货运形式之间的竞争，还是集装箱多式联运系统中不同的联运企业之间的竞争，其主要的竞争内容可以用图4-8清晰地描述。第一竞争层面：核心竞争能力的竞争；第二竞争层面：运输产品、管理制度、运营

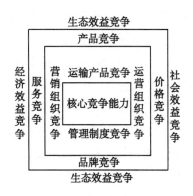

图 4-8　集装箱多式联运
竞争示意图

组织、营销组织的竞争；第三竞争层面：产品、品牌、价格、服务的竞争；第四竞争层面：经济效益、社会效益、生态效益的竞争。

集装箱多式联运在图 4 - 8 所示的四个不同层面上相互竞争，竞争的实质是集装箱多式联运价值的竞争。从集装箱多式联运市场的竞争层面分析而言，竞争的过程也是实现集装箱多式联运价值增值的过程，集装箱多式联运价值增值的竞争动力机制即是通过整个竞争过程实现价值增值。

2. 协同

与竞争相对，协同是协调两个或者两个以上的不同资源或者个体、组织，共同完成某一目标的过程。协同是指不同元素之间的相关能力，表现了元素在整体发展运行过程中协调与合作的性质。

任何事物都不可能独立地完成某项工作或实现某项目标，甚至不可能以其独立的形式存在。集装箱多式联运作为一个开放性的系统，与其相关的元素之间存在着不间断的相互配合与协调。货运市场中不同的多式联运企业在相互争夺市场份额的同时应为其共有的利益追求必然产生相互之间的依存、配合，共同组成当前的集装箱多式联运市场形式。同一集装箱多式联运企业的各个部门为了完成企业的货运任务必然需要相互配合，协同工作。因此，集装箱多式联运价值增值动力作用机制也包括协同机制。根据基础的博弈论分析，结构元素的各个个体之间的协调与合作对于推动事物的共同前进具有积极意义，而且对各方而言，其获得利益将趋于最优。安索夫最先将协同概念应用于经济管理理论中，并且指出协同将获得整体最优的结果。在此引进博弈论中的夫妻之争的模型（Battle of Sexes），分析集装箱多式联运价值增值过程中协同动力机制的优越性。

（1）建模

假设博弈双方为集装箱多式联运企业 A 和 B，双方货运产品具有明显的替代性。双方都能完成各种运输方式的运输任务，但是双方服务产品的价值不尽相同，且双方生产过程具有不同的优势，A 的优势是水运—公路，B 的优势是铁路—水运。现有一项运输任务，公路—铁路—水运—公路。双方可以选择竞争获得此任务并单独完成，也可以选择合作完成。

（2）得益矩阵 5, 5

根据模型的假设条件，写出得益矩阵。

分析以上的得益矩阵，用划线法直接得到该博弈的静态纳什均衡为（合作，合作），整体得益为 10，即均衡值为最优值。

	A	
	合作	不合作
B 合作	5, 5	-4, 12
不合作	12, -4	-1, -1

图 4-9　"A-B"博弈的得益矩阵

（3）结论

在集装箱多式联运价值增值过程中，虽然存在有各个层面的竞争，但是一旦有了协同的机会将会取得整体最大收益。在集装箱多式联运价值增值过程中，决策双方中一方选择了协同策略，另一方必然也将倾向于选择此协同策略。而且此协同策略具有稳定性。

通过分析，本书提出：在集装箱多式联运价值增值过程中，协同动力机制将更优于竞争动力机制，更有利于最大限度地实现价值增值，有利于实现运输资源的优化配置。

第三节　增值主体行为模型分析

基于以上集装箱多式联运增值主体及其行为、增值动力及其作用机制分析，特给出以下增值主体行为模型分析。

一　集装箱多式联运企业行为模型

集装箱多式联运企业的行为动机是通过为货运市场中的用户提供满足其需求的货运服务而获得尽可能多的经济效益、社会效益以及其他多方面的利益，所谓的"逐利"是集装箱多式联运企业行为的唯一动力源泉。集装箱多式联运企业在"逐利"的过程中可以选择单一逐利行为模型，也可以选择协同逐利行为模型。前者是单一的集装箱多式联运企业在市场竞争中不断提高自身的核心竞争能力，获取更大的市场份额，赢得更大的利润空间以及其他方面的得益；后者是多个集装箱多式联运企业协同运作，寻找整个行业的最佳利润点以及其他方面的共同得益。本书以博弈论为理论基础，对上述两种行为模型进行分析。鉴于我国货运市场和多式联运的发展现状，选择完全信息静态博弈法分析货运企业之间的博弈，即各个博弈方同时决策，而且所有博弈方对各方的得益都了解。[1]

1. 单一逐利行为模型

集装箱多式联运市场中的各个联运企业共同组成了集装箱多式联运市场中的供给主体，但是各个供给主体都是相互独立的，并且都以实现自身的利益最大化为发展目标。

（1）假设

①所有的联运企业都提供同质的货运服务，即各供货运企业之间存在很大的替代性。

②各联运企业都是理性的，都以寻求自身收益的最大化为目的。

③各联运企业一旦投入市场运营，将不能退出，而且市场处于供大于求的状况，无须再投入新的运力，固定成本可视为沉没成本。

④各个联运企业的变动成本等于其边际成本。

⑤各个联运企业同时决策，而且所有企业对各方的得益都了解。

⑥研究对象为集装箱多式联运企业 A。

（2）建立模型

①货运企业分别为 A_1，A_2，A_3，…，A_n，对目前市场而言其供给的运力分别为 q_1，q_2，q_3，…，q_n，则市场上总的运力供给量为：

$$Q \sum_{i=1}^{n} q_i \ (i=1,\ 2,\ 3,\ \cdots,\ n) \qquad (4.1)$$

②现行市场中的运价水平为，则价格函数是减函数，用公式（4.2）表示：

$$P = P\ (q)\ = \alpha - bQ = \alpha - b\sum_{i=1}^{n} q_i \ (i=1,\ 2,\ 3,\ \cdots,\ n;\ a、b\ 为常数)$$

$$(4.2)$$

③企业的单位变动成本为 C_i，则：根据公式（4.1）和公式（4.2）得供给方 A_i 的收益为 U_i，

$$U_i = q_i P(Q) - C_i q_i (P(Q) - C_i) =$$

$$q_i (a - b\sum_{i=1}^{n} q_i - C_i)(i=1,2,3,\cdots,n) \qquad (4.3)$$

（3）目标函数

----

[1] Roy Garder, Games for Business and Economics, John Wiley & Sons, Inc. , 1995.

根据以上的假设和公式推算，直接导出目标函数为：

$$\max (U_i) = q_i(\alpha - b\sum_{i=1}^{n} q_i - C_i)(i = 1,2,3,\cdots,n)\quad(4.4)$$

利用多元函数微分求极值的方法，对各个供给方的收益函数求偏导数并令其为零，得出纳什均衡。即：

$$\varphi U_i / \varphi q_i(\alpha - b\sum_{i=1}^{n} q_i - C_i)(i = 1,2,3,\cdots,n)\quad(4.5)$$

求解公式 4.5 得到：

$$q_i = (a - C_i)/(2b) - (q_1 + q_2 + q_3 + \cdots + q_{i-1} + q_{i+1} + \cdots + q_n)/2$$

求解这 n 个 n 元一次方程组，可得：$q_i^* = (a - C_i) / (3b)$（$i = 1$, 2, 3, $\cdots$, n)，进而得到最优解：$U_i^* = (a - C_i)^2 / (9b)$（$i = 1$, 2, 3, $\cdots$, n)。

（4）博弈结论

当市场中的供给方以自身利益最大化为出发点，同时独立地进行决策时，所得的最优收益为 $U_i^* = (a - C_i)^2 / (9b)$（$i = 1$, 2, 3, $\cdots$, n)。即集装箱多式联运企业 A 通过单一逐利行为模式所得的市场收益为：$U_A = (a - C_A)^2 / (9b)$。

2. 协同逐利行为模型

各个独立的集装箱多式联运企业在共同的货运市场中运作，具有相类似的市场环境，各方之间相互协调实现协同逐利行为，即相互协作，寻求最大的行业市场利润空间。

（1）假设

①所有的联运企业都提供同质的货运服务，即各供货运企业之间存在很大的替代性。

②各联运企业都是理性的，都以寻求自身收益的最大化为目的。

③各联运企业一旦投入市场运营，将不能退出，而且市场处于供大于求的状况，无须再投入新的运力，固定成本可视为沉没成本。

④各个联运企业的变动成本等于其边际成本。

⑤各个联运企业同时决策，而且所有企业对各方的得益都了解。

⑥研究对象为市场中参与协同逐利行为的所有集装箱多式联运企业。

（2）建立模型

①参与协同逐利行为的联运企业分别为 E_1，E_2，E_3，$\cdots$，E_n，对目

前市场而言其供给的运力分别为 q_1，q_2，q_3，…，q_n，则市场上总的运力供给量为：

$$Q = \sum_{i=1}^{n} q_i \ (i=1,\ 2,\ 3,\ \cdots,\ n) \tag{4.6}$$

②现行市场中的运价水平为 p，则价格函数是减函数 p，用公式（4.7）表示：

$$P = P\ (q)\ = \alpha - bQ = \alpha - b\sum_{i=1}^{n} q_i \ (i=1,\ 2,\ 3,\ \cdots,\ n;\ \alpha、b\ 为常数)$$

$$\tag{4.7}$$

③企业的单位变动成本为 C_i；

则：根据公式（4.6）和公式（4.7）得供给方 E_i 的收益为 U_i，

$$U_i = q_i P\ (Q)\ - C_i q_i\ (p\ (Q)\ - C_i)\ =$$

$$q_i\ (a - b\sum_{i=1}^{n} q_i - C_i)\ (i=1,\ 2,\ 3,\ \cdots,\ n)$$

$$\tag{4.8}$$

（3）目标函数

根据以上的假设和公式推算，得出联运企业协同时的目标函数如下：

$$\max\ (U_i)\ = q\ (\alpha - bq - C_{平均})\ (i=1,\ 2,\ 3,\ \cdots,\ n) \tag{4.9}$$

公式（4.9）中，q 为平均供给量，$C_{平均}$ 为供给量为 q 时的边际成本，同样求其极点和最优值，分别为：$q_i^{\ *} = (a - C_{平均})\ /\ (2b)$，$U_i^{\ *} = (a - C_{平均})\ /\ (4b)$，（其中 $i=1,\ 2,\ 3,\ \cdots,\ n$）。

（4）博弈结论

集装箱多式联运企业协同逐利行为模式下，各参与企业的市场得益为 $U_i^{\ *} = (a - C_{平均})\ /\ (4b)$。

3. 两种行为模型的比较

根据以上的博弈分析对单一逐利行为模型下研究对象企业 A 的得益和协同逐利行为模型下各参与企业的得益进行比较，可知：$(a - C_i)^2 /\ (9b) \leqslant (a - C_{平均})\ /\ (4b)$，即在以上的假设条件下，集装箱多式联运企业选择协同逐利行为模型所得的最优值更优于单一逐利行为模型下的最优值。即当个体独立决策时，都是以自身利益最大化为出发点进行运力的调整，但最终导致的结果是所有经营人各自的收益都有所降低。相反，如果各个经营人通过集体合作，共同进行决策，共同调整运力，则会使得每一个经营人的收益都有所增加。

在我国集装箱多式联运发展和价值增值活动中，如果联运企业一味地扩大自己的运力，追求自身利益的最大化，甚至通过降低运价或者其他不正当的竞争手段去恶意竞争，而忽视整个货运市场的协调发展、忽视各种运输方式不同的经济技术特性、忽视运输资源的合理配置等，必然导致整个货运市场的不健康发展。因此，本书在此得出结论：在条件允许的情况下，集装箱多式联运企业选择协同逐利行为模型是更优的选择；在条件不成熟的情况下，集装箱多式联运的各参与方都应该积极主动地为协调行为创造条件，最终实施协同逐利行为模型。

二　政府管理部门行为模型

政府管理部门通过生产、管制和协调这三种行为方式实现对集装箱多式联运增值的推动作用，政府的行为模型可以归纳为积极鼓励行为模型和合理限制行为模型。

所谓的积极鼓励行为模型是政府在现行的政策体制下，以经济发展和行业现状为出发点，积极鼓励集装箱多式联运企业实施价值增值。这种模型下，政府对企业的推动力占重要地位，完全支持企业实施各项增值措施。所谓的合理限制行为模型是政府根据经济发展以及行业发展的情况，以社会生活的方方面面为出发点，适度地限制集装箱多式联运企业的增值行为。即因为其他方面更重要的利益而暂时放弃集装箱多式联运价值增值的利益，例如，国防利益、国民经济利益等。合理限制行为模式一般出现在一国或一区域经济、政治、生态、风俗信仰等发生变化的时候，政府为了保证人民更重要的利益不得不对集装箱多式联运价值增值的利益给予暂时性的放弃。

本 章 小 结

本章主要研究了集装箱多式联运价值增值的主体以及集装箱多式联运价值增值动力的来源、动力的影响因素、动力的作用机制。集装箱多式联运的供给方是集装箱多式联运价值增值的主导力量，而政府管理部门作为主要的引导方和监管方同样也是价值增值能否顺利实现的关键所在。因此，集装箱多式联运企业和相关的政府管理部门共同承担起了增值主体的重任。集装箱多式联运价值增值的动力源泉是各参与方及各相关方对不同利益的追求。

1. 集装箱多式联运价值增值的主体分析

首先剖析了集装箱多式联运价值增值的得益方，并通过权衡得出集装箱多式联运企业和政府管理部门作为集装箱多式联运价值增值的主体决定着价值增值能否顺利实现。根据我国经济发展和集装箱多式联运的发展历程可以将集装箱多式联运的发展分为三个阶段，在不同发展阶段集装箱多式联运企业有着不同的组织结构，而不同的组织结构影响着联运企业的运作效率。我国的多式联运目前依然处于初级阶段，因此寻求价值增值是多方利益的共同要求。而且，集装箱多式联运企业有着积极重要的市场地位，其市场行为的主要动机是追求各种利益的最大化，主要的行为方式可以概括为生产、经营和创新三个方面。政府管理部门在我国集装箱多式联运活动中兼顾引导方和监管方的双重角色，以追求更高的社会效益、生态效益和更大的经济效益，追求市场竞争的公平性为行为动机，以投资、规划、引导和管理为主要行为方式，同集装箱多式联运企业一起，追求集装箱多式联运的价值增值。

2. 集装箱多式联运价值的增值动力分析

集装箱多式联运价值增值的动力按照其来源不同可以分为：经济效益动力、社会效益动力、生态效益动力和技术发展动力四种。各种不同的动力均受到多种内、外因影响因素的共同作用。增值动力的作用机制主要从竞争和协同两方面分析，而协同动机机制将更优于竞争动机机制，更有利于最大限度地实现价值增值，实现运输资源的优化配置。

3. 集装箱多式联运增值主体的行为模型分析

集装箱多式联运企业的行为模型主要有：单一逐利行为模型和协同逐利行为模型，通过博弈分析可知，协同逐利行为模型更有利于集装箱多式联运企业的价值增值和集装箱多式联运市场的健康发展。政府管理部门的行为模型有：积极鼓动行为模型和合理限制行为模型，后者是在政府为了顾及其他更重要的社会利益而不得不放弃集装箱多式联运增值的情况下出现的暂时性行为。

第五章

基于价值工程的集装箱
多式联运价值增值分析

第一节　集装箱多式联运价值分析概述

集装箱多式联运价值分析是实现集装箱多式联运价值增值的前提工作。集装箱多式联运企业通过应用价值工程理论，开展价值分析工作，寻找集装箱多式联运的价值增值环节，并分析其增值潜力，选择合适的增值策略，最终达到实现价值增值的目的。

一　集装箱多式联运价值分析的内容

进行集装箱多式联运价值分析，主要包括五方面的内容。

（1）选定价值工程的对象

在集装箱多式联运研究中，价值工程的对象是考虑货运市场的货运需求以及集装箱多式联运价值实现增值的潜力。例如，如果能通过降低原材料的成本来提高价值，那么价值工程对降低总成本的影响将会比较大。选定价值工程对象的常用方法有：经验分析法、百分析法、ABC 分析法等。本书在研究过程中选择比较宏观的集装箱多式联运活动为研究对象，虽然没有具体到特定的货运活动，但在实际操作中为不同货运活动提供理论向导。

（2）收集相关资料

选定价值工程对象后还需要收集相关的资料，主要包括：集装箱多式联运市场现状、用户需求、科技进步情况、经济分析、行业企业的发展实力等。除此之外，还有价值工程能够确定优化方案的数量、实施成果的预计等。

（3）功能分析

功能分析是进行价值工程的核心阶段，即对集装箱多式联运价值的概念进行详细界定、对集装箱多式联运价值进行分类、整理整个价值工程所需资料并对其进行客观评价。

（4）提出方案并进行分析评价

根据以上的资料分析和功能分析，提出科学合理的集装箱多式联运增值策略以及实施方案，并对其进行筛选得出最优方案。在决定实施方案后，制定具体的实施措施、提出工作内容、进度安排、质量标准、理清责任与权力等，确保方案的成功实施。

（5）实施成果评价

为了掌握价值工程实施的成果，因此，组织成果评价。评价过程中要兼顾方案实施后的经济效益、社会效益和生态效益。

作为一项技术经济分析方法，价值工程将技术与经济紧密结合。价值工程在集装箱多式联运中的应用更能关注到集装箱多式联运的价值，关注到集装箱多式联运价值增值，而且将货运的焦点延伸到了货运组织前的准备和货运过程完成后的价值评价。

集装箱多式联运价值分析中，选定分析对象是前提准备工作，收集相关资料是基础工作，功能分析则是整个价值分析的核心，提出具体方案是重点工作，方案实施的评价是价值分析的结论性工作。将集装箱多式联运价值分析的以上主要内容用图 5 – 1 表示。

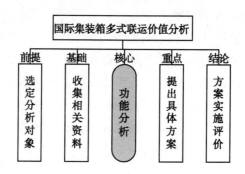

图 5 – 1　集装箱多式联运价值分析的主要内容

二　集装箱多式联运价值分析的原理

多式联运价值工程的原理可以从以下三个方面来诠释。

1. 功能本质性原理

功能本质性原理指的是集装箱多式联运用户需求的并不是产品或者服

务本身，而是产品或者服务所具有的用户需要的功能。集装箱多式联运的功能是隐含在集装箱多式联运服务中的本质特征，货运需求方支付运费实质上购买的是集装箱多式联运的功能。集装箱多式联运价值分析必须在保证产品或者服务的基本功能的基础上开展，如果撇开功能这个基础却一味地为了获得价值增值而进行价值分析将没有任何实际意义。

2. 功能与成本动态相关性原理

功能与成本动态相关性原理指的是产品或者服务的功能与其成本之间是动态相关的关系。此外，功能与成本之间的关系在微观上具有不确定性，在宏观上具有统计相关性。

功能与成本微观不确定性，是指就某一特定的集装箱多式联运服务的成本在不同的企业有着很大的差异。造成这一现象的主要原因是影响功能与成本的内外因素比较多，例如，联运企业的管理水平、工艺技术、组织能力、生产规模、人员素质等内部因素，以及地理位置、交通基础设施情况、相关政策法规等外部因素。功能与成本宏观统计相关性，是指从较大范围来研究，不同功能水平的货运服务与其成本之间有统计的相关性，而且一般呈现正相关，即功能水平越高的货运服务，则其成本水平越高。

3. 价值标准性原理

价值标准性原理是指产品或服务的需求方与供给方衡量产品或服务的共同标准是价值。集装箱多式联运托运人需求的本质是货运功能，但是在购买货运功能的过程中并不单纯地考虑货运功能，还要考虑到货运价格。当支付相同的价格时，托运人总是倾向于选择功能更好的服务；当货运功能相同时，托运人则倾向于选择更低的货运价格。同样，当支付相同的成本时，承运人总是倾向于选择功能更好的服务；当货运功能相同时，承运人则倾向于选择更低的货运成本。托运人和承运人衡量货运服务的标准都是货运价值，即功能与成本的比值。

第二节 集装箱多式联运价值增值分析

一 增值的前提是功能分析

功能分析是集装箱多式联运价值分析的核心与基石，是实现集装箱多式联运价值增值的前期准备工作，它的重要性在于能够准确认识价值工程对象的本质和内涵。功能分析通过对集装箱多式联运价值的研究分析，把集装箱多式联运价值工程对象的功能进行抽象而简明的定性描述，并将其分类、系统化整理。集装箱多式联运价值增值中的功能分析主要包括功能分类、功能定义和功能整理三项环节。在此，首先分析探讨集装箱多式联运价值的功能分析概况。

1. 功能分类

用户对集装箱多式联运需求的本质是货运服务所具有的功能（实现货物的时空效用）。但随着交通运输业的发展，集装箱多式联运服务的功能已经不仅仅是单一的实现货物的物理性位移了，而是从多个角度服务于社会货运需求。因此，在集装箱多式联运价值分析中，有必要首先对集装箱多式联运的功能进行分类剖析。

（1）按照功能的重要程度不同，分为基本功能和辅助功能。

基本功能是货运服务存在的根本条件，是用户必需的功能。集装箱多式联运的基本功能是通过完成货物的物理性位移实现货物的时间效用和空间效用。

辅助功能是指那些为基本功能的实现提供输入或者资源或基础性设施的活动。辅助功能在重要性上不如基本功能，但是辅助功能也是不可缺少的。集装箱多式联运的辅助功能包括货运安全措施、保险措施、搬运装卸以及包装功能等。

一般情况下，集装箱多式联运的基本功能不能发生变化，但是辅助功能可以有变化。而辅助功能产生的成本占总成本的 70%—80%，因此，可以通过改变辅助功能的形式、生产方式、生产资料等方式来改变辅助功能，降低辅助功能的成本，从而减少集装箱多式联运的总成本。

（2）按照用户的需要程度不同，分为必要功能、多余功能和不足功能。

必要功能是用户需要和认可的主要功能。用户付出运费来获得货运服务是因为某项运输活动可以满足其必需的功能。必要功能中既可包括基本功能又可包括辅助功能。例如，用户既需要货运活动实现货物的物理性位移，又需要货运活动实现货物的安全性转移。其中物理位移是基本功能，安全性是辅助功能。

多余功能是用户不需要和不认可的功能，是由于货运服务人员在货运功能设计的时候不了解或者片面了解了用户的需求，主观臆断或者仅凭以往经验造成的。多余功能的存在无疑加大了整个货运过程的成本，浪费了运输资源，而且对货运服务的营销有不利的影响。价值工程的功能分析环节正是通过对功能的剖析，及时发现和剔除多余功能，以降低货运服务的成本。

不足功能是那些功能水平较低，而且不能满足用户需求的功能。不足功能的存在虽然在一定程度上减少了货运服务的总成本，但是因为不能满足用户需求而极大地影响了货运服务的营销，使得集装箱多式联运供给方不能获得满意的市场份额，也很难有足够的市场竞争力。因此，需要通过功能分析重新设计货运服务的功能，对于不足功能要及时改进和改善。当然，货运服务功能的提高将会导致成本的提高，但是为了满足用户的需求，增加成本也应该在所不惜。只要合理地分析成本的增加额度、功能的增加额度和价值的增加额度，就能科学地分析出由不足功能的改善而增加的成本是非常必要的。

通过对集装箱多式联运功能的分析，对各项功能进行分类，有助于集装箱多式联运企业满足必要功能、实现基本功能，同时不能忽视辅助功能；剔除多余功能，改善不足功能；以更好地满足货运需求。

根据以上的分析论证，对集装箱多式联运价值进行大致的分类如图5-2所示。

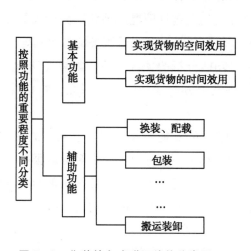

图 5-2 集装箱多式联运价值分类图示 1

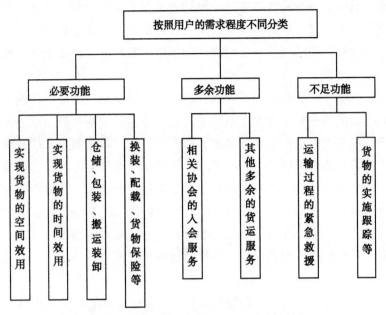

图5-3 集装箱多式联运价值分类图示2①

2. 功能定义

价值工程中的功能定义实质上是要求分析者正确回答"它的功能是什么"这一简洁而又复杂的关键性问题。因此，分析人员必须根据已掌握的资料进行反复分析，将集装箱多式联运服务的各个功能逐一研究。值得强调的是，功能定义是功能分析的关键环节。如果在功能定义中出现错误，整个价值工程工作将发生方向性的错误。因此，在此强调功能定义的重要性。

（1）功能定义的含义：功能定义是对集装箱多式联运的功能以简洁、准确的语言加以描述。其实，在价值工程中对货运服务功能下定义是一件复杂、有难度的工作，与我们一般意义而言的简单的用途定义不同。这里的每一种功能都将与货运服务过程中的活动相对应，给功能下定义实质上是透过功能分析各项作业活动。因此，需要收集各种信息资料、认真思考、反复推敲、集思广益，对货运服务的功能给出准确而又科学的定义。

---

① 图5-2与图5-3给出的分类只是大致的典型分类方法，在实际工作中需要结合研究对象的基本情况给出具体的分类。

　　定义功能的目的是明确货运过程中的每一项活动的本质，为功能评价做好基础奠定，为货运服务功能的重新设计创造条件，实质上也是为实现货运价值的增值做好前提工作。

　　（2）功能定义的方法：价值工程中对功能的定义主要采用动词与名词定义、名词与形容词定义两种方法。在此，将此方法引入集装箱多式联运的价值分析中来。

　　"动词＋名字定义法"：对于产品或者服务的基本功能、必要功能一般采用"动词＋名字定义法"，表述为物品或者活动以一定的具体行动作用于某一特定的对象。例如，集装箱运载货物。

　　"名词＋形容词定义法"：对于产品的辅助功能一般采用"名词＋形容词定义法"，表述为物品或者活动具有什么样的特点或者性质（用形容词表示）。例如，包装材料结实廉价。

　　（3）功能定义的原则：功能定义的三大原则分别是：动词选择抽象化、名词选择可数量化、一项功能一个定义。

　　动词选择抽象化有利于价值工程分析中扩大思路，能引发创新性思维；名词选择可数量化有助于寻求更多的不足功能；一项功能一个定义则有助于发现过剩功能与重复功能。

　　根据以上功能定义的含义、基本方法和基本原则，给出如表 5 - 1 所示的多式联运功能总结。

表 5 - 1　　　　　　　　用动词与名词定义多式联运的功能 1

基本功能			辅助功能		
服务（主语）	动作（谓语）	名词（宾语）	服务（主语）	动作（谓语）	名词（宾语）
集装箱多式联运	实现	货物的空间效用	集装箱多式联运	包装	货物
			集装箱多式联运	配载	货物
集装箱多式联运	实现	货物的时间效用	集装箱多式联运	搬运、装卸	货物
			集装箱多式联运	调节	商品市场
			集装箱多式联运	促进	经济发展

　　说明：此表给出的功能定义法只是对整个集装箱多式联运系统功能的整体定义，在实际工作中需要结合研究对象企业的基本情况给出具体的功能定义。

表 5 - 2　　　　　　用名词与形容词定义多式联运的功能 2

必要功能		多余功能		不足功能	
名词（主语）	形容词（谓语）	名词（主语）	形容词（谓语）	名词（主语）	形容词（谓语）
装载	合理	包装	精美	运输信息	准确
运送	安全、快捷			运送过程	可监控化

说明：此表给出的功能定义法只是对整个集装箱多式联运系统功能的整体定义，在实际工作中需要结合研究对象企业的基本情况给出具体的功能定义。

3. 功能整理

功能整理是把各个功能之间的相互关系加以系统化整理，并将各个功能按照一定的逻辑关系排列成一个逻辑体系。以确认真正需要的功能，发现不必要的功能，确认功能定义的准确性，界定功能领域，为寻求价值增值创造条件。

集装箱多式联运功能整理分为以下步骤：

（1）编制功能卡片：将定义好了的功能按集装箱多式联运运作流程逐个填写在卡片上，每张卡片只填一个运作环节和一种功能。

（2）功能卡片归类：将功能定义相同但是运作环节不同的功能卡片集合在一起，组成一个卡片组，以卡片组为单位进行功能整理。

（3）建立功能之间的联系：寻找各功能之间的联系，一般可以采用提问法。随机取出一张功能卡片，通过"为什么需要这个功能"的提问来寻找它的目的功能；通过"怎么样实现这一功能"的提问来寻找它的手段功能。以此类推，依次向上追寻每一个功能的目的功能，直到集装箱多式联运的基本功能；依次向下寻找每一功能的手段功能，直到末端功能。如此就将一组功能按照目的、手段的逻辑关系整合起来了，得到了一个功能序列。

（4）编制功能系统图：以上述分析结果为基础，绘制功能系统图。从中可以清楚地看出每个功能在全部功能中的作用和地位，便于增强必要功能和不足功能、剔除多余功能，为功能评价、价值增值方案的提出奠定基础。

以上的功能分类、功能定义和功能整理组成了集装箱多式联运功能分析的主要内容。本书在此只做理论分析，针对具体运作流程的功能的实证分析在稍后的章节展开。

二 增值的重点是增值环节选择

寻找多式联运运作过程中可实现增值的环节是实现集装箱多式联运价值增值的基本工作，而功能评价则是寻找增值环节的切入点。

1. 功能评价

功能评价是对集装箱多式联运各种功能逐一进行定量评价，计算实现功能的实际成本、最低成本（即目标成本）、功能价值等，找出较低价值的功能，为集装箱多式联运降低成本同时提高功能水平，或者降低成本同时提高功能水平提供设计方案而奠定基础。

集装箱多式联运功能评价的一般性步骤如下：一是确定功能实际成本和成本系数；二是将功能数量化，求出功能的重要性系数或功能评价值；三是计算功能价值；四是计算价值提高幅度及其对应的成本变化幅度。以上步骤中提到的几个概念理解如下。成本系数是单位产品或者服务成本材料的耗用量，在计算中常常采用下面的公式：成本系数 = 最低价/市场价。其中：功能的重要性系数是对功能重要程度的具体量化表现。在价值工程中，往往用此项功能的价值来表示。功能价值即某一特定功能与其对应成本之间的比值。

功能评价一般有全功能评价和基本功能评价两种方式，评价过程中同样引入价值系数来进行具体的量化。基本功能评价只评价集装箱多式联运的基本功能，适用于时间比较紧迫，或者必要的辅助功能所占比例比较小的情况，其评价公式为：$V_c = F_{Bc}/C_c$（F_{Bc} 为基本功能系数，C_c 为成本系数）。全功能评价不仅仅要评价基本功能还要评价辅助功能，适用于时间比较充足，或者辅助功能占成本的比重比较大的情况，其评价公式为：$V_c = F_{Bc} + F_{Sc}/C_c$（$F_{Bc}$ 为基本功能系数，F_{Sc} 为辅助功能系数，C_c 为成本系数）。

功能评价的方法多种多样，但是将其概括起来无外乎相对值法和绝对值法两种。所谓相对值法是通过功能系数与成本系数的比值，即价值系数进行功能评价，以找出低功能区进行改进。而绝对值法是将功能直接货币化，根据货币量的多少，评价功能价值的大小，以确定功能改进方案。一般情况下，绝对值法的准确性要更高些，而且实际操作中的指导意义也更大些，但是评价过程也更复杂一些。本书在此对绝对值法进行简单的介绍，以更好地指导实践工作。设为研究对象（选定集装箱多式联运）的当前总成本；A_1，A_2，…，A_n 为改进方案；C_1，C_2，…，C_n 是改进新方案对应的成本；C_a 为目标成本；C_b 为实施改进方案后成本降低的幅度；V 为功能价值，是功能评价值（功能最低成本）与现实成本的比值。应用绝对值法进行评价的过程可以用图 5 – 4 表示。

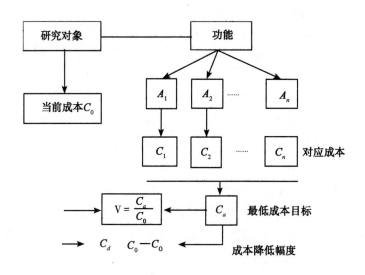

图 5 – 4   绝对值法评价过程示意图

通过上图的分析可以得出具体的功能价值，如果功能价值 $V \geqslant 1$，则说明现实成本已达到当前较低的成本水平；如果功能价值 $V < 1$，则说明该功能具有增值潜力。

2. 计算功能对应成本

在集装箱多式联运中，按照运作流程来计算功能对应的成本。常常采用制作功能成本分摊表的做法，分解运作成本。而集装箱多式联运运作过程中，某一运作流程的功能可能分布为多个功能领域，因此需要对其进行成本的分摊。举例如表 5 – 3 所示。

表 5 – 3   运作流程功能成本分摊表

运作流程			功能或功能领域		
序号	流程名称	成本	F_1	F_2	F_3
1	包装	$C_{包装}$		C_{21}	C_{31}
2	配载	$C_{配载}$	C_{12}	C_{22}	

续表

运作流程			功能或功能领域		
3	航海运输	$C_{运输}$	C_{13}		C_{33}
……	……	……	……	……	……
成本					
总成本	++		+	+	+

说明：上表中 $C_1 + C_2 + C_3 = (C_{12} + C_{13}) + (C_{21} + C_{22}) + (C_{31} + C_{33}) = C_{包装} + C_{配载} + C_{运输} = C$。

得到以上的成本分摊表以后，可以采用后推法，提出与成本对应的新的方案，然后再求出新方案的对应成本。进而，借用经验估计法、实际调查等方法，按照以上的评价过程示意图所示，最终求出实施改进方案后成本降低的幅度以及新方案实施后的功能价值。

3. 增值环节的选择

通过功能评价和寻找功能对应的成本，将功能与成本一一对应起来，在此基础上寻找集装箱多式联运价值增值环节，就变得容易多了。在功能评价的基础上可以将寻求增值环节的方法概括为三种：向前推寻法、向后推寻法和向旁推寻法。[1]

向前推寻法是首先制定集装箱多式联运价值增值目标，根据既定目标从后往前分析寻找可以实现增值的环节。这种方法的关键是科学合理地制定增值目标，如果不能制定合适的目标，整个分析过程将会以失败告终。因此，需要从实际情况出发，分析各种内、外界影响因素。同时，如果必要可以对既定目标实施调整，但是要注意调整的幅度。

向后推寻法则相反，从实际的运作环节出发，通过从前往后对运作环节的分析，找出可以实现增值的环节。根据增值环节的增值潜力，得出增值目标。这种方法的关键是对运作环节的分析和对可增值环节的判断与把握。值得引起注意的问题是要将各个环节直接的关联把握得当，否则很容易造成割裂运作环节而不能实现整体最大价值增值的结果。

向旁推寻法与上述两种方法不同，它是针对某一特定多式联运运作流程或者某一特定运作环节提出来的。这种方法的核心是学习并行的、相似的、价值量更大的环节的设计方案；合并具有相似功能的流程或者环节；

[1] 高群：《房地产投资分析》，机械工业出版社2008年版，第132—133页。

以此来增加成本的利用效率。

通过以上三种方法的综合应用或者某一单一方法的应用，可以列出集装箱多式联运运作过程中具有增值潜力的环节，为实现价值增值做好了充分的准备工作。增值环节选择的科学性程度和可行性程度直接关系到价值增值能否顺利实现。因此，增值环节的选择是实现集装箱多式联运价值增值的重点。

三　增值的效果可以量化衡量

从理论层面分析而言，集装箱多式联运的价值自身是一个比值性质的概念，是一个具体的量化指标，由此可知集装箱多式联运价值增值也可以量化为具体指标。但是，直接量化集装箱多式联运的价值必然需要量化多式联运的功能。众所周知，多式联运的功能包括广泛的内容，直接对其进行货币化不具现实操作性，而且货物的多式联运过程跨地区甚至跨国界，不同功能的权数也很难确定，因此本书在此引入价值系数，以较为准确地分析货物的多式联运。

首先，价值系数同价值本身概念相类似，也是一个比值性质的概念，即某一项集装箱多式联运活动或者其中的某一特定环节的价值系数是与之对应的功能系数与成本系数的比值。

其次，功能系数反映的是某一项集装箱多式联运活动或者其中的某一特定环节的功能的重要性程度。在实际计算中往往用到以下公式：功能系数 = 某集装箱多式联运活动或环节的功能重要性/全部功能的重要性，即：$F_n = F_i / \sum F_i$。其中，功能的重要性是根据专家打分来计算的，这就解决了不同地区、不同时间、不同运作环节的功能无法量化的难题。在实际操作中，参与的专家应用多比例评分法对研究对象的功能进行评价，而多比例评分法采用多个比例的数值进行一一比较分析，最后计算出功能系数。其数值比例及含义如表 5 – 4 所示。

表 5 – 4　　　　　　　　多比例评分法的比例及含义

重要程度比较	绝对重要	非常重要	重要得多	较为重要	重要一点	基本相当
可选择比例	1∶0	0.9∶0.1	0.8∶0.2	0.7∶0.3	0.6∶0.4	0.5∶0.5

最后，成本系数反映的是某一项集装箱多式联运活动或者其中的某一特定环节的成本占总成本的比重。在实际计算中往往用到以下的公式：成

本系数 = 某集装箱多式联运活动或环节的成本／总成本，即：$C_n = C_i/$ $\sum C_i^\circ$。

综上分析，价值系数的计算公式如下：$V_n = F_n/C_n$

在集装箱多式联运价值增值过程中不能从多货运价值自身入手，而是要关注集装箱多式联运的功能和成本。不能单纯地强调提高货运服务的功能，也不是一味片面地强调降低货运成本，而是要兼顾两方，追求功能与成本的合理配置。集装箱多式联运价值的增值实质上是寻求功能与成本之间的最佳关系，从而实现增值的目标。因此，集装箱多式联运价值的增值是否实现、预期增值目标实现的程度如何等对集装箱多式联运增值的评价可以归结为增值后的价值与增值前价值的比较。结合上述的分析可以得出集装箱多式联运价值增值评价示意图（见图 5 – 5）。

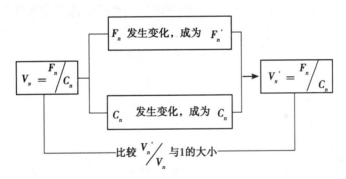

图 5 – 5 集装箱多式联运价值增值评价示意图

根据上图选定的集装箱多式联运活动或者某一特定环节的 V_n' 与进行比较：如果 $V_n'/V_n > 1$，则实现了考核活动或者环节的价值增值，而且比值越大实现的价值增值越大；如果 $V_n'/V_n = 1$，则集装箱多式联运价值没变；如果 $V_n'/V_n < 1$，则集装箱多式联运价值有所减小，增值失败。

对于集装箱多式联运的整个联运活动而言，对价值增值情况的考核要从各个研究环节入手，即先考核各个研究环节的价值系数 V_c^1/V_c；其次将不同运作环节的增值情况进行整合分析，通过既定的整合方法或者对不同的联运环节设定不同的权数来计算联运全过程的价值系数 V_c 和 V_c'，进而对这两者进行比较：如果 $V_c'/V_c > 1$，则实现了整个集装箱多式联运的价值增值，而且比值越大实现的价值增值越大；如果 $V_c'/V_c = 1$，则集装箱多式联运价值没变；如果 $V_c'/V_c < 1$，则集装箱多式联运价值有所减小，增值失

败。或者，直接应用公式 $\dfrac{V_c'/V_c - V_c}{V_c} \times 100\%$ 来衡量所实现的增值的程度。

四 增值的过程是动态系统

集装箱多式联运价值增值，即提高集装箱多式联运功能与成本的比值，是不断寻求集装箱多式联运功能与成本之间更优比值的过程，也是不断优化集装箱多式联运运作流程的过程。在研究集装箱多式联运价值的过程中，首先是了解现状，即现有的集装箱多式联运发展现状，特别是业务流程的发展现状。在当前发展现状的基础上选定研究对象，分析集装箱多式联运的功能、成本与价值，分析功能与成本之间的联动关系以及两者各自的变化规律，是实现集装箱多式联运价值增值的必要条件和前提准备。然后对研究对象进行价值分析、应用价值增值策略实现当前集装箱多式联运价值的增值。上述过程是集装箱多式联运功能、成本、价值三者不断变化、相互影响、相互作用的过程，增值过程自成系统。而且，增值系统中的构成元素不断变化、相互影响，同时增值系统与其所处的外部环境不断发生物质与精神的交换。因此，集装箱多式联运价值增值的过程是一个复杂的动态系统。

集装箱多式联运价值的增值随着集装箱多式联运的发展以及国民经济的发展不断发展、更新。当前一轮的集装箱多式联运价值增值实现后，增值结果将成为新一轮价值增值的起点，而集装箱多式联运价值增值是一个只有起点没有终点的运作过程。价值工程公式 $V = F/C$ 中的 V 的最小值为当前值，只有更大值始终没有最大值。鉴于此，集装箱多式联运价值增值是一个不断循环的动态系统。

本 章 小 结

本章是在价值工程理论上展开对集装箱多式联运价值的分析。

1. 集装箱多式联运价值分析概述（内容及原理）

集装箱多式联运价值分析的主要内容有：选定价值分析的对象、收集相关资料、功能分析、提出方案并进行分析评价、实施成果评价，其中的功能分析是核心内容。集装箱多式联运价值分析的原理可以从三个方面来诠释，即功能本质性原理、功能与成本动态相关性原理、价值标准性原理。

2. 集装箱多式联运价值增值分析

集装箱多式联运价值增值的前提是功能分析，功能分析的主要工作有功能分类、功能定义和功能整理。增值的重点是增值环节的选择，即通过功能评价来计算功能对应的成本，进而寻找具有增值潜力的环节。对增值效果的评价是通过比较增值前后的价值系数来展开的。而集装箱多式联运价值增值的过程兼顾到了成本、功能，以及两者之间的联动关系，而且整个增值过程涉及多方参与，应用到多种研究方法和分析思路，可以说集装箱多式联运价值增值的过程是一个不断循环的复杂动态过程。

第六章

基于价值增值的集装箱多式联运系统协调性分析

　　集装箱多式联运作为一种先进的运输方式，是交通运输一体化的重要标志，也是杂货运输乃至整个货物运输的发展方向。经过我国改革的深化和扩大开放政策的深入贯彻，集装箱的运量和吞吐量呈现大幅度的增长，以沿海地区主要港口和主要内河港口为节点的集装箱多式联运系统正在成长和发展之中，并朝着综合物流的方向前进。基于协同的多式联运系统协调在层次与功能上加以详细分析，配合流程图，可以形象地归纳出计划形成的过程，并对计划形成过程中另一重点问题——"协调机制"进行具体分析。

第一节　集装箱多式联运系统协调的概念

　　系统是指一个有组织、有秩序地达到某种目的的组合体。集装箱多式联运系统就是由铁路、公路、水运、港口等组合起来，以达到高效、高质、高速运输的组合体。集装箱多式联运系统可以看作由一些相互矛盾或相互制约的子系统组成，系统中存在利益冲突的多个独立个体或因素，也包含有对各个目标有不同评价标准的参与者，因此需要进行系统协调。系统协调的基本思想是，通过某种方法来组织和调控所研究的系统从而寻求解决矛盾或冲突的方案，使系统从无序转换到有序，达到协同或和谐的状态。系统协调的目的就是减少系统的负效应，提高系统的整体输出功能和整体效应。协调除了作为一种调节手段或一种管理和控制的职能之外，有时也作为一种状态表明各子系统或各系统因素之间、系统各功能之间、结构或目标之间的融合关系，从而描述系统整体效应如何。这种状态协调概念有时与和谐、协同等概念是密切联系在一起的。

所谓集装箱多式联运系统的协调就是以发挥集装箱多式联运系统整体效能（即系统的综合效率和综合效益）最大化为目标，以系统内各子系统之间有效地相互协调为导向，使系统处于和谐地发展状态。它包括两层含义：一层含义指集装箱多式联运系统内部的协调。其内部的协调是基于各子系统的协同效应，是系统内各子系统在总量配比上、空间布局上、技术水平上、组织管理上、技术政策上相互协调。另一层含义主要体现在系统与外界需求总量上的协调以及与空间上的协调。

第二节　集装箱多式联运系统协调要素分析

一　集装箱多式联运系统布局协调

集装箱多式联运系统布局亦称集装箱多式联运系统的配置，是指多种运输方式进行集装箱多式联运的地域分布。它是以推进国民经济发展的总目标为指导，通过具体研究社会经济的发展变化，集装箱运输生成的不同需求差异，从宏观上解决集装箱多式联运系统发展在我国的优先配置顺序，使集装箱多式联运系统与社会经济发展相协调。集装箱多式联运系统布局协调，可较好地解决集装箱多式联运发展中的突出问题，发挥出集装箱运输的优势，大大改善区域的投资环境，拉动区域经济发展。集装箱多式联运系统布局的协调应掌握以下原则。

1. 经济效益原则

经济效益原则是指在经济运输中的所得和支出的比较，或者说是投入和产出的比较。用公式表示就是：经济效益 = 有用成果/劳动消耗 = 产出/投入。这个比值为正是正效果，比值为负为负效果。正比值越大，经济效益越好。由于交通运输部门是个特殊物质生产部门，它的"产品"是"位移"，与国民经济其他部门的发展和人民生活息息相关，对社会各方面有着直接和间接的影响。它的经济效益往往难以用经济价值来直接计算。因此，在评价运输项目的投资经济效益时，应该以国民经济全局观点，全面地评价它的社会效益和企业本身的效益。对运输而言，它的目标指向就是要达到运输成本最低，给国民经济各部提供廉价的运输费用和运输的选择。经济效益原则是一条普遍性原则，是一种竞争能力的体现。运输方式的选择、运输资源的配置无疑都必须遵循这条原则。

2. 大通道原则

速度是交通的灵魂，高速化是当代交通技术发展的主要标志。时间价值在交通运输中是日益重要的概念，时距也逐渐取代了距离的概念。所谓大通道原则是指"某一地理区域，为一宽阔的长条地带，它顺着共同方向的交通流向向前伸展，把主要交通流发生地连接起来。在某一通道内，可能有若干条可供选择的不同路线"。大通道原则不仅包括运输基础设施的用地范围、通道赖以形成的自然条件，也包括货流赖以发生的经济区。通道内有流向相同的密集的交通流，有多种运输方式为其服务。通道的形成是客观经济十分复杂发展的必然反映。随着规模经济的发展，地区间商品交换量的增加，地区间必然出现两个集约化趋势：货流发生地和目的地运输量集约化趋势。这个由生产力布局而形成的各大经济地域所构成的点和以各种运输方式将它们连接起来的轴，随着运输交易逐渐发展，导致通道内流量的集中化，商品交换量的规模化和运输路径的集约化，促成了通道形成的条件和建设的基础。通道的位置和运输方式的选择，应根据地理条件、货流的强度、货种结构与平均运输距离等诸多因素。形成大通道必须具备两个基本条件：

（1）大流量，即通道内要有密集的货流。

（2）高效率，即在通道内运输能节约时间、降低运输成本。在运输通道内节约交通时间，实质上就是提高运输效率，降低运输成本，就是提高运输效益。最优的通道不一定是地理上的最短路程，而是交通时间上最短的路程。

3. 优质服务原则

集装箱多式联运系统发展的终极目标是追求更优质的货物运输服务。

（1）安全

与其他各种运输组织方式一样，集装箱多式联运的发展也以安全为第一位宗旨，其系统布局协调的过程中首先要关注运输安全。

（2）及时

集装箱多式联运系统布局还要考虑到运输转换过程中的方便程度和时间消耗，协调布局尽量减少货物中途的节点停靠时间，加强各个节点之间的衔接，提升货物运转速度，从而提升集装箱多式联运的运输效率。

（3）便捷

作为集装箱多式联运的各个参与主体必然追求运输过程的便捷性，从参与主体的需求角度出发增强便捷性是集装箱运输系统布局的又一要求。

（4）延伸服务

随着集装箱运输市场的专业化和个性化发展，集装箱运输系统还将具备运输延伸服务功能，比如运输代理、运输保险等服务。

二 集装箱多式联运系统能力协调

从宏观上可以这样认为，布局协调是集装箱多式联运大系统与国家或区域经济发展之间的能力协调问题。宏观布局决定了集装箱多式联运系统的拓扑结构，是一个静态的阶段，而有了这样一个布局之后，还必须形成相应的运输能力，这是一个动态的过程。

所谓运输能力，一般是指被研究的交通设施在合理组织、全面规划、协同配合下，所形成的系统最大单位时间的运输量。集装箱多式联运能力协调研究是以协调为基础与导向，以所要发挥"门到门"高效、高速、高质的功能为基点，从协调的角度对集装箱多式联运系统中各种运输方式所提供的运输能力所进行的设计。对于集装箱多式联运系统来说，可以将运输能力分成两大类，一是各种运输方式内部的运输能力；二是各种运输方式之间交叉作业时的能力。应该说，交叉作业的能力问题是一个相对更重要、在现实中更突出的问题，能力的"瓶颈"往往也容易在此处产生。集装箱货物通过交叉作业，从一种运输方式转到另一种运输方式时，就存在交叉作业能力问题，即使两种运输方式的运输能力都较高，但交叉作业能力很低。那么，集装箱多式联运的综合效率仍旧会受很大的影响。本书认为多式联运系统能力协调应当遵循以下原则。

1. 匹配原则

所谓匹配原则，是指形成集装箱多式联运系统时，各种运输方式之间的运输能力以及交叉作业能力在动作时应当相互适应。例如，集装箱港吞吐集装箱的能力既要与国际海运业的能力相适应，又应当与铁路和公路枢纽的集疏运能力相匹配。

当然，关于能力的匹配问题比较复杂。集装箱多式联运系统中的交叉枢纽集中的货物可以通过两种以上的运输方式进行疏运，因此能力的匹配不是简单的一对一关系。譬如，集装箱多式联运系统中中转枢纽的集装箱流主要有三种，即到达流、始发流和中转流。匹配原则实质上就是对这三种流进行处理。

2. 动态发展原则

对于集装箱多式联运能力的协调，只有一个匹配原则是不够的。匹配原则的实质在于各运输方式之间运输能力相互适应。但经济是不断发展的，也在不断地进步，对于运输的需求也在不断地增长，这就要求在运输能力相互的同时，还要把能力的协调与经济的发展协调起来，即适应经济发展对集装箱多式联运能力的需求。匹配原则本身还是一个静态的状况，它标定了在某一阶段各运输方式之间能力的协调，但超过这一阶段，其形成的总的运输能力则会不适应经济的发展。发展原则是对这一缺陷的弥补，同时也是能力动态协调的重要原则。

所谓发展原则，是指集装箱多式联运系统对其能力进行协调时，需要动态的考虑与经济的发展相适应。经济的发展对运输的需求是个不断增长的过程，这就要求在运输能力上与之相协调。

三　集装箱多式联运系统技术设备协调

集装箱多式联运系统的技术设备主要包括固定设备（线路、航道、港口、码头、车站及航空港等）和移动设备（集装箱机车、集装箱车辆、集装箱船舶、集装箱装卸机械等）。它们在实现集装箱多式联运的运输功能方面分别起到了不同的作用。这里所提的技术设备的协调并未包括全部的固定设备和移动设备，而主要是指它们中存在交叉作业的那部分技术设备。

所谓集装箱多式联运的协调，是指以协调为基础和导向，以所要发挥的功能为基点，从协作的角度对集装箱多式联运系统内存在各部门之间作业的一些技术设备进行的种类、数量等方面的设计。这里说的交叉作业两种以上的运输方式的技术设备，集装箱运输无论是水运、公路还是铁路，都由专用的车辆进行运输，以专用装卸设备进行各运输方式之间的换装。

货物自己不会按照运输的要求移动，因此在进行各种运输方式的协作式的交叉作业时，就必须借助一定的装卸设备和载运工具。而技术设备协调就是研究如何解决各种运输方式之间的技术设备上的协调。通过这样一个过程，使得这些技术设备从一开始就能在各运输方式间进行高效的协作，从而提高集装箱多式联运系统的综合效率。从协调的角度来探讨技术设备问题，具有重要的意义，这使得集装箱多式联运从一开始就具备了各种运输方式之间进行高效协作的物质基础。

集装箱多式联运技术设备的协调应遵循以下原则。

1. 兼容原则

所谓兼容原则，是指在集装箱系统中，各种运输方式之间存在交叉作业的技术设备应当尽可能相互兼容。这里的兼容是指，某一种运输方式的技术设备在进行货物运输时，与其他部门性的枢纽存在一定的交叉作业，而两者相关技术设备（即相互协作的装卸设备及载运工具）能够在对方的固定设备上直接运作，或者对于某类标准性的货运形式（如集装箱运输），各联运的运输方式具有相类似的功能以及相应运输能力的载运工具和装卸设备（如集装箱车、集装箱船、集装箱吊装设备等）。

通过兼容原则，使得各运输方式之间的转运货物得到技术设备上的保障。技术设备是集装箱多式联运的载体，而相互兼容的设备则是各运输方式联合运输的重要内容。由此可见，技术设备的兼容，不仅是集装箱多式联运及所在地区的问题，而且也涉及整个运输体系中的一些技术设备。

2. 标准化原则

集装箱多式联运系统标准化是指，在各种运输方式和各种运输方式交叉作业的环节中，形成的一种运输标准体系，以获得最佳秩序和社会效益。标准化集装箱多式联运的发展提供了前提条件，而各个运输环节的标准化，又为集装箱多式联运的发展创造了条件，其具体的内在关系如下：

（1）标准化是实现集装箱多式联运的前提。我国集装箱多式联运系统正处于成长阶段，一些旧的标准已不适应，如果使用的集装箱的尺寸、结构和重量、强度等各有差异，则对整个集装箱多式联运系统的有效运转将产生阻碍，对于水、陆、空联运中所要解决的快速换装、换运、科学管理等一系列问题来说，则更是矛盾重重并难以解决。为了进一步寻求整个运输过程合理的解决办法，应该规定具有统一规格、标准化的集装箱，才能为运输过程各个环节和自动化管理提供统一、必要的前提。集装箱的标准化将有效地解决集装箱在多式联运中的中转速度、货损、货差以及运费等问题。

（2）各个运输环节的标准化为集装箱多式联运的发展创造了条件。它主要反映在运输各环节上，突出表现在专用运输工具、专用装卸设备和管理工作中应用电子计算机技术等方面。

3. 适度超前原则

所谓适度超前原则，是指在进行集装箱多式联运系统的协调时，应当在适度与超前之间找到一个较佳的结合点，从而以更少的投入创造出更大的效益和更高的效率。

适度超前原则是针对兼容原则提出来的，兼容原则强调现有技术设备或是说在一定期限内的技术设备的兼容问题，但其缺陷在于忽视了社会发展、经济进步与交通运输自身发展的交替性，即交通发展的轨迹不可能是理想的数学公式中所描述的平滑曲线，而是一种折中式的发展轨迹。

对于我国来说，交通运输长期滞后于国民经济发展的需求，而技术设备滞后是一个主要问题。一方面，技术设备整体上相对落后；另一方面，技术设备之间水平差距也很大。例如，铁路集装箱专用车的数量明显滞后于海运集装箱船的发展。之所以出现这种现象，从协调的角度说，一方面由于没有很好地运用兼容原则，来提高联运的效率；另一方面还需要在适度超前原则上做文章，以适应经济的发展。适度超前原则的关键有两条，其一是超前，在交通设施如此滞后的国家，对于技术设备的协调应当有一个提前量，这是经济欠发达国家发展其经济的有效途径。其二是适度，社会资源是有限的，短期内更是如此，因此，应尽可能避免浪费。交通运输的技术设备一般投资规模都十分巨大，在超前的同时，一定要掌握好尺度。

四 集装箱多式联运系统组织经营协调

集装箱多式联运系统组织经营的协调包括两个方面的内容，一是集装箱多式联运的组织问题；二是集装箱多式联运的经营问题。组织在此处主要是指对集装箱多式联运的管理，而经营是指集装箱多式联运的经营方式问题。对于集装箱多式联运的组织经营协调，我们应掌握以下原则。

1. 组织统一原则

所谓组织统一原则是指对集装箱多式联运实施协调管理，无论是技术管理、部门管理还是法律管理、政策管理、价格管理，在各个运输方式之间都应是统一的。

应当根据建立统一的综合运输体系的精神，将各个交通部门合并为一个管理机构，对于职能重叠的地方，应当撤消或者并归。集装箱多式联运组织上的协调从根本上说是在于统一的综合运输体系的建立，在于体制改革的深入开展。

2. 经营代理原则

经营代理原则是指在整个集装箱联运经营过程中,作为货物所有人的实际托运人与拥有运输工具的实际承运人之间并不直接接触,而是以各种不同的形式,分别通过其代理人进行运输经营的方式。运输代理是一种现代化的运输经营方式,它突破了早期运输经济海运中将托运方限定为货主、承运方限定为运输工具拥有人,并由它们直接结合进行运输经营的方式。多式联运是在两国间使用两种或两种以上不同运输工具的联运。各种运输方式之间通过运输代理,组织多种运输方式完成全程运输的多式联运是当今全程运输潮流。在经济发达国家,综合运输系统的形成与发展与多式联运互为依托,互为动力,在从低级阶段向高级阶段的进程中,多式联运促使运输系统优化并实现综合,通过运输系统委托多式联运发展并趋向代理。随着交通运输专业化程度的提高,运输代理成为综合运输系统的组成部分,各种运输方式通过运输代理实现有机结合,发挥综合效率,形成全新的运输组织方式。可以认为,多式联运是综合运输的结合部,运输代理则是多式联运的中介。以运输代理为主要功能的货运中转站或堆场作为多式联运的基地。

运输代理的形成促进了运输的专业化和社会化,从经营上在一定程度上推动集装箱多式联运的发展。运输代理有利于运输综合组织利用各种运输,实现运输方式间具有相关作业的紧密衔接,从而加快货物和车船的周转,有利于促进社会化生产的专业化分工,提高运输效率和社会效率,运输代理制既可解决各种运输各自经营、相互脱节的弊端,又能促进交通运输业内部及参与运输海运的各行各业的专业化分工,克服单一运输方式自身经营范围的局限,发挥综合运输的整体优势和规模经营优势,运输代理业务范围广,多数为跨地区、省、国界,运输代理不仅组织和协调运输,而且可能影响到运输方式的创新、新运输路线的开发以及新费率的制定等。

在联运出现以前,单一运输方式的发展是通过运输工具的技术,提高运输工具在空间和时间上的效率,而联运则从制度上创新并降低运输交易成本。随着交易地域的扩大,运输企业在信息上难以与广大的运输需求取得联系,因而运输代理应运而生。运输代理企业由于具有专业化的优势,可以降低供需信息成本、运输合同谈判成本和履行合同成本,以及广大运输网点间的差距，从而降低交易成本、通信成本。

五　集装箱多式联运系统信息流程协调

集装箱多式联运是一个以国际标准箱为媒体，运输过程机械化为前提，现代化管理为基础的运输系统，涉及港、航、场站、运输、监管、货物、市场、技术、行业管理等部门。该系统作为一个物流过程，其支持系统包括了各种形态的陆、海、空交通工具，相应的码头、堆场，中转站以及与之相配套的装卸机械。一方面，这个支持系统的开展与支撑仍远远跟不上箱流本身在数量和质量方面的发展；另一方面，这个物流过程中产生大量的单据流。这些单据流的制作、处理、传递、存贮、登录、分析等繁杂工作常有重复、失误和延误，反过来又制约和影响了箱流的正常活动。集装箱多式联运系统的生产能力、安全和效率、效益在很大程度上取决于信息的获取、处理和利用。

集装箱多式联运系统的信息协调是指使国际集装箱运输过程能按生产经营中技术经济的复杂程度得到合理科学的计划、组织与控制，使系统各环节通过信息流这个纽带有机地联系起来，相互配合支持，消除各自封闭的孤立状态，做到义务、责任、效益相结合。信息协调必须掌握以下原则。

所谓信息化原则主要是指在集装箱多式联运系统中，运用现代信息技术和信息手段，有效地进行收集信息、传递信息、加工信息、发布信息，从而保证集装箱多式联运物流系统安全、高效、协调地运转。

信息流一方面是伴随着集装箱物流而产生，而在另一方面，信息流要规划和调节集装箱多式联运物流的数量、方向、速度、可靠性，使之按一定的目标和规则运动。集装箱多式联运系统的信息化使我们可以透过各种类信息去分析和掌握集装箱物流的规律，从而管理好物流的装运卸、产供销等环节，可以说，集装箱物流的畅通与否，在很大程度上取决于信息管理的水平和质量，信息流可以对物流的畅通起促进的作用。因此，现在越来越多的管理人员认识到，信息与人、财、物等企业资源一样，也是一种重要的、具有很高价值的，而且是起主导作用的企业资源，如果忽视这一点，就会导致物流系统的阻塞。

当今社会已从工业化进入了信息化时代，其主要特点是信息量的剧增，有人称之为"信息爆炸"。信息是一种能创造价值的企业资源，信息已成为影响生产力、竞争力和社会的重要因素，集装箱多式联运生产能力、安全和效率很大程度上取决于信息的获取、处理和利用。集装箱多式联运系统具有广泛性、分散性、连续性和管理的集中性、实时性等特点。只有依靠信息的正确、完整、及时，才能保证整修运输系统的协调、高效和安全。

六　集装箱多式联运系统发展协调

发展是人类社会永恒的主题，没有发展就意味着倒退。对于集装箱多式联运系统的协调同样研究发展的问题。一方面，集装箱多式联运系统本身是一个不断发展的过程；另一方面，其所在地区在不断地发展，对运输的需求也在不断地增加。如何处理好两个发展之间的关系，是发展的协调要研究的基本内容之一。同时，各种资源尤其是土地资源日益短缺、环境日益恶化等，也是集装箱多式联运系统在发展中所要解决的。如何处理好这些关系，是发展的协调要探讨的重要问题。

所谓集装箱多式联运系统发展的协调是指以协调为基础与导向，以功能为基点，从协调的角度解决集装箱多式联运系统与经济、地区、资源、环境之间发展的关系问题。发展意味着动态过程，而不是终极目标。社会经济系统本身是一个发展的、演化的过程，对于集装箱多式联运系统来说，不存在这样一个协调，即终极协调，而只可能是一个阶段的协调。因此，进行协调时应当充分考虑到经济的发展与集装箱多式联运系统本身的发展，使得协调与发展相得益彰。集装箱多式联运系统协调则更应当纳入到一个过程中来考察，因为发展是一个连续不断的过程。尽管其实际运作总是一个接一个不断进行，但这是一种被动的接受，而不是主要的研究，因而这势必造成对前面所说的几个关系处理不利，而发展的协调则从一开始就注重对发展的研究，对于集装箱多式联运系统的协调应遵循以下原则。

1. 可持续发展原则

所谓可持续发展原则是指在进行集装箱多式联运系统发展的协调时，应当充分考虑未来的不可预见性，采用一些有效途径，为未来集装箱多式联运系统的发展提供资源、环境的保障。可发展原则的核心在于"发展"，而关键在"可"。即通过该原则的运作，使得集装箱多式联运系统具有长远发展的可能性。

可持续发展原则的理论依据是可持续发展，是可持续发展指导思想在效能运输发展理论中的应用。在世界环境和发展委员会发表的《我们共同的未来》报告中，将可持续发展定义为"既满足当代人的需求，又不危及后代人满足其需求的发展"。可发展原则正是这一思想运用到对集装箱多式联运系统的协调研究中来。

2. 旋进原则

所谓旋进原则是不断地跟踪系统的变化，选用多种方法，采用循环交替结合的方式，逐步推进问题求解的深度与广度。这一原则是处理难度与增值系统的一个有效原则，具有很强的普适性。自增值是指这类系统的研究的困难程度，将随着处理过程或实践进程而增加。而自增难度是集装箱多式联运系统与其所在地区的经济发展所形成的负荷系统演化的基本规律。受经济与交通交互作用的影响，两者协同发展的演化轨迹可能变得十分复杂。由于研究对象在变，采用"一步到位"的模式不易取得满意的成效。在这种情况下，采用螺旋式推进原则（简称旋进原则）化难为易，是解决对自增值系统问题研究的一条有效途径。

根据集装箱多式联运系统及所在地区发展的特点以及旋进原则处理问题的思想，选择这一原则是合理的。旋进原则的主要目的在于处理集装箱多式联运系统自身的发展与其所在地区的经济发展之间的关系。该原则与可发展原则是相辅相成的。对于集装箱多式联运系统发展的协调，必须处理好上述所说的两个关系，而处理好这两个关系的有效途径就在于对这两个原则的把握。

通过以上的论述，我们基本明确了集装箱多式联运系统协调研究的内容，以及诸多在协调研究中需要把握的原则。所有这些是集装箱多式联运协调的主干。协调研究主要包括了上述的几个大的方面。这几个内容在集装箱多式联运系统的协调研究中起着不同的作用，但其目标是相同的，即实现集装箱多式联运系统综合效率最大化与综合效益最大化，其导向与基础都在于协调，而实现"门到门"的功能则是共同的基点。综合运输的发展模式是一个从单一运输向协作运输为主的综合运输体系发展的过程。集装箱多式联运的关键问题在于各种运输方式的紧密协作。只有集装箱多式联运系统中的各种运输方式之间能够相互高效地协作，并与经济发展相适应，才能促进集装箱多式联运系统主张综合效益最大化这一总目标的实现。

第三节　基于价值增值的集装箱多式联运系统内外部协调性分析

一　集装箱多式联运系统内部协调性分析

1. 集装箱多式联运系统布局与协调

集装箱多式联运系统的布局是指通过多种运输方式进行集装箱联运的地区分布。而集装箱多式联运布局发展的结果，形成了集装箱多式联运通道。集装箱多式联运通道一般是指在一定的地理区域内，连接主要集装箱箱流产生地，有共同流向的宽阔地带，在这一区域内，有可供选择的多种运输方式。从集装箱多式联运通道的构成角度理解其内涵，一般是指具有发达的硬件，包括铁路、公路、水路、港口和各种场站等设施。在整个系统当中，集装箱运输网络是以集装箱货运站和沿海集装箱港口为节点，以连接集装箱货运站和沿海集装箱港口的运输线路为弧建立的网络。在通道内有流向相同的密集的交通流，有多种运输方式为其服务。通道的形成是客观经济十分复杂发展的必然反映。随着规模经济的发展，地区间商品交换量的增加，地区间必然出现两个集约化趋势：货流发生地和目的地运输量集约化趋势。这个由生产力布局而形成的各大经济地域所构成的点和以各种运输方式将它们连接起来的轴，随着运输交易逐渐发展，导致通道内流量的集中化，商品交换量的规模化和运输路径的集约化，促成了通道形成的条件和建设的基础。因此，对集装箱多式联运系统布局的协调性分析就要从其系统通道内的节点入手，这些节点包括各个沿海内河港口、集装箱货运站等。对这些节点进行合理布局，是影响整个系统运作的关键所在。

2. 集装箱多式联运系统结构与协调

所谓结构，是指同类事物中的各个子系统之间在质与量方面的一种比例关系。集装箱多式联运作为一个系统，是由许多相互联系的要素所组成，而每一组成要素的活力和功能，必然关系到整个系统功能。我国的集装箱多式联运体系建设起步较晚，处在各种运输技术都已成熟的时代。随着经济结构特别是产业结构的变化，世界范围的运输需求正向着整体规模趋于稳定而对服务水平的要求越来越高的方向发展。在我国，则是在运输规模仍处于增长扩大时期的同时，需求结构中出现了分散化和多样化的趋势，这是改革开放以来我国地区经济空前活跃、新兴产业层出不穷的必然结果。我国的集装箱多式联运运输结构主要是在社会经济需求的引导下，同时又依靠技术发展来调整变化，结构协调优化是有效地满足总体运输需求的一个重要手段。目前，问题的关键在于我们如何比较准确地把握今后运输结构的调整方向。我国集装箱多式联运体系面临着合理选择发展战略，各种运输方式之间高度协作、低度竞争的问题。如果仅仅把发展各种运输方式视为满足某时期内运输需求的手段，那么这种认识是短浅的；不能切合长远发展的需要。必须重视各种运输方式在适应社会经济发展需要中的不同优势。新时期导致集装箱多式联运系统结构变化的直接原因有两个：一方面是不同运输方式在新时期需求引导和运力发展促进下，各自产生新的"自发成长性的"增长变化，其特征是在运输规模扩大的同时亦使结构发生变化；另一方面是由于原有运输结构不能适应新时期新形势下的发展需要，使运输量在不同方式之间转移，即发生竞争替代，这是单纯的结构变化。只有各运输方式本身运输量的增加，意味着运输总体规模的扩大和运力的更有效利用。由于增长的不平衡使运输结构亦发生变化，只要其趋势是符合社会经济发展需要的，这种规模增长的同时，结构也发生变化的过程就是良性的，意味着运输资源的合理开发利用。而运输在不同方式之间的单纯转移，虽然在社会经济结构发生变化和对运输结构进行调整时是不可避免的，但这种相互竞争替代的过程越激烈，就意味着原有运输结构不能适应新形势下的需要，意味着资源的严重浪费。集装箱多式联运系统结构协调是指以协调为基础和导向，以所发挥的功能为基点，从协调的角度对集装箱多式联运系统中各运输方式之间的关系进行研究，从而明确其各自所处的地位、所起的作用，进而得出合理的未来集装箱多式联运系统结构设计。

3. 集装箱多式联运系统管理与协调

集装箱多式联运是一种先进的运输方式，只有现代化的组织手段与科学管理技术相结合才能与之相适应。同时，只有具备一定的技术与经济条件才能保证多式联运的顺利开展，并发挥其优势。

集装箱多式联运系统涉及多种运输方式，是由多种运输方式组合而成的综合性的一体化运输。因此，开展集装箱多式联运应具备比单一运输更为先进、复杂的条件，主要包括以下几种。

（1）建立联运网点

集装箱多式联运涉及多种运输方式和有关单位的共同合作。因此，经营集装箱多式联运必须根据业务的需要建立各单位的业务合作，负责办理运输、交接手续。目前，我国开展集装箱多式联运的范围还比较小，通过大陆港口的全部进出口集装箱货物只有11%—12%的货物进出内陆省份。同时，运输方式较为原始，联运市场有待健全，主要是内陆集装箱运输受铁路运力、站点设施、公路、车辆、桥梁以及服务质量等条件的限制。因此，我国集装箱多式联运还只能在有条件采用集装箱运输的线路上开展。但是，随着我国内陆省份的工业化进程的加快，内陆综合运输网络的不断完善以及站点设施条件的进一步改善，尤其是外国船公司在我国内陆区域联运业务的迅猛发展、行业竞争势头的加剧，我国集装箱多式联运服务网将有很大发展。

（2）建立集装箱多式联运线路和集装箱货运站

集装箱多式联运的线路，从理论上讲，可以是从某一国的任何地方到另一国的任何地方。但是，实际上这是不可能的。世界上许多经营多式联运的公司通常只能重点办好几条多式联运线路。建立一条多式联运线路，首先需要进行货流货量的调查，在此基础上，选择货物流量较大且较稳定的线路；其次，要考虑联运线路的全程应具备适当规模的运输能力。此外，由于是以集装箱运输为主，所以联运线路要有一定的装卸、运送集装箱的设备。集装箱多式联运改变了传统运输的交接概念，不再仅仅把港口或车站作为货物的交接地点，而且延伸到港口或车站以外的地点进行交接。货主不一定要到港口或货运站去交、提货。集装箱货运站即是对货物进行装箱、拼箱和拆箱以及分拨的地方，具有货物交接、储存、中转的功能。因此，多式联运经营人必须建立具有一定设施条件与能力的集装箱货运站。同时要加强集装箱货运站的组织管理，以降低运营费用，提高运输效率，保证货物的迅速流转。为确保集装箱货物的顺利交接，集装箱货运站应根据业务开展情况配备必要的机械设备。

（3）制定多式联运单据和单一费率

作为多式联运经营人必须有自己的一套多式联运单据或提单。多式联运单据是经营人与货主之间的运输合同的证明，它具有有价证券的性质，可以进行转让或向银行抵押贷款。

采用单一费率是多式联运的基本特征之一，因此经营多式联运要制定一个单一的联运包干费率。由于多式联运环节多，费率又是揽取业务的关键，所以制定单一费率是一个复杂而又重要的问题，需要综合考虑各种因素，使制定的费率具有竞争性，有利于联运业务的顺利开展。

（4）建立科学的组织管理制度

要确保多式联运货物快速、安全地运抵目的地，必须建立科学的组织管理制度，使各部门、各环节紧密衔接，从而从组织上保证货物迅速安全运输。应着重组织好以下几方面的工作。

①保证各部门之间的工作紧密衔接。集装箱多式联运业务效率的高低，关键在于组织好各部门之间的工作，从业务管理开始到货物交接完毕，都要做到职责分明、环节紧扣。

②建立掌握货运信息的工作制度。货运信息在多式联运工作中具有重要作用。整个联运过程都离不开信息，特别是货物在中转地的到达、装卸、发运和交接动态，更要随时掌握和了解，一旦发现问题，可以迅速采取措施，保证运输顺利进行。

③统一的管理机构。根据多式联运工作环节多、涉及面广的特点，应建立一个统一的管理机构，负责对外受理业务，对内统一管理全部运输工作，包括对运力、报关、装卸、取送集装箱以及交接货物等工作的组织与衔接，以提高运输效率。

二 集装箱多式联运系统外部协调性分析

集装箱多式联运系统除了受其内部各子系统的影响外，还受到外部环境的影响。在集装箱多式联运的运作过程中，存在着国家宏观调控与市场微调双重作用的外部环境的影响。它们在各自的范围内对集装箱多式联运产生影响并且发挥各自作用，如图 6 - 1 所示。

1. 经济发展水平是集装箱多式联运系统的基础

经济的持续、快速增长和对外贸易的繁荣，为集装箱运输业的发展提供了良好的基础，同时，集装箱运输以其固有的优势，支持经济的增长和与世界的贸易往来。第二次石油危机后，世界经济贸易结构发生了很大的变化，发达国家的工业品出口结构更趋高级化，且经济基础重心由重工业转向以电子技术为代表的高、精、尖产品，所谓进入了产品"轻、薄、短、小、精加软件的时代"。在这种情况下，为避免贸易摩擦，实现进出口贸易的平衡，巩固自己的竞争地位，发达国家的生产商先后在销售地建

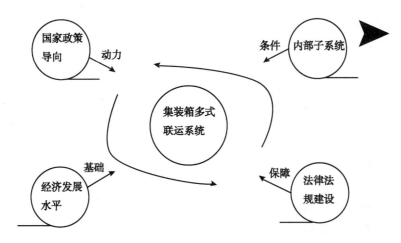

图 6 – 1　集装箱多式联运系统运作机理示意图

造自己的生产、加工、销售等基地。与此同时，发展中国家为摆脱发达国家的控制，避免失去国际市场，努力发展本国经济，向工业化目标发展，从单纯的出口原材料变为在本国加工，制成半成品或成品。这样做，一方面满足本国的需求，以取代从发达国家的日用品进出口；另一方面则用于出口，获得外汇。制成品贸易的发展，适箱货源的不断增加，为集装箱的多式联运创造了条件。

　　由于这种经济贸易结构的变化，原材料的海运量下降，加之部分具有较高价值的产品改由航空运输，给海运业带来很大影响。船舶吨位过剩，船、货比例失调，航运市场竞争日趋激烈。为了在竞争中生存、发展，航空业面临了对传统运输方式的改革，开始进入铁路、公路，航空非海运领域，即所谓"登陆上天"。在科学技术和世界经济的发展同时，社会产业结构中第三产业的比重不断增加，运输业的各种经纪人业务迅速发展，也就是出现了服务社会化的趋势。在信息社会高度发展的情况下，信息不受任何行业、区域、国界的限制，只要掌握信息能提供货主所需的优质服务，即使不拥有硬件（运输工具），也可以通过软件（信息、市场经营）控制硬件。因而，在国际多式联运下，无船承运人，国际货运代理人第三方物流经营人等不断涌现。

　　从我国集装箱多式联运的发展进程来看，20 世纪 50 年代，为适应经济发展的需要，国内开展集装箱运输业务，达到了降低劳动强度和提高作业效率的目的；70 年代，随着我国海上国际贸易的开展，开始了国际集装箱运输业务；80 年代，随改革开放的逐步深入进行，对外贸易经济迅速发展，推动了经济发展对集装箱运输的需求，促使集装箱运输及集装箱多式联运系统的建立和不断完善，并随着对外贸易经济业务的开展由沿海向内陆延伸，使集装箱运输及集装箱多式联运向内陆发展，促使集装箱多式联运系统的形成和发展。

2. 国家发展规划和政策导向是集装箱多式联运系统发展的动力

集装箱多式联运系统的规划是以其覆盖的地区的经济发展水平为基础的。而集装箱多式联运系统所覆盖地区，集装箱运输及多式联运业务的开展，为地区经济的发展也提供了便利的条件，势必吸引社会各界在系统内的投资、开展经营活动，这又促进了经济发展水平的提高。

集装箱多式联运的发展规划是在对集装箱多式联运未来发展趋势预测以及地区经济发展水平预测的基础上制定的，它是国家长期利益和近期利益相结合的体现，确定了集装箱多式联运的发展方向。

国家政策导向是在服从于发展规划的基础上，鼓励集装箱多式联运各方参与的行为取向。通过政策导向作用，可以调动各参与方的积极性，促进政策鼓励的领域发展。政策导向是一种间接地达到目的的形式，其直接结果是增加集装箱多式联运各参与方的行为动力，而行为的结果则达到政策导向的目的。

20 世纪 80 年代以来，国家交通部门制定了"三主一支持"（即公路主骨架、水运主通道、港站主枢纽和支持保障系统）长远发展规划，实行"统筹规划、条块结合、分层负责、联合建设"的方针，采取"国家投资、地方筹资、社会集资、利用外资"的政策。近几年，国家实行积极的财政政策，相当一部分资金投入到交通基础建设。这些战略和政策的实施，对于我们集中力量加快公路、港口、航道建设起到了重要作用，以干线铁路、高速公路、国际航运中心为重点的运输基础设施建设，极大地改善了交通运输设施条件和装备技术水平，使我国交通基础设施的落后面貌发生了巨大变化，运输能力不断增强。

国家对交通运输系统进行了大规模的直接投资，而且不断利用新的投融资方式增加交通投入。1999 年我国利用世界银行贷款对全国国际集装箱多式联运系统进行技术改造，在浙江、河北、内蒙古、天津等地建立 10 个国际集装箱中转站。项目总投资约 2.25 亿元人民币，其中利用世界银行贷款约合 1100 万美元，使我国国际集装箱运输存在的单证传递慢，周转时间长等问题得到改善。

同时，随着"新欧亚大陆桥"的兴起，目前我国已开拓了多条国际集装箱多式联运线路及陆桥多式联运线路。

3. 法律环境是集装箱多式联运系统有效运行的保障

我国自发展集装箱多式联运以来，已经初步建立了一套法律法规，为集装箱运输的发展提供了有利的法律环境。

1984 年，国际经贸委、交通部、铁道部发布了《关于开展上海与东北间集装箱水路联运的通知》，要求在沿铁路、水路、公路干线上的大中城市及附近地区，对具有比较稳定的进出口货源、有装卸接运能力、当地有办理国际集装箱中转站，并设有"一关三检"机构的地方，应积极组织开展国际集装箱联运，促使进口集装箱从沿海向内地延伸，出口货物就地装箱外运，建立国际集装箱联运线。

1984 年 10 月，国家经贸委、交通部、铁道部、中国民航总局、中国人民银行发布了《联运工作条例》。

1986 年 12 月铁道部、交通部发布了《关于转发〈国际集装箱海铁联运管理办法（试行）〉的通知》。

1990 年 3 月，交通部、铁道部发布了《国际集装箱多式联运管理办法（试行）》。国务院于 1990 年 12 月发布《中华人民共和国海上国际集装箱运输管理规定》，之后，交通部又于 1992 年 6 月发布《中华人民共和国海上国际集装箱运输实施细则》。

1992 年 11 月中华人民共和国主席令第 64 号公布的《中华人民共和国海商法》第四章对多式联运合同作了特别规定。

为了加强国际集装箱多式联运的管理，促进畅通、经济、高效的国际集装箱多式联运的发展，满足对外贸易的需要，根据《中华人民共和国海商法》、《中华人民共和国铁路法》的有关规定，我国交通部和铁道部经国务院批准于 1997 年 5 月联合发布了《国际集装箱多式联运管理规则》，该规则自 1997 年 10 月 1 日起生效，是我国多式联运开展以来最为完整的法律。贯彻落实《规则》将进一步规范我国国际集装箱多式联运市场的秩序，保护联运企业的正当权益，将我国集装箱运输的发展纳入科学化、规范化、系统化和法制化轨道。

第四节 基于价值增值的集装箱多式
联运协调机制分析

由于参与多式联运的成员企业不属于同一公司，是独立自主的实体。在此基础上进行的任务分配不可避免会产生整体效益与个体利益冲突的矛盾，因此在计划过程中各成员企业基于一定规则进行协调是必要的。

一 集装箱多式联运协调机制建立

在多式联运计划制定阶段，多式联运经营人根据市场需求以及场站、码头、公路、铁路等资源制订初步计划，然后依据一定的规则，基于多式联运整体利益最优的考虑生成班轮运输计划、内陆运输计划、场站计划、空箱调运计划等。而分布于多式联运各成员企业及市场的信息，是经过综合统计等处理得到的，或者是其内部运输计划产生的预期能力，具有滞后性或不确实性，所以无法保证多式联运分级计划的可行性。另外，由于计划的执行过程通常跨越不同的实体，而这些实体又具有相当的决策自主性和充分的自治性，需要在综合考虑自身局部利益与多式联运总体利益的基础上，对多式联运分级计划的任务做接受、拒绝或修改等决策。因此，为保证计划的可行性，必须根据各成员企业的实际情况（资源、能力等信息）及市场实时信息等对多式联运分级计划进行局部甚至全局的调整和确认。在计划的执行过程中，由于可能发生各种无法预料的异常情况，往往导致某些层次、某些成员企业无法按原计划完成。而多式联运分级计划中各个计划任务间是相互关联的，相互间具有逻辑与时序约束关系。一个成员企业无法按计划完成可能会影响到其下游企业甚至整个多式联运过程，使其他企业无法按计划执行运输任务。这时，需要对原计划进行调整，如调整运输时间，要求下游联运企业重排计划，协同弥补异常造成的时间延误。一般说来，这种调整应尽量限制在一个较小的范围。

如上所述，为了更合理地制订多式联运计划并保证计划能够更好地协同完成，需要在多式联运计划制订阶段与计划执行阶段，即过程管理与控制中引入某种协调机制，通过多式联运经营人与成员企业间或成员企业之间的交互与协调，更好地处理信息滞后或预测不准、运输不稳定等造成的不确定性，减小多式联运的风险和各种异常带来的损失，使计划具有柔性和可靠性。

二 集装箱多式联运协调机制模型

集装箱多式联运计划的协调机制模型由发现问题、问题空间定义以及解决问题三部分组成。在协调模型中包括关系和信息交流、知识库、数据采集、一致性检查和协调冲突解决模块，如图 6 – 2 所示。

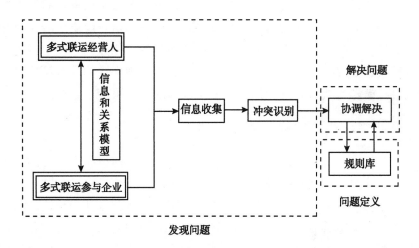

图 6 – 2　多式联运协调模型

（1）信息和关系模型。包括了多式联运组织的组织模型和运输过程模型，定义了多式联运经营人和各成员企业之间的经营关系，并建立了一套信息交流反馈的机制，为计划执行情况和冲突问题的传递建立通道。

（2）规则库。定义协调的规则和方法，是进行关系沟通、冲突识别和解决方法的集合。

（3）信息收集。对计划的制订和执行情况进行汇总、分析，为冲突的识别提供足够、有效的信息支持。

（4）冲突识别。是计划的制订和执行情况的检查手段，发现计划中的冲突和计划执行时的突发事件。

（5）协调解决。对计划中的冲突和其他计划过程中的问题进行解决活动的集合。

根据多式联运计划协调模型，在多式联运计划阶段，当初步计划制订后，进入班轮运输计划制订过程，将主要运输任务分配给班轮公司并进行可行性评价，如果不可行要进行再选择，甚至对初步计划进行调整。如果班轮运输计划制订成功，则初步计划一般不再进行更改，除非客户要求进行订单调整或取消订单，然后进入分级计划任务分配和分级计划协调阶段；如果班轮计划制订不成功，则需要调整或放弃订单。在班轮运输计划制定完成后，对支线运输任务进行分解，进入多式联运内陆运输计划协调阶段，在各分段运输承运商、集装箱货运站、场站等成员企业间进行协调，如果协调不成功，可以扩展能力、优化算法、放松约束、修改规则重新选择分包商、集装箱货运站等。在多式联运计划执行阶段，若某合作企业没有按计划执行指定的任务，如果该任务与其他任务无关或可以通过自身调整按计划完成，则无需协调；否则，利用规则库中的应对策略对相关计划进行调整与确认，这种调整可能是局部的，也可能是全局的。

三　集装箱多式联运协调过程

计划制定阶段的协调是在多式联运经营人集权的情况下进行的，计划协调的运作是包括运输过程中所有承运人的全局协调。在多式联运计划阶段，运输任务的分解分为两个阶段进行，相应的协调也分为班轮运输计划协调和内陆运输计划协调。但是协调的方法大致相同，将订单和报价、运输要求等发送给各个成员企业，然后各成员企业将之同自己的内部计划相平衡，并根据平衡结果决定接受、修改还是拒绝任务，并反馈相应计划时段的动态能力信息。各成员企业主要平衡以下几个方面的信息，包括：运输能力是否匹配、运输设备是否合适、时间是否能够衔接得很好、多式联运的整体利益是否和自己的利益冲突等。如果各成员企业顺利接受，则协调成功，如果不能则在扩展能力、修改规则、放松约束、优化算法的前提下进行再协调再选择，其流程如图 6 - 3 所示。

本 章 小 结

本章主要研究了基于价值增值的集装箱多式联运系统协调性，以价值增值为基准，分析了集装箱多式联运系统协调的概念，在对集装箱多式联运系统协调要素分析的基础上，进一步分析了集装箱多式联运系统内外部协调性以及集装箱多式联运协调机制。

1. 集装箱多式联运系统的协调

指的是以发挥集装箱多式联运系统整体效能（即系统的综合效率和综

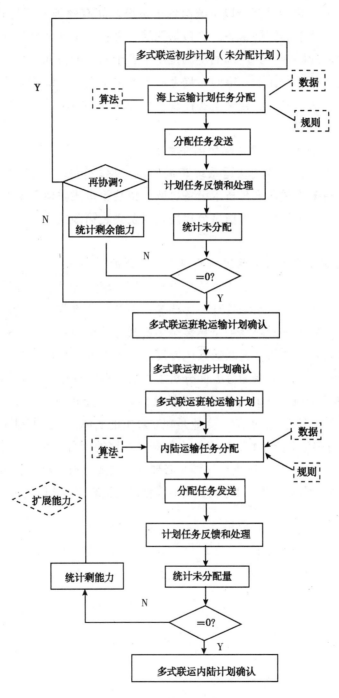

图 6-3 多式联运计划协调流程

合效益）最大化为目标，以系统内各子系统之间有效地相互协调为导向，使系统处于和谐的发展状态。它包括两层含义：一层含义指集装箱多式联运系统内部的协调。其内部的协调是基于各子系统的协同效应，是系统内各子系统在总量配比上、空间布局上、技术水平上、组织管理上、技术政策上相互协调。另一层含义主要体现在系统与外界需求总量上的协调以及在空间上的协调。

2. 集装箱多式联运系统协调要素分析

主要从集装箱多式联运系统布局协调、集装箱多式联运系统能力协调、集装箱多式联运系统技术设备协调、集装箱多式联运系统组织经营协调、集装箱多式联运系统信息流程协调以及集装箱多式联运系统发展协调等方面进行分析。

3. 集装箱多式联运系统内外部协调性分析

从集装箱多式联运系统布局与协调、集装箱多式联运系统结构与协调以及集装箱多式联运系统管理与协调等方面分析了集装箱多式联运系统内部协调性；从经济发展水平是集装箱多式联运系统的基础、国家发展规划和政策导向是集装箱多式联运系统发展的动力以及法律环境是集装箱多式联运系统有效运行的保障等方面分析了集装箱多式联运系统外部协调性。

4. 基于价值增值的集装箱多式联运协调机制分析

由于参与多式联运的成员企业是独立自主的实体，在此基础上进行的任务分配不可避免会产生整体效益与个体利益冲突的矛盾，因此在计划过程中各成员企业基于一定规则进行协调是必要的。主要分析了集装箱多式联运协调机制建立、集装箱多式联运协调机制模型以及集装箱多式联运协调过程。

第七章

基于价值增值的集装箱
多式联运业务流程设计

20 世纪 90 年代早期，美国企业广泛开展了名为再造工程的企业改造活动，这一趋势后来蔓延到了全球。与一般意义上的企业重组、改造相比，"再造工程"有一系列特定的内涵，它围绕着一个基本的焦点，即业务流程。因此，业务流程再造自然成为这场影响广泛而深远的运动的标志性概念。根据它的创始者哈默和钱皮的定义，企业流程再造乃是对企业流程进行根本的再思考和彻底的再设计，以期取得在成本、质量、服务、速度等关键绩效上的重大改进。以顾客的利益为中心，以员工为中心及以效率和效益为中心是企业整个业务流程的核心，整个业务流程就是围绕着这三个目标进行的。流程再造提出了与以前解决思路完全不同的思路：站在企业外部，先看看企业运作的流程中哪些是关键，并使之尽量简洁有效，必须扬弃枝节；过程如果不合理，就重新设计企业流程；再看看企业是否以流程作为企业运作核心，如果不是，将企业再造成围绕流程的新型企业。

在经济全球化和电子商务环境下，信息化的多式联运是一个在新的业务流程指导下的复杂的物流、信息流、资金流相互交织的动态随机过程。研究集装箱多式联运流程，分析现行系统中存在的问题与"瓶颈"，寻求解决对策，有效提高集装箱多式联运系统运作效率，具有重要的理论与现实意义。

第一节　集装箱多式联运业务流程设计概述

一　集装箱多式联运业务流程设计的概念与内容

1. 集装箱多式联运业务流程设计的概念

企业或组织中的流程，常常划分为以下三种基本类型。

（1）管理流程——对系统作进行管制、协调的流程。典型的管理过程例如公司治理、战略管理。

（2）业务流程——为能向客户提供产品或服务而设计的一系列步骤。它是构成企业的核心业务和创造基本价值的流程。业务流程的结果是成为客户所接受的产品或服务，故也称为主要流程。

（3）支持流程——支持管理流程和业务流程的流程。支持流程的结果不为外部用户所见，但是是有效管理所必需的。显然，主要流程与支持流程区分的依据是直接参与客户价值的创造还是仅与企业内部活动有关。

在企业或组织运营、管理的领域，上述流程，也经常被笼统地称为业务流程。业务流程一般具有以下特征。

（1）可界定性：必须清晰地定义其边界、输入和输出。

（2）顺序：构成流程的活动，必须在时间和空间里具有确定的顺序。

（3）客户：流程的结果必须有接收者——客户。

（4）增值：在流程中发生的转换必须为接收者增加价值，无论接收者是在流程的上游还是下游。

（5）嵌入性：流程不能自己单独存在，它必定嵌入在组织结构中。

（6）跨越职能：流程通常不必跨越多个职能。

基于以上分析，集装箱多式联运业务流程设计可定义为：为能向客户提供集装箱多式联运服务而设计的、从托运货物开始直至交付货物完毕为止的一系列作业环节。

2. 集装箱多式联运业务流程设计的内容

集装箱多式联运经营人作为全程运输的组织者，其业务流程设计包括发送管理、在运管理、中转管理、交付管理四个方面。

（1）发送管理

主要包括订舱业务、箱管业务、费收业务、报关报检及保险业务等。

（2）在运管理

在运管理即对运输中的货物、人员、信息等进行可视化实时监控和在线联系，掌握运输计划执行的情况和物资状态，了解出现的问题和困难，并及时提出解决方案，予以正确处理，保证用户物资能够按照规定的时限安全送达。在运管理主要涉及以下几方面内容：

状态管理。运输人员在运输途中应对所运货物及运输工具情况进行经常性检查，确保货物和运输工具处于正常、安全的状态，并通过全球定位系统、电子数据交换系统、车载通信系统、国际互联网等可视化技术以及电话、传真等手段保持与运输企业的联系，使承运机构和用户任何时候都能精确知道货物当前在运输线中的具体位置、实际状态等，便于下一步工作的部署和安排。

信息管理。对在途货物信息、运输人员信息、用户信息、线路信息、运输工具信息、气候信息、地理环境信息等进行收集、整理，并运用计算机等信息处理工具进行分析，预测未来发展情况，辅助在途运输人员和指挥调度人员作为合理决策的依据。

业务管理。根据可视化系统和信息网络，运输管理人员可以在实时掌握货运业务执行情况的基础上，对在途货运业务进行组织与调整，如途中业务承接、中转分运、运输线路调整等。

辅助管理。在货物的运输途中，还要进行运输保养与维修、燃油加注和补给、人员休息与餐饮、资金使用和结算等辅助工作。

事故处理。货物运输难免发生事故，一旦发生应能及时通知运输总部，由其根据事故的严重程度和发生地点，指挥有关人员，协调医院、交通管理部门、保险公司、用户以及运输合作单位等进行事故处理。如事故严重，应及时将货物转运、对货运计划进行调整并通知接运方。

（3）中转管理

当物品从起运地到目的地之间不能依靠一次运输直达时，就要经过二次运输而发生中转作业。中转作业起着承前启后的作用，它既要及时接收前一程运输的物品，又要通过二程运输，及时发送该物品。因此，对提高运输工作质量而言，加强中转管理就显得极为重要。

中转管理主要涉及以下几方面工作：

衔接运输计划。发货单位必须按有关规定，提前将需要中转的运输计划通知中转单位；此外，要事先做好接运和中转准备工作。

检查加固包装。对中转的货物包装要认真检查，凡是发现已经破损的，应该进行加固或更换，不能破来破转，造成货物损失。接收的中转货物如发现收货标记有错串时不能将错就错，应留下查清更正后处理，并在中转交接单中批注清楚。

接收中转货物。中转运输单位在收到发货预报和交通运输部门的发货通知后，即应尽量衔接运力，争取就近站、港直拨。同时，还应各有一定的仓库货位，以保证转运货物临时受阻时，可顺利入库，不压车、船。

发运中转商品。为减少货物待运期，发运中转货物应按货物到达顺序，先来先转；对救灾、支农、易腐鲜活和市场急需的货物应优先转运；货物中转之后，应按规定将货物运单和运输交接单的存留联、统计、归档、成册，以备查询。

（4）交付管理

主要包括进口换单业务、箱管业务、费收业务、报关报检及保险业务、货运事故索赔与理赔业务等。

二　集装箱多式联运业务流程设计的步骤与影响因素

集装箱多式联运业务流程设计的步骤如图 7 - 1 所示。在设计过程中应考虑国际贸易合同的约定、货物种类与性质、运输经由路线与装卸地的状况等因素。

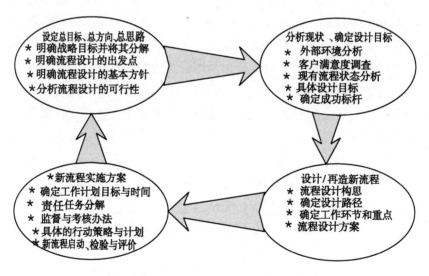

图 7 - 1　集装箱多式联运业务流程设计步骤

1. 国际贸易术语

目前，以国际商会颁布的《2000 年国际贸易术语解释通则》（INCO - TERMS 2000）对贸易术语解释内容最多，应用范围也最广。该通则对 13 种术语按其特点分类，分成 E、F、C、D 四组，详见表 7 - 1。

表 7 - 1 国际贸易术语表

组别	价格术语	中、英文名称	买方付款时间	运输方式	运输支付	运输安排
E 组起运	EXW	Ex Works 工厂交货	收货后	无限制	买方	买方
F 组主运费未付	FCAFASFOB	Free Carrier 货交承运人 Free Alongside Ship 船边交货	单据指示时 单据指示时	无限制水运	买方 买方	买方 买方
	FOB	Free on Board 船上交货	单据指示进	水运	买方	买方
C 组主运费已付	CFR	Cost and Freight 成本加运费	单据指示时	水运	卖方	卖方
	CIF	Cost Insurance and Freight 成本加运费、保险费	单据指示时	水运	买方	买方
	CPT	Carriage Paid To 运费付至	单据指示时	无限制	卖方	卖方
	CIP	Carriage and Insurance Paid To 运费保险费付至	单据指示时	无限制	卖方	卖方
D 组到达	DAF	Delivered at frontier 边境交货	收货后	无限制	卖方	卖方
	DES	Delivered ex ship 目的港船上交货	收货后	水运	卖方	卖方
	DEQ	Deliverde ex quay 目的港码头交货	收货后	水运	卖方	卖方
	DDU	Delivered duty unpaid 未完税交货	收货后	无限制	卖方	卖方
	DDP	Delivered duty paid 完税后交货	收货后	无限制	卖方	卖方

　　对于国际联运经营人而言，国际贸易术语将决定国际多式联运运作的过程。

　　国际贸易术语不仅决定了租船订舱是由货物的买方还是卖方负责，而且划分了买卖双方各自应承担的运输服务内容。

国际贸易术语决定了运输过程中的主要运输方式。在 13 个贸易术语中，有 6 个贸易术语（FAS、FOB、CFR、CIF、DES 和 DEQ）只适用于海运或者内河运输。这就意味着，如果贸易合同采用了这 6 个贸易术语中的一个，就不大可能选择陆运或空运等运输方式了。

国际贸易术语决定了运输的路线。13 个贸易术语无一例外都有后缀："named place …"或"port of …"，这一后缀限制了运输路线的选择，使得不经营这些路线的多式联运经营人就没有参与竞争的可能。

大部分国际贸易术语决定了货物的交付过程通常是分段运输。13 个贸易术语中，EXW、PCA、CPT、CIP、DDU 和 DDP 给"门到门"全程运输服务提供了可能，而其他术语都限制了这一最先进的运输方式的应用，也就限制了多式联运经营人的服务范围。

国际贸易术语提供了划分运输费用支付的限额。贸易术语希望通过细分运输环节达到准确估计贸易成本和确定各自承担费用范围的目的，但是这与运输经营的理念却不甚符合。多式联运经营人通过资源整合，从全过程角度节省成本时，却可能无法划清某一阶段的成本。

2. 跨国公司

当今跨国公司的生产和经营在全球生产和经营中占有举足轻重的地位，跨国公司的生产经营特性及运输的复杂性从国际运输的需求上直接反映出来。目前，国际贸易总量中 75% 以上的国际货运量都是由跨国公司引起的。

跨国公司作为全球化的生产企业，在世界范围内寻找原材料、零部件来源，并选择一个适应全球分销的物流中心以及关键供应物资的集散仓库，在获得原材料以及分销新产品时使用当地现有的物流网络，并推广其先进的物流技术与方法。因而，跨国公司的不同购销渠道和货源影响着国际运输货流的走向、航线的配置以及设施的规模和规格。

3. 运输方式

基于不同的分类标准，多式联运可以分为不同的形式。从运输方式的组成看，多式联运必须是两种或两种以上不同运输方式组成的连贯运输。按这种方法分类，理论上多式联运可有海—铁、海—公、铁—公、铁—空、公—空、海—铁—海、公—海—空等多种类型，由于内河与海运在航行条件、船舶吨位、适用法规上有所不同。因此，也可以将其视为两种不同的运输方式。目前，大多数多式联运仍需在不同运输方式之间进行换装作业，但也出现了货物中途无换装作业的多式联运组合形式，比如，驼背运输、滚装运输、火车轮渡等。

各种运输方式因技术经济特征不同而导致其业务流程独具特色，因而，多式联运组合形式不同，其业务流程也会有所不同。

综上所述，多式联运业务流程实际上是各种运输方式运作环节的集成，而实现各运作环节集成的必要条件之一就是掌握每个环节的业务流程。

第二节　以海运为核心的集装箱多式联运业务流程设计

一　概述

1. 以海运为核心的集装箱多式联运业务流程的含义与结构形式

所谓以海运为核心的集装箱多式联运业务流程，是指整个集装箱多式联运过程是以国际海上运输作为主要干线运输的运作过程。下图7－2显示了从国外原材料采购地直至国内终端顾客的完整的供应链下基于海运的进口多式联运业务流通。

包括了以下物流作业流程：一个生产制造企业采购原材料面向的是一个广阔的市场，为之提供原材料的企业可能分布在世界各地。从国外采购的原材料往往需要采用公路或铁路运输将其运至采购地区的内陆的货运站或物流中心进行简单加工、包装、装箱、聚集等物流活动，然后再运至港口口岸的物流中心进行二次聚集，或直接运至港口内聚集，在办理海关商检手续后，进行集中装船，最后通过海上干线运输运往进口国。在船舶到达进口国港口后，其出口时的货物聚集活动正好相反，通常是采取分拨的形式，将进口原材料采用铁路或者公路运输至指定的生产制造企业，从而完成了跨国采购物流活动。从国外及国内采购的各种原材料通过铁路或公路运输至生产制造企业后，则进入了生产物流阶段。企业接受原材料进行生产的基地可能是一处，也可能分布在不同的地方。这些送往各生产基地的原材料一般都需要在生产线前沿进行短时储存，以备使用。因此，在这个环节，也会发生仓储等物流作业。而在生产现场，各生产装配线的不同工序也需要源源不断的原材料支持。由于生产加工线地域大小的限制，用

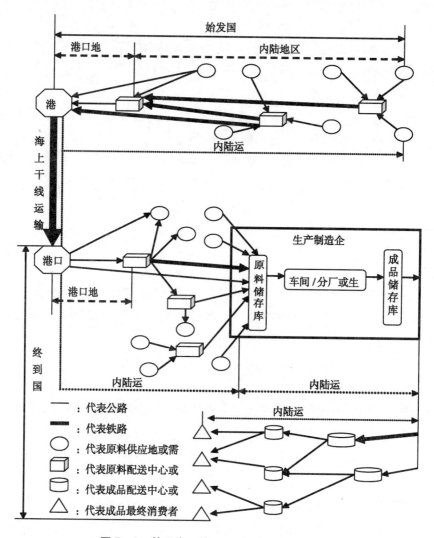

图 7-2　基于海运的进口多式联运业务流程

于直接生产装配的原材料既不可能大量囤积在前沿，更不能因为供应不足而影响生产，也就是说原材料供应的物流作业需要不间断地重复进行。企业加工出产品后，则进入销售物流阶段，即需要将其送往分布在各地的分销商、零售商或终端客户，在这个过程将发生产品进入制造企业产成品仓库所发生的仓储作业、送往分销中心的运输中转作业、分销中心的储存作业，直至末端的运输或配送作业等。

2. 以海运为核心的集装箱多式联运业务流程的基本构成

从运输方式的组合形式上划分，主要包括公海联运、海铁联运等。由于内河与海运在航行条件、船舶吨位、适用法规上有所不同，因此，也可将其视为两种不同的运输方式，即江海联运等。

二　海铁联运业务流程设计

1. 海铁联运的制约因素

目前，我国海铁联运发展缓慢，在全国集装箱多式联运中比重很低，仅占约1.5%，而加拿大、澳大利亚集装箱海铁联运量一般占总量的30%以上。

（1）船公司

目前，海铁联运的主体是船公司，船公司的积极性高低决定了联运规模大小。一方面，内陆出口货中国往往是农产品或农副产品，同样一个20英尺箱的重量可能是轻泡箱的4倍，这样船公司不得不考虑既要保证吃水适航，又要保证全部舱容的利用，因此在内地订舱时就拒绝此类货物的订舱。例如，上海港目前长江口航道水深为8.5米，假设某船在上海有500个舱位，在不能充分满足积载的情况下，船公司只能拒载内地的重箱。另一方面，内陆运输条件差，集装箱箱体周转时间长，成本高，许多船公司对开展内陆联运的积极性不高。然而，随着市场竞争日趋激烈和客户对物流服务需求水平的提高，船公司势必会加大开展海铁联运的力度。

（2）港口

目前，集装箱码头后方堆场普遍不足，港口及后方陆域规模及集疏运系统滞后于经济的发展；运输市场分散无序，资源与功能未能有效整合；港口和铁路部门在规划上没有充分考虑为两种运输方式的衔接预留发展空间，大多未设立适合于海铁联运的海关监管区，确切地说仍不具备进行大规模运作的条件。在目前比较适合开展海铁联运业务的有关港区，普遍存在的问题是：规模小、各自投资、分散经营，没有形成集约化经营；有的港口甚至还存在站线短、场地小、装卸设施落后和仓储能力差等问题。虽然都具有经营方式灵活、多变的优势，但难以独自在海、公、铁等多式联运上做文章，难以为客户提供准时、快速、全过程跟踪服务的现代物流服务。为此，应切实解决港口与铁路在集装箱运输上完全分割脱节的问题，铁路、港口、货代、船代等单位应联手闯市场，加大市场营销力度，在组织内地出口适箱货源的同时，积极组织内地进口适箱货源，力争减少箱体回空。

（3）铁路

目前，我国铁路运输的网点不足，内陆有很多地方不通铁路，通铁路的地方又不一定能办理集装箱业务。而且，目前我国铁路90%的货运能力都被用来保证煤炭、石油、粮食、化肥、农药等重点物资运输，对发展快捷货运根本无能力支撑。这导致客户将集装箱交给承运人后不能得到确切抵达目的地的时间承诺，不能保证运到期限，使客户无法安排与班轮衔接或安排生产和消费，手续繁琐且费用高。同时，按照铁路现行规定，铁路集装箱只能在全国铁路上流通运营，一般不能出境下海，这大大加大了港口拆装换箱的工作量与费用。在管理上，铁路与其他运输方式的协调不够，未能有效形成多种运输方式有机结合的运输体系，而且存在以下软件方面的问题：一是商务规则问题。我国目前现有规则与国际规则还不能衔接，铁路的运票、运价体系和补偿体系与国际集装箱海运体系不一致。二是班期问题。目前铁路班期须达到一定货量之后才能发送，而船公司有固定班期，这是制约海铁联运发展的一个瓶颈。三是数据共享问题。目前，港口、船公司、查验单位不能实现信息数据共享，造成各环节的信息传递滞后。虽然铁路部门建有自己独立的运输管理信息系统（TMIS），但该系统完全是一个内部管理系统，没有为其他运输环节或用户留有接口，客户很难查询集装箱在途位置，不能进行实时跟踪，这与现代物流发展所要求的为客户提供信息跟踪、查询和传输服务相比，差距较大。四是成本问题。铁路目前实行的成本价虽深受欢迎，但变动频繁，时常让货主不知所措。由于未能实现"门对门"运输，使货主在支付铁路一口价的同时还得支付码头的装卸费，造成重复收费。同时由于内地货物回空率较高，箱体周转时间较长，既增加箱体的回空费用，又增加集装箱的使用成本；此外，还涉及铁路与公路运输之间的转换，增加了成本。因此，一方面应尽快统一单据、货票，并与国际接轨，以解决船公司直接在内陆放单的问题。另一方面，铁路应吸收社会资金参与集装箱运输，联合开发货源、联合经营货场，完善货场配套设施建设。同时探索将船务公司、码头的集装箱管理信息系统与铁路的 TMIS 系统有效结合，实现全程跟踪管理。

（4）运输代理

运输代理业务滞后也是影响海铁联运业务拓展的主要原因。目前绝大多数船务公司和多式联运经营人在内陆没有代理机构，而内陆的很多公司没有国际货运代理权限。由于缺乏合适的中介机构，多式联运经营人很难报出一口价，因此很难进行各方面的衔接。为此，运输代理人应与公路、港口、铁路、船务等相关企业携手联盟，成立运输联合体，以便发挥各自优势，形成规模运作，将运输服务延伸到内陆，形成"门到门"的服务。

货主。目前一些客户对海铁联运的认识还不足，不去考虑海铁联运对物流成本的降低所起的作用；同时，由于受管理体制等制约，有些客户以一己利益不愿意采用海铁联运。

（5）政府

目前，我国负责推进此项业务的职能部门不明确，对拓展海铁联运的重要性认识不足；具体政策和相关法规的建设落后，未能为实施海铁联运营造良好的外围环境；缺乏对铁路、海关、港口等相关部门的强有力的协调以及对相关配套基础设施的投入。在海关方面，在港区和铁路内大多未设立多式联运监管仓和电子预报关系统，与内地通关、转关手续比较烦琐。企业受转关政策的限制，集拼箱及中转业务发展比较困难。发展海铁联运业务涉及铁路、港口、海关等多个部门，只要哪个部门不协调，海铁联运方式就不可能高效、便利地运作下去。只有政府有关部门积极倡导与支持，才有可能大规模地推进海铁联运业务的拓展。

（6）经济环境

由于不同国家经济发展不平衡，造成进口和出口的集装箱规格、标准和箱量不同。目前，进口都是高附加值的产品，用的都是大箱，而出口主要以粗加工为主，用的都是以小箱为主，这就造成了出口和进口箱型的不匹配。箱型不匹配已经成为制约船公司发展海铁联运的一大因素。

2. 海铁联运业务流程设计

（1）国际集装箱铁—海多式联运出口业务程序。其业务程序主要包括：接受托运申请，订立多式联运合同→编制月计划、日计划，向铁路部门、船公司订车、订舱→提取空箱（这里使用船公司箱）→货主安排货物进库场→报关报验→申请火车车皮，办理货物装车→签发全程多式联运提单→传递货运信息和寄送相关单证→办理货物在中转港的海关手续及制作货运单据→货交船公司，船公司签发提单→传递货运信息及寄送相关单证等环节。

（2）国际集装箱海—铁多式联运进口业务程序。国际集装箱整箱货海—铁多式联运进口业务（FCA 价）的基本程序包括：接受托运申请，订立多式联运合同→向船公司订舱和向铁路部门申请车皮→收货人通知托运人准备集装箱装船等事宜→签发全程多式联运提单和收取海运提单→传递货运信息和寄送相关单证→办理货物在中转港的海关转关手续及制作货运单据→货交铁路，铁路部门签发运单→传递货运信息及寄送相关单证→办理海关手续，从铁路部门提取货物并交付货物给收货人等环节。

三 江海联运业务流程设计

江海联运在经济上不仅可以减少费用，降低损耗，而且可以扩张港口腹地，吸引众多货源。在操作中也可以减少运输环节和驳船次数，节省重复且无意义的卸载货人力物力。江海联运将成为我国国内水路运输发展的基础与趋势。正是由于这种趋势，伴随着近年来国内水路运输的强劲发展，无论是在政府层面，还是在企业层面，发展江海联运已经成为一种共识，长江、珠江等几大内河水系纷纷探求对策，寻找方案。

1. 黑龙江内贸跨境运输业务流程

东北地区是我国重要的能源、原材料和商品粮的生产和储备基地，由于运力有限，东北地区运往南方的物资难以及时运出。这不仅成为制约该地区经济发展的主要瓶颈之一，也是我国其他地区难以有效利用这些重要资源的原因之一。为此，我国经与俄罗斯协商，共同提出了经牡丹江市过境至俄罗斯符拉迪沃斯托克港、东方港、纳霍德卡港装船，经日本海、黄海、东海至宁波、上海和广州等港口的内贸集装箱运输方案。2007 年 2 月 14 日，海关总署发布了《海关总署关于开展内贸货物跨境运输试点工作的公告》，同意开展内贸货物跨境运输业务试点。为有效支持和配合试点工作，国家外汇管理局专门出台了《关于内贸货物跨境运输有关外汇管理问题的通知》（汇发［2007］21 号）的外汇管理配套政策。

内贸货物跨境运输指国内贸易货物由我国关境内一口岸起运，通过境外运至我国关境内另一口岸的业务。

内贸货物跨境运输时海关传统监管业务的新发展。从本质上看，这些货物是内贸货物，原则上，海关对内贸货物不征收进出口关税及其他税费。但其进出境涉及海关监管，因此，它属于海关监管对象，海关应当比照现行规定予以监管。

（1）限制口岸和运输路线。试点阶段仅适用于黑龙江省内贸货物经俄罗斯口岸过境运至我国东南沿海港口的管理。试点阶段的出境口岸限绥芬河，进境口岸限上海、宁波、黄埔，所经俄罗斯口岸限符拉迪沃斯托克港、东方港、纳霍德卡港。

（2）限参与企业。试点阶段允许开展内贸货物跨境运输业务的企业，仅限于黑龙江省资信好、规模大、已在海关注册登记的企业。经营企业从事内贸货物跨境运输前，应持黑龙江省人民政府出具的认可文件、《内贸货物跨境运输业务申请表》《中华人民共和国海关进出口货物收发货人报关注册登记证书》、符合海关规定的银行保函等材料到哈尔滨海关办理内贸货物跨境运输备案手续。

（3）限货物范围及运输方式。跨境内贸货物仅限于除国家禁止进出境货物及许可证管理货物外的货物。内贸货物限使用集装箱装载，由海关在绥芬河口岸施加关锁，经铁路直接运至俄罗斯口岸，使用中国籍船舶整箱（不拆、不换集装箱）承运至我东南沿海港口。集装箱箱体必须符合《中华人民共和国海关对用于装载海关监管货物的集装箱和集装箱式货车车厢的监管办法》规定的标准。

（4）接受海关监管。承运跨境运输货物的运输工具进出境时应当在海关监管区内装卸作业，内贸货物与运输工具应接受海关监管。开展内贸货物跨境运输业务的口岸应属于国家对外开放口岸。港口企业应按照海关对监管场所的管理要求，实施封闭式卡口管理，并与海关计算机联网传输相关数据；在港口堆场内设立内贸货物专用区域和设有明显标识对内贸货物跨境运输实行限口岸和运输路线、限参与企业、限货物范围及运输方式等。

（5）专项管理

经营企业或其代理人须根据《中华人民共和国海关进出口货物申报管理规定》的要求向海关申报。在跨境运输货物出境前，填制《中华人民共和国海关内贸货物跨境运输出境备案清单》和《中华人民共和国海关内贸货物跨境运输联系单》向出境地海关申报。跨境运输货物进境后，经营企业或其代理人须填制《中华人民共和国海关内贸货物跨境运输进境备案清单》项下的货物，应由同一船舶、同一航次、同一提单、运抵同一目的港。

跨境运输的内贸货物应自运输工具离开口岸出境起三个月内运抵进境口岸。逾期未运抵进境口岸的，除不可抗力，视同出口货物处理，由纳税义务人向海关办理相关的申报纳税手续；海关将取消该经营企业继续从事内贸货物跨境的资格，并根据情况进行调查处理。

人民币结算。黑龙江省试点开展内贸货物经俄罗斯口岸过境运至我国东南沿海港口，在海关以"内贸货物跨境运输"监管方式（代码为9600）进行管理的情况下，贸易企业之间应当以人民币计价结算。

内贸货物跨境运输出境的，由于该监管方式属于"不需要使用出口收汇核销单的监管方式"，海关不凭出口收汇核销单办理出境验收手续，外汇管理局无须办理出口收汇核销手续。

内贸货物跨境运输的承运人和承运船舶均为中国国籍，货主与承运人之间的运费、保费等相关费用应当以人民币计价结算。对于承运人在境外发生的港口、燃料等运输相关费用，承运人按照现行外汇管理规定，凭相关凭证和单据在银行办理对外支付。

2. 江海联运业务流程

（1）长江江海联运概述。目前长江江海联运货物运输的方式，大体有三种：

一是传统的中转运输，即使用河船和海轮分段运输。由海船和内河船分段完成海上和内河运输任务，货物在河口刚进行海船和内河船之间的换装作业，一般将此称为江海联运，也即江海中转运输。

二是使用载驳子母船运输。在海上航行时，将专用子驳积载在母船上，到河口将载货子驳卸入内河，然后由推船或拖船牵引子驳，将货物运至内河港口或货主指定的卸货地点。江海直达驳运输，就是海段和江段都使用顶推船或拖船带动驳船进行货物的运输，在下游的某一个港口进行重新编组。

三是江海直达运输，即使用江海两用船，运送途中无须中转换装，称为直达运输。

由于水深及港口码头接卸能力等因素的限制，一般大吨位的海轮难以直接进入长江中游，必须经中转。以近洋航线的进口运输为例（见图7－3）：几十万吨级的海轮航行至宁波北仑港时换成万吨级的小型海船，然后航行至长江下游港口，诸如上海、南通、江阴、镇江等，再将货物卸至中转港的堆场等待装货的内河船舶，货物装入内河船或长江大型分节驳顶推船队后再运至长江沿线中上游指定港口。此种运输方式即为人们所熟知的传统的江海三程中转运输，俗称江海联运。

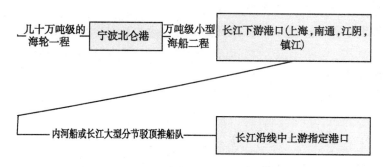

图 7 - 3　长江江海中转运输示意图

（2）长江集装箱江海联运出口业务流程。在实际业务中，托运单位可以直接向干线船公司、支线船公司或它们的代理直接订舱办理托运，也可以向组织全程运输的多式联运经营人订舱。就多式联运经营人而言，它既可以承运人的身份组织全程运输，也可以代理人身份在转运港从事货物中转代理业务。以下介绍多式联运经营人作为承运人接受托运单位的委托组织全程货物运输时的业务流程与注意事项。

接载、订舱。多式联运经营人在各支线口岸的代理汇总货主的订舱申请后，向多式联运人发送订舱汇总清单。多式联运经营人收到订舱汇总清单后，按起运港、航线、卸货港汇总后，应立即以自己的名义向开办支线运输的干线船公司或支线船公司或它们的代理订舱，并抄送多式联运经营人在起运港和中转港的代理。如果属于干线船公司尚未开办的内支线，则应分别向支线船公司（一程承运人）和干线船公司（二程承运人）订舱。在多式联运经营人接载、订舱之前仅了解货物种类是否适合转运，以及转运过程中的换装、倒箱、装卸、拖运等一般情况是远远不够的，还应全面掌握各支线船和干线船的运力、班期、运价等基本情况，比如一程船的船名、航次、开航时间、可接受的航线、抵达中转港的时间、使用谁家的集装箱、可接受的干线航班、截载时间，以及二程船的船名、航次、开航时间、挂靠港、用箱规定、截载日期等等，否则将难以做到迅速而准确地接载、订舱。

向起运港中转港代理发确认报。多式联运经营人在得到船公司（干线船公司和支线船公司）订舱确认后，应向起运港和中转港的代理发确认报，以便起运港代理和中转港代理做好货物出关报关（如果货主委托多式联运经营人代办）和接货、装箱、送货准备。

起运港代理办理货物报关与装箱、接货及货交支线船公司等事宜。

签发全程转运提单。在货主交付集装箱和支付全程运费（如果约定付款放单）后，一般由多式联运经营人或其代理向货主签发全程提单，至于多式联运经营人所持有的提单，视其委托关系的不同，既可能仅持有由干线船公司签发的全程提单，也可能持有由支线船公司和干线船公司分别签发的一程与二程提单。当然，在实际业务中，多式联运经营人也可能并不向托运人签发自己的提单，而是要求船公司（一般为干线船公司）签发以实际托运人为托运人的全程提单，其原因既可能是为了避免因签发提单可能引起的风险，也可能是因为货主仅接受船公司提单。

向中转港代理电告船舶离港情况并传递相关单证。为了做好干、支线船的紧密衔接，在支线船离港后，多式联运经营人起运港代理应及时向中转港代理电告船舶离港时间、预计抵达中转港时间、中转港船舶所有人代理、集装箱清单、箱号、铅封号、提单号等信息，并将多式联运经营人提单副本、承运人提单和海关关封等邮寄给中转港代理。

中转港代理安排货物转关、中转换装与交接。如果多式联运经营人接受托运单位的委托后通过分别与支线船公司和干线船公司签署协议的方式安排一程、二程运输，则多式联运经营人中转港代理除了需要为货主办理转关手续（假设货主委托多式联运经营人代为办理），还必须办理集装箱从支线船的卸下和交接、集装箱的储存、集装箱装上二程船以及要求二程船公司签发提单等事宜。多式联运经营人中转港代理与接运承运人办理货物的交付既包括货物实体交付也包括文件交付。其中货物实体交付的方式根据事先约定可采取陆上交付、水上交付、集中交付和分批交付等形式；交付地点根据转运货物类型、运输条款以及双方约定可采取仓库、码头、场站、船边等形式。文件交付包括起运地提供的单证和在中转制的单证两部分。

如果多式联运经营人接受托运单位的委托后与支线船公司或干线船公司达成全程运输协议，则多式联运经营人中转港代理仅需办理转关运输事宜，至于有关货物装卸、交付等事宜均应由船公司自行安排。

向托运人电告中转信息等。在集装箱装上干线船后，多式联运经营人应及时电告托运人有关二程船名、装船时间、开船时间和预计抵达卸货港时间等中转信息，以及海关转关信息，以便货主了解货物的动态和领回报关资料和退税单。

　　长江集装箱江海联运进口业务流程。在进口中转集装箱运输中，多式联运经营人既可以作为承运人签发全程转运提单，也可以接受签发全程多式联运提单的其他多式联运经营人或干线承运人的委托安排货物中转手续，以下仅探讨受其他多式联运经营人或船公司委托时代为安排进口集装箱中转的业务流程。

　　揽货、订舱。多式联运经营人接受受托后应根据集装箱的中转情况向支线船公司或其代理订舱。

　　电告订舱信息及传递有关单证。在得到船公司的订舱确认后，多式联运经营人应分别向委托人、中转港代理及目的港代理电告有关订舱以及一、二程船的信息，以便委托人安排货物进口装船，以及中转港代理、目的港代理做好货物报关、转运和接货等工作。同时，多式联运经营人还应将委托人签发的全程提单副本分别传真给中转港代理和目的港代理，并将一程船公司签发的正本提单等有关单证邮寄中转港代理。

　　中转港代理负责接货、装货等工作。中转港代理接到有关订舱确认等信息后，应及时与一程船中转港代理、二程船中转港代理和收货人取得联系，并办理提货手续、转关手续，待船舶抵达后应安排货物的交接、储存、装船以及要求二程船公司签发运输凭证（提单或运单）。

　　中转港代理电告中转信息，并邮寄有关单证。中转港代理办妥货物转运后应立即将中转信息电告多式联运经营人和目的港代理，并将二程船公司签发的运输凭证邮寄给目的港代理（在实际业务中，由于支线运输航程较短，因此，一般采取签发提单或提单单放形式，以解决无法凭正本提单提货的难题），以便公司了解货物的动态和通知收货人做好提货准备。

　　目的港代理安排提货、收费与交付等工作。二程船抵达目的港前或以后，目的港代理应及时向船舶所有人代理、一关三检机构办理提货、报关手续，并向收货人发出提货通知。在收货人结清了应付费用并递交了与多式联运经营人传真的副本提单相符的正本提单后，双方可办理货物的交接。

　　结算委托报酬及垫付费用。如果多式联运经营人在接受委托之前尚未收取委托报酬，或者垫付了二程船船费，则应在双方约定的时间内及时与委托人结算委托报酬和垫付运费（如果有）。

第三节 以陆运为核心的集装箱多式
联运业务流程设计

一 概述

（1）以陆运为核心的集装箱多式联运业务流程的含义与结构形式

所谓以陆运为核心的集装箱多式联运业务流程是指整个国际物流过程是以铁路运输或公路运输作为干线运输的多式联运运作过程。

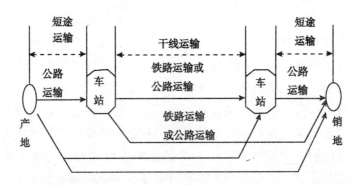

图7-4 以陆运为核心的集装箱多式联运业务流程示意图

（2）以陆运为核心的集装箱多式联运业务流程的基本构成

从运输方式的组合划分，主要包括公铁联运、公铁工联运、大陆桥运输（海陆海联运）等。

二 公铁联运业务流程设计

1. 公铁联运概述

（1）主要形式。以下介绍国外普遍存在的两种公铁联运形式。

①驮背运输。驮背运输（piggyback transport）是一种无须换装作业的公铁联运方式，由北美国家最先采用，最初是将载运货物的公路拖车置于铁路平车上输送，因而也被称为平板车载运拖车（trailer on flatcar，TOFC）系统。随着TOFC的出现，各种拖车或集装箱与铁路平板列车相结合的产物也相继出现。例如，COFC（container on flatcar）和公铁两用车（road railer）都获得了极大的发展。COFC是指省去拖车而直接将集装箱置于铁路平车上输送；公铁两用车是指一种卡车拖车底盘，既适合于橡胶

轮又适合于钢轨卡车的系统。

目前的北美铁路运输系统仍然采用这种双重设备模式（即 TOFC 和 COFC 两种方式并存）。然而，尽管 TOFC 概念有助于铁路货运与汽车货运之间的直接转移，但仍然存在一些技术上的限制，例如，在铁路车上放置具有车轮的拖车会导致风阻力、损坏和重量问题。

②小集装箱系统。为了更好地发挥公铁联合运输城市配送的优势，欧洲目前正在致力于发展小集装箱系统。几个小集装箱可以组成一个大集装箱，一辆大卡车可以携带 6 个小集装箱。货物可以按照箱子分拣和委托，直接从铁路站配送，无须二次分拣，此外，小吨位车辆更适合城市配送。

（2）公铁联运的优势。有效的公铁联运集公路、铁路为一体，不仅可以最大限度地满足现代物流发展的需要，还可以有效地结合公路、铁路各自的优势，发挥铁路运输的准时、安全、费用低以及公路运输快速、灵活、服务到门的优势；同时抛开了铁路运输速度慢、网点少、服务差，公路运输安全系数低、费用高和交通拥挤等缺点。因而，公铁联运已成为为客户提供快速准时、安全高效、费用相对较低的"门到门"物流服务体系。

公路集装箱运输以其安全、快捷、优质、高效、环保等诸多优点，日益得到广大用户的欢迎，是公路运输现代化的主要标志之一。随着高速公路网络的日趋完善，公路运输总量和运输方式也在发生重要的变化，发展公路集装箱运输比较优势凸显出来。

便于控制载货质量。事先把要运输的零散货物装在集装箱里，采用机械化装卸，大大缩短了车辆停驶和货运仓储的时间，加快了货物运送的速度；箱子规格统一，在同容积运输工具上装的货物也多，增加了运输量，有利于从根本上遏制超限超载运输现象和促进"大吨小标"整改工作。

减少货损货差。集装箱装卸，可以保证货运时完整无损，几乎可以完全消除货损货差，大大减少损坏和赔偿。如平时运送玻璃板，货损率达 15%，采用集装箱运输，货损率仅 0.2%—1%。此外，散装运输和采用简单包装的包装材料多一次性使用。而集装箱则可多次使用，可减少装箱和拆箱费用，降低货运费用，便于实现"门到门"服务，有利于建立循环经济运输产业。

有利于调整运力结构。国际上，大多数国家的车型都很统一，每个国家的货运车辆车型也只有 5—7 种，而目前我国的车型却相当于世界所有车型的总和，车型的混乱可想而知。集装箱运输车辆执行国家颁布的强制性标准，应成为公路运输的主要方式。

促进现代物流发展。现代物流的发展以运输装备不断革新为前提。公路运输装备的发展模式将从低吨位、低完好率、低速的中型卡车向高吨位、高完好率、高速的重型卡车发展，从散货式卡车向集装箱式卡车发展，从高比重的短距离（150公里）运输向高比重的长距离（300公里—500公里）、超长距离（500—3000公里）运输发展，从低组织化程度向高组织化程度方向发展，如从一个物流园区到另一个物流园区之间的甩挂运输、节点运输，以及各种运输方式紧密结合、相互衔接的多式联运，这将极大地刺激公路集装箱运量迅速增长，成为现代物流的主要方式。

加快与国际市场接轨。公路集装箱运输在世界经济一体化格局中高速发展，各国都十分注重对集装箱运输的引导和发展。大力发展公路集装箱运输，不仅迎合内外贸运输的大方向，适应我国扩大对外开放，发展开放型经济的需要，有利于出口、报关、安检等相关工作，还可以带动相关产业的发展。

2. 公铁联运业务流程

国内公铁联运的概念很早就提出了，但并没有得到真正的贯彻实施，虽然也做过很多有益的尝试，但是到目前为止，无论是管理流程还是操作技术上都没有成功的案例。因此，下面简要介绍北美 TOFC 驮背运输的运作过程。

基于是否拥有和经营公路拖车的不同，可将 TOFC 驮背运输业务分成以下几种情况：

铁路承运人拥有或租用拖车。在这种情况下，铁路承运人签发全程运输单证，自行完成"门到门"运输。

货主拥有或租用拖车。在这种情况下，铁路承运人仅负责铁路区段的运输，而公路运输则由货主自行完成。

公路承运人拥有或租用拖车。可分为以下两种情况：

公路承运人签发全程运输单证，组织"门到门"运输和自行完成公路运输，而铁路运输则转委托铁路承运人。

公路承运人接受铁路承运人或货主的委托完成公路运输。

货运代理人作为独立经营人。可分为以下两种情况：

货运代理人不拥有或租用拖车。此时，货运代理人签发全程运输单证，组织"门到门"运输，其具体运输分别委托公路和铁路承运人。

货运代理人拥有或租用拖车。此时等同于公路承运人，其运作模式与上述公路承运人的相同。

三　大陆桥运输业务流程设计

大陆桥运输（land bridge transport），也称陆桥运输，是指使用横贯大陆的铁路、公路运输系统作为中间桥梁，把大陆两端的海洋连接起来，形成跨越大陆、联结海洋的运输组织形式。由于大陆起了两种运输方式之间的"桥梁"的作用，因此，人们从地理概念出发，形象地将这种海陆联运中的铁路主干线和干线公路称为大陆桥，而将通过大陆桥实现的海—陆—海联运称为大陆桥运输。

1. 亚欧大陆桥运输业务流程

（1）西伯利亚大陆桥概述

西伯利亚大陆桥，或称欧亚第一大陆桥，全长 13000 公里，东起俄罗斯东方港，西至俄芬（芬兰）、俄白（白俄罗斯）、俄乌（乌克兰）和俄哈（哈萨克斯坦）边界，过境欧洲和中亚一些国家。

西伯利亚大铁路：东起俄罗斯远东日本海之滨的符拉迪沃斯托克，经哈罗巴夫斯克、赤塔、伊尔库茨克、新西伯利亚、鄂木斯克、车里雅宾斯克、古比雪夫，止于莫斯科，全长约 9300 公里。以后东端又延伸到东方港和纳霍德卡港。

在其东段与之连接的其他干线有：

符拉迪沃斯托克—清津港—咸兴—平壤铁路。

大连—沈阳—长春—哈尔滨—赤塔铁路。

广州—长沙—武汉—郑州—北京—大同—乌兰巴托—乌兰乌德铁路。

其西端连接干线有：

莫斯科—圣彼得堡—赫尔辛基—斯德哥尔摩—奥斯陆铁路。

莫斯科—华沙—柏林—科隆—布鲁塞尔—巴黎铁路。

莫斯科—罗斯托夫—第比利斯—朱尔法—德黑兰铁路。

经过海上运输上桥后，西伯利亚大陆桥运输主要采用如下三种方式：

铁—铁（transrail）方式。它是用船把货物运至东方港，纳霍德卡港（或者通过满洲里、二连浩特、阿拉山口等陆路口进入原苏联地区），再用火车运到苏联地区西部边境站，继续用铁路运至欧洲和伊朗等或相反方向的运输。该条联运线出苏联地区边境的站有：鲁瑞卡（去芬兰）、布列斯特（去波兰、德国）、乔普（去匈牙利、捷克—斯洛伐克、南斯拉夫、意大利、奥地利、瑞士）、温格内（去罗马尼亚、保加利亚）、朱尔法（去伊朗）。

铁—海（transea）方式。它是用船把货物运至东方港、纳霍德卡港（或者通过满洲里、二连浩特、阿拉山口等陆路口岸进入苏联地区），再用火车运到波罗的海和黑海的港口，装船运至北欧、西欧、巴尔干地区的港口，最终交至收货人。这条联运路线出苏联地区西部边境的主要港口有：圣彼得堡（去荷兰、比利时、德国和美国）、塔林（去芬兰、瑞典、丹麦和挪威）、里加（去法国、英国）、日单诺夫（去意大利、希腊、土耳其、西班牙和法国地中海沿岸各港）。

铁—卡（tracons）方式。它是用船把货物运至东方港，纳霍德卡港（或者通过满洲里、二连浩特、阿拉山口等陆路口岸进入苏联地区），再用铁路运至苏联地区西部边境布列斯特附近的奥拓布列斯特，再用卡车将运至德国、瑞士、奥地利等国。

与全海运相比，这条大陆桥运输线具有三个明显的优点：

运输距离缩短。从远东到西欧，经西伯利亚大陆桥的路程是13000公里，比绕道非洲好望角的航程缩短约1/2；比经苏伊士运河的航程亦可缩短1/3。

途中运行时间减少。西伯利亚大陆桥在过境时间上有优势，而且与多个港口和多条铁路干线相连，运输潜力巨大。途经西伯利亚大陆桥的集装箱运输，一般比全程海运可提前15—35天。

运输成本降低。一般情况下，运输成本比全程海运便宜20%—30%。

当然，这条大陆桥运输线亦有局限性。比如，冬季严寒，使运输能力受到影响；来回运量不平和，西向大于东向的两倍；苏联地区使用宽轨铁路，必须换轨才能进入欧洲其他各国。

（2）新亚欧大陆桥概述

如果把西伯利亚大陆桥称为第一亚欧大陆桥，则从中国东海岸的连云港和日照港等沿海港口到欧洲西海岸荷兰的鹿特丹就称作第二亚欧大陆桥，或者叫新亚欧大陆桥。新亚欧大陆桥与1992年开通，全程10870公里；在中国境内长4131公里，约占1/3，贯穿东、中、西部的江苏、山东、山西、安徽、河南、陕西、甘肃、新疆等省区；向东辐射日本、朝鲜、韩国等国家；向西途经中亚、西亚、中东、俄罗斯、东欧、中欧、西欧等40多个国家和地区。所经过的国家数占世界国家数的22.0%，面积3970000平方公里，占世界陆地面积的26.6%，居住人口22亿人，占世界人口的36.0%。

新亚欧大陆桥的东端直接与东亚及东南亚诸国相连，进而与美洲西海岸相通。它的中国段西端，从新疆阿拉山口站换装出境进入中亚，与哈萨克斯坦德鲁日巴站接轨，西至阿克斗卡站与土西大铁路相接，进而分北中南三线接上欧洲铁路网通往欧洲。

北线：由哈萨克斯坦阿克套北上与西伯利亚大铁路接轨，经俄罗斯、白俄罗斯、波兰通往西欧及北欧诸国。

中线：由哈萨克斯坦往俄罗斯、乌克兰、斯洛伐克、匈牙利、奥地利、瑞士、德国、法国至英吉利海峡港口转海运或由哈萨克斯坦阿克套南下，沿吉尔吉斯斯坦边境经乌兹别克斯坦塔什干及土库曼斯坦阿什哈巴德西行至克拉斯诺沃茨克，过里海达阿塞拜疆的巴库，再经格鲁吉亚第比利斯及波季港，越黑海至保加利亚的瓦尔纳，并经鲁塞进入罗马尼亚、匈牙利，通往中欧诸国。

南线：由土库曼斯坦阿什哈巴德向南入伊朗，至马什哈德折向西，经德黑兰，大不里士入土耳其，过波斯普鲁斯海峡，经保加利亚通往中欧、西欧及南欧诸国。

与西伯利亚大陆桥相比，新亚欧大陆区具有地理位置和气候条件优越、运输距离较短、腹地广大、对亚太地区吸引力更大等优势。但韩国92%的货物、日本70%的货物选择西伯利亚大陆桥，中国沿海地区的广东、浙江、上海、山东等省市50%以上到俄罗斯、北欧等国货物选择西伯利亚大陆桥。而新亚欧大陆桥自1992年开始运营以来，多以到哈萨克斯坦的短途运输为主，而且运量非常小，货物很难实现双向对流，其原因在于这条通道目前仍存在运输时间、运输价格、运输可靠性等问题，还不能满足客户要求。

我国有关亚欧大陆桥运输的规定。国家计划委员会（现国家经贸委）、铁道部、交通部、对外贸易经济合作部（现商务部）、海关总署、卫生部、农业部1991年联合颁布的《关于亚欧大陆桥国际集装箱过境运输管理试行办法》中规定：

亚欧大陆桥运输指国际集装箱从东亚、东南亚国家或地区由海运或陆运进入我国口岸，经铁路运往蒙古国、苏联地区、欧洲、中东等国家和地区或相反方向的过境运输。

过境集装箱（以下简称"过境箱"）箱型应符合国际标准化组织的规定。目前，只办理普通型20英尺、40英尺箱。其他冷藏、板架、开顶等专用型集装箱的运输临时议定。

办理过境箱的中国口岸暂定为：连云港、天津、大连、上海、广州港和阿拉山口、二连浩特、满洲里、深圳北铁路装站。

我国办理过境箱运输的全程经营人为中国铁路对外服务总公司、中国对外贸易运输总公司、中国远洋运输总公司、中国外轮代理总公司及其在口岸所在地的分支机构和口岸所在地政府指定的少数有国际船货代理权的企业。

办理过境箱铁路运输的中国段经营人为中国铁路对外服务总公司。中国铁路对外服务总公司应积极与有关国家铁路经营人协商并签订协议，做好过境箱的交接、清算、信息处理等工作。

过境箱铁路运输按《国际铁路货物联运协定》及铁道部有关规定办理。铁道部门应及时与过境国铁路部门联系，对过境箱运输合理组织，加强调度，掌握动态，在计划、装车、挂运等方面提供方便。

过境箱在港口的运输、装卸作业按交通部有关规定办理。过境箱在中国港口的装卸费、堆存费及装卸车费等实行包干，按现行规定支付。

过境箱入境时经营人应按海关规定填写《过境货物申报单》，一式两份，向入境地海关申报。申报单应注明起运国和到达国，一份由入境地海关存查，另一份由海关做关封，并加盖海关监管货物专用章，随铁路票据传递到出境口岸站，交出境地海关，凭此检查放行。

下列物品不准办理过境运输：各种武器、弹药及军需品（通过军事途径运输的除外），鸦片、吗啡、海洛因、可卡因、烈性毒品及动、植物。

卫检和动植物检疫机关对来自非疫区的过境箱一般不进行卫生检疫和动植物检疫。对来自疫区的过境箱，经营人须向卫检、动植物检疫机关申报。装有动植物产品的过境箱，经营人须向卫检、动物之检疫机构申报。卫检、动植物检疫机关对申报的过境箱应简化手续，为过境箱及时转运提供方便，申报时一律不收取费用。

各地海关应加强对过境箱的管理，在口岸联检及保管中如发现过境箱以藏匿或伪报品名等手法逃避海关监管，装运禁止过境的货物时，由海关按我国有关规定处理；对箱体外形完整、封志无损，未发现违法或可疑时，可只做外形查验，为过境箱提供方便。

过境箱原则上由经营人办理运输保险或报价运输，各承运人应严格执行过境箱的交接手续。发生货损货差时，认真做好商务记录，按国际和国内有关规定处理。

（3）亚欧大陆桥的运输费用

俄罗斯及独联体国家过境运费。过境运费是由全俄过境运输公司（SOTRA）制定并向大陆桥运输经营人采取过境集装箱包干运费核收政策。运价以 20 英尺集装箱为单位，参照远东水脚公会费率表所列的 25 个运价等级，并分为 7 个运价组别，分东行和西行、铁/铁、铁/海、铁/卡运价，运价条件是 FIO（即不包括装卸费），并且以美元支付。同时，根据不同的地区制定了最低运价政策、较低运价政策、中等运价政策和较高运价政策，并视不同的情况给予不同的回扣。

欧洲段费用。欧洲段费率是由欧洲国际铁路集装箱运输公司制定，实行不分货种的包干费率。它还包括集装箱使用费（租箱费、集装箱保险费、取箱费和还箱费）、代理费或佣金（集装箱运输每经过一个国家都要委托一个代理人负责办理有关事项，因此而向代理支付的费用）。

国内费用。国内费用，参照铁道部《铁路货物运价规则》中对大型集装箱运费的有关规定核收（请注意必须以一个车皮装在两个集装箱为准，如果一个车皮只装一个 20 英尺集装箱，铁路要收取两个集装箱的费用）。此外，还核收装卸费、验关费、装箱费、短途运费、集装箱服务费、口岸代理费等费用。

（4）我国大陆桥运输的业务流程

目前，通过大陆桥运输的货物，采用全程（发站至到站）包干、一次付清，以美元结汇的形式。以货物出口为例，多式联运经营人需要经过提报计划—接受委托—配箱、配载、报关、装箱—制单（装箱单、多式联运提单、铁路联运运单等）—口岸交接—国外交货等业务环节。

2. 北美陆桥运输业务流程

北美地区的陆桥运输不仅包括大陆桥运输，还包括小陆桥运输和微桥运输等其他运输组织形式。

北美大陆桥运输。北美大陆桥（North American Land Bridge）运输是指利用北美的大铁路从远东到欧洲的海/陆/海联运。

北美大陆桥包括美国大陆桥和加拿大大陆桥，由于二者是平行的，且都是连接大西洋和太平洋的大陆通道，情况相似，故统称北美大陆桥。

美国大陆桥运输是集装箱运输开展以后的产物，出现于 1967 年。当时因以色列侵略埃及，爆发了第三次中东战争，导致苏伊士运河封闭，航运中断，而巴拿马运河又堵塞，远东与欧洲之间的海上货运船舶不得不改到绕航非洲好望角或南美，致使航程距离和运输时间倍增，加上油价上涨航运成本猛增，而当时正值集装箱运输兴起。在这种历史背景下，大陆桥运输应运而生。从远东港口至欧洲的货运，于 1967 年底首次开辟了使用美国大陆桥运输线路，把原来全程海运改为海/陆/海运输方式，取得了较好的经济效果，达到了缩短运输里程、降低运输成本、加速货物运输的目的。

美国大陆桥包括两条路线：

远东、中国、东南亚等港口—美国西海岸（W/C）之美太平洋西北向港口（Pacific North West，PNW）（例如，洛杉矶、西雅图、旧金山）—美国东海岸（纽约、巴尔的摩）—欧洲，全长 3200 公里，运输方式为海—铁—海。

远东、中国、东南亚港口—美国西海岸（W/C）之美太平洋岸西南向（Pacific South West，PSW）港口及墨西哥湾（Gulf Port，G/P，或 Gulf Coat，G/Ct）港口（例如，休斯敦、新奥尔良）—南美洲，全长 500—1000 公里，运输方式为海—铁—海。

随着巴拿马运河的开通、海上运输成本的下调，以及美国东部港口和铁路过于拥挤，货物到达后很难保证及时换装，使大陆桥运输带来的优越性——节省时间不能体现，所以该大陆桥由于海陆竞争和经济效益下降等而萎缩，实际上已名存实亡。但是，由此派生而成的小陆桥和微型陆桥运输方式却有了发展。

美国小陆桥运输与美国微型陆桥运输业务流程。

美国小陆桥运输。所谓小陆桥运输（Mini Bridge，MLB），就是比大陆桥的海/陆/海形式缩短一段海上运输，成为海/陆或陆/海形式。目前，北美小陆桥运送的主要是远东、日本经美国西海岸（W/C），尤其是沿太平洋岸西南向（PSW）港口、墨西哥湾海岸（G/C）到美国东海岸（E/C）的集装箱货物，例如，大连—长滩—休斯顿。当然也承运从欧洲到美国西海岸及海湾地区各港的大西洋航线的转运货物。

　　该小陆桥路线是在 1972 年由美国的船公司和铁路公司联合创办的。避免了绕道巴拿马运河，可以享受铁路集装箱专用列车优惠运价，从而减低了成本，缩短了路径。以日本/美国东海岸航线为例，从大阪至纽约全程水运（经巴拿马运河）航线距离 9700 海里，运输时间 21—24 天。而采用小陆桥运输，运输距离仅 7400 海里，运输时间 16 天，可节省 1 周左右的时间。

　　美国微型陆桥运输。所谓微型陆桥（Micro Bridge，Micro Land Bridge，它不可简写为 MLB），就是没有通过整条陆桥，而只利用了部分陆桥区段，是比小陆桥更短的海陆运输方式，又称为半陆桥（Semi Land Bridge）。它通常是指由美国西海岸或美国东海岸之港口采用铁路或公路转运至 IPI 内陆点，例如，芝加哥、凤凰城、底特律等。

　　随着北美小陆桥运输的发展，出现了新的矛盾，主要反映在：当货物由靠近东海岸的内地城市采用小陆桥运输运往远东地区（或反向）时，首先要通过国内铁路运输，以国内单证运至东海岸交船公司，然后由船公司另外签发由东海岸出口到远东的全程小陆桥运输国际货运单证，并安排通过国内铁路运输运至西海岸港口，然后经海运转至远东。货主认为，这类总运输不能从内地直接以国际货运单证运至西海岸港口转运，不仅增加费用，而且耽误运输时间。为解决这一问题，微桥运输应运而生。进出美、加内陆城市的货物采用微桥运输既可节省运输时间，也可避免双重港口收费，从而节省费用。例如，往来于日本和美国内陆城市匹兹堡的集装箱货，可从日本海运至美国西海岸港口，如奥克兰，然后通过铁路直接联运至匹兹堡，这样可完全避免进入美东的费城港，从而节省了在该港的港口费支出。

　　IPI（interior point intermodal）是"内陆点多式联运"，就是典型的微型陆桥运输。也就是说，IPI 运输是指远东、日本经美国西海岸之美太平洋岸西南向、墨西哥湾口岸港口，利用集装箱拖车或铁路运输将货物运至美国内陆城市（IPI 点）的海陆联运。

　　IPI 运输条款下的内陆公共点（inland common points）主要包括：芝加哥、亚特兰大、达拉斯、底特律、丹佛、圣路易斯、密尔沃基、华盛顿、普勒维丹斯、里士满、堪萨斯城、夏洛特、辛辛那提、盐湖城、圣迭戈、萨克拉门托、孟菲斯。

　　IPI 运输与 MLB 运输的区别在于：

一是目的地：IPI 是指定的内陆的，MLB 指的是美国西海岸、墨西哥湾口岸之港口。

二是内陆运输方式：IPI 可采用火车或拖车，MLB 不可用拖车—公路运输。

此外，在美线运输中，还有 RIPI 术语与 IPI 极为相似。RIPI 下的 R 应为 reverse 或 return 等表示回、返回之类的词，它是指货物在美国东海岸卸船后采用内陆运输至 IPI 内陆点。很显然，IPI 与 RIPI 的区别在于，IPI 为美国内陆多式联运统称，RIPI 则是指在全海运情况下经美国东海岸卸船转运至 IPI 内陆地的行为，并非多式联运。

由于 MLB 和 IPI 均是海陆联运，因此，它们的业务流程与一般的海陆联运并无差别，只不过应注意以下几点：

在成交订约方面。在 MLB 运输和 IPI 运输下，发货人应采用 CIF 或 CFR 价交易。

在贸易合同、信用证及货物运输标志方面。在 MLB 运输和 IPI 运输下，在贸易合同和信用证目的地一栏应加注 MLB 或 IPI 字样，在货物的运输标志内，应把卸货港和 MLB 或 IPI 的最后目的地同时列明，如"LONG BEACH MLB HOUSTON"。

在订舱和运输单证制作方面。申请订舱时，应说明 MLB 或 IPI 运输，并在货运单证中将卸货港和 MLB 或 IPI 的最后目的地同时列明。在提单制作时，提单上的交货地址栏中应加注"MLB 或 IPI"字样。比如，MLB 运输下，卸货港为长滩（LONG BEACH），目的地为休斯敦（HOUSTON），则提单上的卸货港和交货地分别填写"LONG BEACH"和"MLB HOUS-TON"。IPI 运输下，卸货港为长滩（LONG BEACH），目的地为孟菲斯，则提单上的卸货港和交货地分别填写"LONG BEACH"和"IPI MEM-PHIS, TH"。

（3）OCP 运输及其业务流程。OCP（Overland common points）称之为内陆公共点或陆上公共点，是使用两种运输方式将卸至美国西海岸港口的货物通过铁路转运抵美国的内陆公共点地区，并享有优惠运价。所谓内陆公共点地区是指从美国的北达科他州、南达科他州、内布拉斯加州、科罗拉多州、新墨西哥州起以东各州，约占全美 2/3 的地区。所有经美国西海岸转运至这些地区的（或反向的）货物均称为 OCP 地区货物，并享有 OCP 运输的优惠费率，比当地地区费率每运费吨一般商品要节省 2—3

美元。

尽管 OCP 运输与 IPI 运输的目的地均为美国内陆点，但二者有本质的不同：

OCP 运输区域范围点多面广，约占全美 2/3 的地区。

OCP 虽然由海运、陆运两种运输方式来完成，但海运、陆运段分别由两个承运人签发单据，运输与责任风险也是分段负责。因此，它并不是国际多式联运。而 IPI 运输是真正的多式联运。

OCP 运输通常是经美国西海岸之美太平洋岸西北向（PNW）港口，比如，洛杉矶、西雅图、旧金山转运；而 IPI 运输通常是经美国西海岸之太平洋沿岸西南向、墨西哥湾口岸港口转运。

在 OCP 运输时，收货人可要求保税运输，于目的地结关提货。事实上，现行的地区运输费率与 OCP 已相差无几，加上 OCP 运输时收货人需于美国西岸自行办理中转手续，因此目前 OCP 使用得不多。

表 7 - 2 显示了 SLB、OCP、MLB、IPI 四种运输组织方式的区别。

表 7 - 2　　　　SLB、OCP、MLB、IPI 四种运输组织方式的区别

比较项目	SLB	OCP	MLB	IPI
货物成交价	采用 FCA 或 CIP 应是合同中约定	卖方承担的责任、费用终止于美国西海岸港口	卖方承担的责任、费用终止于最终交货地	与 MIP 相同
提单签发	适用于全程运输区段	仅适用于海上区段的货物运输	适用于全程运输区段	适用于全程运输区段
运费计收	收取全程运费	海陆运输区段分别计收运费	收取全程运费	收取全程运费
保险区段	可全程投保	海陆运输区段分别投保	可全程投保	可全程投保
货物运抵区域	不受限制	内陆公共点	美国东海岸和美国湾	内陆公路点
联运方式	是	不是	是	是

在进行 OCP 运输业务流程设计时，应特别注意以下几点：

在成交订约时，如果收货人的最终目的地是在 OCP 区域内，比如，芝加哥，则原来的成交价为 CIF 或 CFR 可改为 CIF 或 CFR 美国西海岸指定港口。例如，西雅图，并在贸易合同中，明确货物的运输方式是从中国口岸到美国西海岸指定港口转运至 OCP 最后目的地，即写明 Shipment From China to Seattle West Coast Chicago。

在贸易合同、信用证及货物运输标志方面。OCP 运输条件下，在贸易合同和信用证目的地一栏应加注 OCP 字样，在货物的运输标志内，应把卸货港和 OCP 的最后目的地同时列明，如 "SEATTLE OCP CHI CAGO"。

在订舱与运输单证制作方面。申请订舱时，应说明 OCP 运输，并在货运单证中将卸货港和 OCP 的最后目的地同时列明。在提单制作时，提单上的交货地栏中应加注 "OCP" 字样，同时在提单正面的货物内容一栏内加注 "转运至内陆点" 字样。比如，卸货港为西雅图，目的地为芝加哥，则应在卸货港栏内填写 "SEATTLE"，目的地栏内填写 "CHICGO"，货物内容栏加注 "In transit to Chicago"。

在保税运输申请手续方面。货物抵达美国西海岸后，收货人应及时凭船公司签发的 OCP 提单等单据委托铁路公司代办 "保税运输申请手续"。在美国，由集装箱海运至港口的货物，收货人在收到货物舱单后 10 天内，必须申请进口或要求保税运输将货物运至最终目的地，否则货物就会转到保税仓库，从而会增加转仓等费用，

在收货人应提交的单证方面。为了防止在西海岸销售和使用的货物假借 OCP 名义，享受优惠条件，收货人应在卸船后 45 天内向铁路部门提供有关证明。例如，陆运运输单证、转运单、海关转口申请单等。如不在规定期限内提交上述证明，铁路部门要按当地费率调整运费。

第四节　以空运为核心的集装箱多式联运业务流程设计

一　概述

所谓以空运为核心的集装箱多式联运业务流程是以航空运输为主要运输工具的多式联运运作过程，结合相关的空运业务知识，构建出更为完整的基于空运的进口或出口多式联运业务流程，如图 7 - 5 所示。

二　海空联运业务流程设计

1. 海空联运概述

（1）海空联运的概念及其经由路线。所谓海空联运就是把空运货物先经由船舶运至中转的国际机场所在港口，然后安排拖车将货物托运至拟中转的国际机场进行分拨、装板、配载后，再空运至目的地的国际多式联

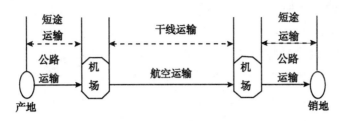

图 7-5　以空运为核心的集装箱多式联运业务流程示意图

运形式。

海空联运方式始于 20 世纪 60 年代，但到 80 年代才得以较大发展。采用这种海空联运方式，运输时间比全程海运少，运输费用比全程空运便宜，20 世纪 60 年代，将货物由远东用船舶运至美国西海岸，再通过航空运至美国内陆地区或者美国东海岸，从而出现了海空联运。1960 年底，苏联航空公司开辟了经由西伯利亚至欧洲的航线；1968 年，加拿大航空公司参加了国际多式联运；80 年代，出现了经由中国香港、新加坡、泰国等至欧洲的航线。

目前，国际海空联运线主要有：

远东—欧洲：远东与欧洲之间的航线有以温哥华、西雅图、洛杉矶为中转地；也有以香港、仁川、曼谷、符拉迪沃斯托克为中转地；还有以旧金山、新加坡为中转地。

远东—中南美：近年来，远东至中南美的海空联运发展较快，因为此处港口和内陆运输不稳定，所以对海空运输的需求较大。该联运以迈阿密、洛杉矶、温哥华为中转地。

远东至中近东、非洲、澳洲：这是以香港、曼谷、仁川为中转地至中近东、非洲的运输服务。在特殊情况下，还有经马赛至非洲、经曼谷至印度、经中国香港至澳洲等联运线，但这些线路货运量较小。

（2）海空联运的特点。安全、准确。海空联运是以航空运输为核心的多式联运，通常由航空公司或者航空运输转运人，或者专门从事海空联运的多式联运经营人来制订计划，以便满足货主对于海空联运货物的抵达时间要求与一般空运一样能精确到"×日×时×分"。由于空运在运输能力、运输方法上有其特点，而且绝大多数飞机是无法实现海空货箱互换的，货物经常要在航空港换入航空集装箱。海空货物的目的地是机场，货物运抵后是以航空货物处理的，因此如何在中转时快速、安全地处理货物以及如一般空运那样按时抵达目的地已成为海空联运的关键。

迅速、经济。运输时间比全程海运少,运输费用比全程空运便宜。表 9-3 列出了各类运输模式的运输时间,空运费用和海空联运运费则按全海运运费做比例计算。总的来讲,运输距离越远,采用海空联运的优越性就越大。因为同完全采用海运相比,其运输时间更短;同直接采用空运相比,其费率更低。因此,从远东出发将欧洲、中南美洲以及非洲作为海空联运的主要市场是合适的。此外,目前,国际上对海空联运还没有相应的规定和法律,因而,运价可自由指定。

可以解决旺季时直飞空运舱位不足的问题。

货物通常要在航空港换入航空集装箱。当然,随着世界商品技术含量的不断提高,并向轻小精薄方向发展以及跨国公司对及时运输的需求,发达国家已出现采用大型飞机进行国际标准集装箱(空水陆联运集装箱)的海空多式联运方式。

托运货物的限制。基于海空运输规则及设施限制,有些货物暂不收运,比如,危险物品、贵重物品、活动物,以及需要冷藏或冷冻的物品等。长度超过 235 英寸或宽度超过 96 英寸或高度超过 118 英寸的货物,以及每千克申报价值超过 20 美元的货物,一般不接受订舱。

由此可见,海空联运结合海运运量大、成本低和空运速度快、时间要求紧的特点,能对不同运量和不同运输时间要求的货物进行有机组合。

2. 我国海空联运业务流程

现行大陆出口货品采用海运转空运方式,主要经由香港及韩国仁川两地。而货品由厦门陆运到香港至少要两天,加上待机及作业时间,货品送达目的地至少需 7 天;但如果采用海空联运,比如,通过厦门到高雄港转空运,海运时间只要 11 小时,加上待机及运送时间,货品可在两天内送达。因此,采用经高雄中转的海空联运方式将使货主减少 5 天的运作时间。为此,大陆厦门、福州两地的海运货物将可选择通过高雄港,经高雄小港机场及中正机场以空运转至欧美市场。以下介绍经由高雄中转的海空联运业务流程。

(1) 订舱

船舶开航一周前接受订舱,开航(不含)前两天 12 小时截止订舱。

收到货主传真托运(Shipping Order, S/O)表示订舱确认。

多式联运经营人接受订舱时,应建立订舱表,注明件数、重量、材质、货代名称、定船期及空运班次。

（2）收货

订舱完成后由多式联运经营人委托的海运货代传真"进仓通知书"给货主，货车于送货时必须随单携带。

进仓通知书上记载货物码头、品名、件数、材数、重量、船名、空运主号与分号提单号码及仓库位置指示地图。

驻仓货员凭进仓通知书点收货物，或有异常应当场处理、注记。

货物点收时，须检查外箱已贴空运主、分提单号码标签。

（3）装箱

多式联运经营人制作配箱计划表通知海运代理装箱，对特殊装箱要求加以注明。

装箱完毕后将实际装箱顺序记录在原配箱计划表上。

海空联运货物不得与其他货物混装。

原则上台湾中正机场转运货先装，小港机场转运货后装。

多式联运经营人签发 FORWRDER CARGO RECEIPT（FCR）给货主。

（4）海运集装箱交运

多式联运经营人委托之海运代理向船公司订船时，应注明海空联运集装箱，并请船公司将该集装箱装载于货轮的最上层以利于到港后于第一时间将该集装箱卸下，以缩短作业时间。

货轮起航时间、交运集装箱号码及装运资料（包括空运主、分提单号码）应于船舶出发两小时内以传真、电报或电子邮件传送给中华航空有限公司（以下简称"华航"）高雄货运部及台北货运部。对假日抵达高雄的船舶，应于周五中午前传发。

（5）文件的接收和发送

受委托海运代理应点收托运货代发送的空运分提单及相关文件，交给船公司置于文件袋内随船运送。

多式联运经营人高雄码头代理人于船舶抵达后，应尽快向船公司取得上述文件，转交拖车或卡车司机，抵达机场后送到华航机场柜台。

华航机场柜台点收后，置于箱内，交给所属空运代理商。

（6）华航货物处置计划

华航高雄货运部及台北货运部依装运资料协商后，以高雄货运部为窗口，决定原箱押运或拆箱卸存码头仓库，以及卸货仓储地点，在船舶抵达高雄港前通知多式联运经营人高雄码头代理人。

对假日抵达高雄的船舶，处置计划应于周五下班前传发。

（7）抵达高雄港的处理程序

多式联运经营人高雄码头代理人在船舶抵达高雄港后并同船公司办理海转空报关，并传输空运主号信息申请放行。

依华航货物处置计划海关申请原箱押运，或先卸存码头保税仓再安排保税卡车运至指定仓储地点。

原箱押运或以保税车运送均应先制作海转空舱单，其内容为空运主提单号码、件数、重量、体质、目地站、海运船舶名称、抵达高雄港时间、预定转接返班次。海转空仓单应随车运送。

海转空舱单上填具预定抵达时间、车号、司机电话、承办人联络电话等细节，传真至华航高雄货运部、台北货运部及机场仓储联络窗口。

（8）机场仓储作业

机场仓储依海转空舱单过磅丈量，并将资料列印在托运单上，完成后托运单送航空公司转交空运代理商以便缮制空运主提单。

过磅丈量时应按分提单号码分别计算。

点收时发现异常应注明于托运申请书上，并请空运代理商签字证明。

仓储公司委托代理公司依双方签订之收费标准，每半个月检附单据向航空公司请款。

（9）空运单的输入及 EDI 传输

传输提单电脑资料时，应加注 HANDLINGCODE – SAX（Sea AIR Express）以之区别。

EDI 传输比照出口班机。

（10）空运单的签发与收费，

厦门—高雄海空联运的空运单须在台湾开立，起运机场缮打为台北 TPE 或高雄 KHH，不得缮打为厦门 XAM，收费亦照现行作业，由华航台货中心向台湾空运代理商收取运费。

（11）合约签订

华航货运处负责与多式联运经营人签订代理合约，内容包括代理项目及收费标准，签约完成后，合约副本送财务处、华航台货中心及派驻厦门代表各一份。

华航台货中心负责与机场仓储公司订立仓储使用合约，内容包括服务项目及费率，合约副本送财务处、货运处各一份。

三　陆空联运业务流程设计

1. 陆空联运概述

陆空（陆）联运较之海空联运而言，采用更普遍，尤其是工业发达国家、高速公路较多的国家，这种方式更显其效能。陆空货物联运具有到货迅速、运费适中、安全保质、手续简便和可以提前结汇等优点。

国际陆空联运主要有空陆空联运、陆空陆联运（train - air - truck，TAT）和陆空联运（train - air，truck - air，TA）等形式。目前，接受这种联运方式的国家遍及欧洲、美洲和澳大利亚。

（1）空陆空联运

目前很多从国外运到中国内地的货物在到达香港机场后，收货人在港办理提货，再用货车运输到内地，需耗时 3—4 天。如果实现空陆空联运，货运单可直接填写"国外某地—国内某地"，待货物到达香港国际机场后，由海关批准的公司专门用接驳卡车运到深圳宝安国际机场或广州白云机场，再由深圳宝安国际机场或广州白云机场空运至国内目的地。这个过程实现了空—陆—空接驳，货物不再按照转关办理，海关对三地机场空陆空联合运输货物比照航空货物办理。其中，接驳汽车在粤港、粤澳机场之间进出口岸以及二次转关时，海关只需验核其航空运单等单证后即予放行，货物只需在运至或运出机场时一次性办理进口或出口的海关手续。出口情况与此类似，内陆出口货物空运至深圳宝安国际机场或广州白云机场后，可直接报关经陆路监管运输至香港国际机场，再运至世界各地。

（2）陆空联运

陆空联运广泛采用"卡车航班"运输形式。所谓卡车航班是指具有全程航空运单，以卡车作为飞机的延伸工具，用陆运方式接驳未建机场的延伸工具，用陆运方式接驳未建机场的地区，实现没有建设机场的地区可以直接收发航空进出口货物。海关实行"一次报关、一次查验、一次放行"的直通式通关服务，以扩大航空辐射区域。

卡车航班具有手续简单、方便快捷的特点：

①卡车航班弥补了空运固定航班在机型、航线以及航班时间等方面的弱点，同时有效发挥陆运卡车装载能力大、运输路线灵活的优势，又发挥了陆空联运实行"一次报关、一次查验、一次放行"的直通式通关服务，

大大节省了通关时间，降低了运输成本。

②通过卡车航班建立非枢纽机场与枢纽机场之间的联系。卡车航班完全是为了向枢纽机场汇集货物，或者为枢纽机场分拨货物而开通的。

2. 陆空联运业务流程

（1）陆空联运应注意的事项

陆空联运应注意的事项表现在以下几个方面：

①应妥善选择运输方式。飞机航班在时间和安全性上具有卡车航班无法比拟的优势，同时拥有固定的运力。所以，对于批量小、单件货物重量、尺寸适合的货物，以及特种货物，诸如鲜活易腐货物、贵重物品、危险物品，应当使用飞机航班运输。

②应处理好货物在两种运输方式之间的衔接，即要根据货物运输的续程航班时间来确定使用飞机航班或者卡车航班。为了确保航班收益最大化，所有货物在到达枢纽机场之前必须预订续程航班，可以根据续程航班的时间来确定运输方式。例如，在青岛至北京的航班选择上，如果续程航班于次日 15 时以前自北京起飞，就只能安排飞机航班运输货物，使用卡车航班运输很难保证有足够的操作时间将货物安排在续程航班上。而只有续程航班于次日 15 时以后自北京起飞时，才考虑安排卡车航班运输货物。

③卡车航班的运营环境在某种意义上比空中航线更为复杂，因为运输时间和路程都要比飞机航班长，所以，对于全程的道路状况和天气状况必须进行充分的调查，才能确保卡车航班安全、准时地到达枢纽机场，衔接续程航班。并且在发生任何异常情况时，予以妥善处理，将延误的时间减到最小，将可能的损失降到最低。

④卡车航班是对飞机航线的延伸。卡车航班在形式上是卡车，但在概念上却是航班，卡车实际上是航空器的替代品，完全由航空公司按照固定的时间以及航线进行操作。按照国际惯例，货物从起运点到止运点都须设立机场，运单才可以直通。因此，如整个全程采取国际航空货运单"一票到底"的形式，就要求货运的始发站或目的地必须有国际航空组织公认的航空代码。

（2）陆空联运的海关监管流程

汽车运输企业申请承运卡车航班货物时，应向机场海关提供营业执照、协议书、车场备案等资料复印件以及书面申请，机场海关审核同意后，方可承运卡车航班货物。

进口卡车航班货物海关监管流程如下：

①货物运抵前，航空公司向海关传递航空舱单电子数据、货代向海关传送分运单电子数据；货物运抵后，航空公司及货代向海关提交纸本舱单和分运单。

②运输企业按直转方式，向海关录入转关申报单及提交本航次卡车航班货物清单申报转关。

③海关审核同意后，承运人或其代理人凭以将货物换装海关监管车。同时海关将航空舱单、运单及卡车航班货物清单等单证制作关封，由承运人带交进口货物指运地海关。

④货物运抵指运地后，承运企业获取代理人向指运地海关交验关封。经指运地海关审核准的，办理转关核销手续，可办理货物报关手续。

出口卡车航班货物海关监管流程如下：

①发货人或其代理人在起运地海关办理出口报关手续，并递交出口报关单，陆路载货清单等单证后，办理转关手续。

②海关审核放行后，制作关封交承运人，连同航空运单随卡车航班一起带往机场海关。

③监管车到达机场后，交验关封；机场海关审核无误的，核销转关电子数据。货物和运单资料由承运人或其代理人交航空货运部门办理货物发运手续。

④货物空运离境后，机场海关核对航空公司传输的出境货物清洁舱单，并予以结关核销。发货人或其代理人可在起运地海关办理报关单结汇联和退税联的签发手续。

（3）陆空联运运作程序

以经香港空运的陆空联运货物为例，其主要运作程序如下：

①货主在签署贸易合同、制作的发票、货物明细单时应注明联运方式。例如，"由发货地至香港装火车，由香港至中转地装飞机，由中转地至目的地装汽车"，并在唛头上列明目的地，注明转口货，以避免香港征税；有关单据上要加盖"陆空联运"字样，以示区别、加速中转。

②货主向陆空联运经营人办理委托，并提供有关单证资料，包括为安排货物在香港转运业务的运输委托书或出口货物报关单。

③货物在内地装上火车后，陆空联运经营人签署航空货运分运单或承运货物收据交付货主，以便货主结汇。

④陆空联运经营人向在香港的收转人（目前主要有香港中国旅行社、华厦空运公司、合力空运有限公司等）提供货物装上火车离站信息，以便转运人办理货物在香港的中转事宜。

⑤陆空联运经营人委托在中转地的代理人，负责从航空公司接收货物，并安排汽车转运至目的地，交付收货人。

本 章 小 结

基于价值增值的集装箱多式联运流程设计是实现价值增值的关键环节，设计科学合理的流程将更大程度地提高功能成本之间的比率。本书主要分析了三种常见的流程设计：以海运为核心的集装箱多式联运业务流程设计、以陆运为核心的集装箱多式联运业务流程设计和以航海为核心的集装箱多式联运业务流程设计。

1. 以海运为核心的集装箱多式联运业务流程设计。以海运为核心的集装箱多式联运业务流程，是指整个集装箱多式联运过程是以国际海上运输作为主要干线运输的运作过程；从运输方式的组合形式上划分，业务流程主要包括公海联运、海铁联运等。

2. 以空运为核心的集装箱多式联运业务流程设计。以空运为核心的集装箱多式联运业务流程是以航空运输为主要运输工具的多式联运运作过程；业务流程主要包括海空联运、陆空联运等。

3. 以陆运为核心的集装箱多式联运业务流程设计。以陆运为核心的集装箱多式联运业务流程是指整个国际物流过程是以铁路运输或公路运输作为干线运输的多式联运运作过程；从运输方式的组合划分，业务流程主要包括公铁联运、公铁工联运、大陆桥运输（海陆海联运）等。

第八章

集装箱多式联运价值增值策略研究

根据价值工程理论，集装箱多式联运价值增值不是一味地提高集装箱多式联运的功能，也不是一味地减小集装箱多式联运的成本，而是协调功能与成本之间的关系，寻求功能—成本之间的更优配置，以求得更大的功能—成本比，获得更大的集装箱多式联运价值。多式联运价值增值策略的核心可以概括为：在保证货运服务功能的前提下，采取一系列的措施尽量减少成本以提高价值，同时，合理的创新将贯穿价值增值的始终。

第一节 保证质量以确保功能

质量是现代质量管理学最基本的概念，也是市场经济领域的重要概念之一。集装箱多式联运在质量可以从以下方面理解：

集装箱多式联运服务质量是指集装箱多式联运服务所具有的、能用于鉴别其是否合乎规定要求的一切特征和特性的总和。[1]

集装箱多式联运服务质量是需求方和供给方从商业关系各个角度共同认识的价值概念。对于需求方而言，该价值理念意味着可以用尽可能低的价格购买到高质量的集装箱多式联运服务；对于供给方而言，则意味着提供顾客期望水平产品的同时获得最大可能的利润。[2]

集装箱多式联运服务质量是货运服务的使用过程中成功满足用户需求的程度，对用户而言，集装箱多式联运服务质量是指服务的适用性。[3]

集装箱多式联运对价值增值的追求必须以保证货运服务质量为前提，

---

① 国际标准化组织（ISO）的《ISO 9000：2000 质量管理体系——基础和术语》。

② 六西格玛管理理论中对质量的定义。

③ 世界著名质量管理专家美国朱兰博士对质量的定义。

只有保证了集装箱多式联运服务的质量才能进而确保货运服务功能。因此，质量管理策略成为集装箱多式联运价值增值过程中的必要策略。

一　集装箱多式联运的全面质量管理

20 世纪 50 年代以来，随着生产力的迅速发展和科学技术的日新月异，人们对产品质量的要求从注重产品的一般性能，发展为注重产品的耐用性、可靠性、安全性、维修性和经济性等。在生产技术和企业管理中要求运用系统的观点来研究质量问题。在管理理论上也有新的发展，突出重视人的因素，强调依靠企业全体人员的努力来保证质量。此外，"保护消费者利益"运动的兴起，导致企业之间市场竞争越来越激烈。在这种情况下，美国 A. V. 费根鲍姆于 60 年代初提出全面质量管理的概念。他提出，全面质量管理是"为了能够在最经济的水平上、并考虑到充分满足顾客要求的条件下进行生产和提供服务，并把企业各部门在研制质量、维持质量和提高质量方面的活动构成为一体的一种有效体系"。

1. 管理理念

全面质量管理（Total Quality Management，TQM）是当今质量管理中最先进、最有效的理论与方法体系，是为了能够在最经济的水平上，在充分满足市场需求的前提下，进行市场研究设计、生产和服务，将企业内部各部门研制质量、维持质量和提高质量的活动构成一体的有效体系。①

集装箱多式联运全面质量管理的原理是从集装箱多式联运服务的生产设计阶段入手，经由集装箱多式联运的运作过程，到集装箱多式联运服务的提供为止，进行全过程、全方位的质量管理。

集装箱多式联运全面质量管理的目标是确保集装箱多式联运服务能够满足市场需求。同时，要求集装箱多式联运运作环节科学、合理，运作顺畅；要求集装箱多式联运参与方各方的利益尽可能地协调；要求集装箱多式联运企业的生产效率和效益得到提高。

集装箱多式联运全面质量管理的意义主要在于：提高集装箱多式联运服务的质量、改善集装箱多式联运服务的运营组织、提高集装箱多式联运企业的利润空间、实现社会资料的合理配置、降低事故发生的概率。

_____

① 本段所涉及的全面质量管理的思想参考费根鲍姆在《全面质量管理》（1961）一书中的主要观点。

2. 管理方法

影响集装箱多式联运服务质量的因素相对于单一运输方式货运复杂得多，主要有：技术因素、管理因素；人为因素、物质因素；内部因素、外部因素；经济因素、社会因素、生态环境因素等。需要有科学的方法来甄别不同的影响因素，灵活地应用现代管理方法来实现对集装箱多式联运服务质量的管理。全面质量管理策略正是针对以上问题从多个层面实现对集装箱多式联运的管理，其应用较多且最为有效的管理方法主要有以下七种基本的统计方法。

（1）直方图法：在相同的经济、技术水平和市场环境下，集装箱多式联运服务的质量不可能完全相同，一般是在某个范围内波动。直方图就是将服务质量的波动范围表示出来，通过对质量波动范围的管理实现对货运服务水平的管理。

（2）因果图法：因果图法是将集装箱多式联运服务的质量问题与造成这些问题的原因进行一一对应的方法，一般用箭头表示因果关系。

（3）排列图法：集装箱多式联运服务质量是由多方影响因素共同决定的，排列图正是针对这一问题分析得出影响因素中的"极端重要的少数影响因素"和"无关紧要的多数影响因素"。用数量分析的方法找出影响质量问题的主要矛盾和关键因素，从而展开质量管理工作。

（4）相关图法：相关分析是研究变量之间关系的重要方法。在集装箱多式联运质量控制中，相关分析用来判断各种因素对货运服务质量有无影响、影响大小如何。

（5）控制图法：控制图法是用图表的形式来表示集装箱多式联运运作过程的具体工序，并对生产过程进行分析控制，从而达到全程控制的目的。

（6）调查表法：调查表法是应用表格收集和统计质量问题出现情况的有效方法。

（7）分层法：分层法是分析处理质量问题成败的关键。分层法将性质相同、在同一生产条件下生产的集装箱多式联运相关数据集为一组，然后利用统计方法对这些数据进行加工整理，绘制图表，可以进一步做出分层直方图、分层因果图、分层排列图、分层相关图、分层控制图。

3. 策略实施

集装箱多式联运的全面质量管理策略通过对集装箱多式联运全过程进

行全方位的质量控制来确保集装箱多式联运服务的质量，从而保证货运服务的功能。但是，全面质量管理也有其实施的基本条件，即要求集装箱多式联运经营方认可该管理策略，要求集装箱多式联运市场有需求推动力，要求集装箱多式联运企业有着足够的市场灵敏性，要求整个质量管理过程以当前实际为基础，要求集装箱多式联运组织的全员支持与参与等。集装箱多式联运价值增值主体，特别是多式联运企业在实施价值增值前，务必要充分重视全面质量管理的实施条件，以保证价值增值的顺利实施。集装箱多式联运企业全面质量管理的实施过程中也要做好相关的工作，主要有：第一，需要领导的重视与参与；第二，要以保证质量为前提，抓住全面质量管理的核心理念；第三，切实做好各项基础工作，特别是数据资料的采集与整理；第四，做好多方面的协调工作；第五，讲求经济效益的同时切实重视社会效益与生态效益。另一增值主体政府管理部门在实施全面质量管理策略同时更多程度上要发挥监管作用，起到矫枉过正的重要作用。

二　集装箱多式联运的生产过程管理

1. 坚持按标准组织生产

标准化工作是质量管理的重要前提，是实现管理规范化的需要，"没有规矩，不成方圆"。企业的标准分为技术标准和管理标准。工作标准实际上是从管理标准中分离出来的，是管理标准的一部分。技术标准主要分为原材料辅助材料标准、工艺工装标准、半成品标准、产成品标准、包装标准、检验标准等。它是沿着产品形成这根线环环控制投入各工序物料的质量，层层把关设卡，使生产过程处于受控状态。在技术标准体系中，各个标准都是以产品标准为核心而展开的，都是为了达到产成品标准服务的。

管理标准是规范人的行为、规范人与人的关系、规范人与物的关系，是为提高工作质量、保证产品质量服务的。它包括产品工艺规程、操作规程和经济责任制等。企业标准化的程度，反映了企业管理水平的高低。企业要保证产品质量，一是要建立健全各种技术标准和管理标准，力求配套；二是要严格执行标准，把生产过程中物料的质量、人的工作质量给予规范，严格考核，奖罚兑现；三是要不断修订改善标准，贯彻实现新标准，保证标准的先进性。

2. 强化质量检验机制

质量检验在生产过程中发挥以下职能：一是保证的职能，也就是把关的职能。通过对原材料、半成品的检验，鉴别、分选、来剔除不合格产品，并决定该产品或该批产品是否接收。保证不合格的原材料不投产，不合格的半成品不转入下道工序，不合格的产品不出厂；二是预防的职能。通过质量检验获得的信息和数据，为控制提供依据，发现质量问题，找出原因及时排除，预防或减少不合格产品的产生；三是报告的职能。质量检验部门将质量信息、质量问题及时向厂长或上级有关部门报告，为提高质量，加强管理提供必要的质量信息。

要提高质量检验工作，一是需要建立健全质量检验机构，配备能满足生产需要的质量检验人员和设备、设施。二是要建立健全质量检验制度，从原材料进厂到产成品出厂都要实行层层把关，做原始记录，生产工人和检验人员责任分明，实行质量追踪。同时要把生产工人和检验人员职能紧密结合起来，检验人员不但要负责质检，还有指导生产工人的职能。生产工人不能只管生产，自己生产出来的产品自己要先进行检验，要实行自检、互检、专检三者相结合。三是要树立质量检验机构的权威。质量检验机构必须在厂长的直接领导下，任何部门和人员都不能干预，经过质量检验部门确认的不合格的原材料不准进厂，不合格的半成品不能流到下一道工序，不合格的产品不许出厂。

3. 实行质量否决权

产品质量靠工作质量来保证，工作质量的好坏主要是人的问题。因此，如何挖掘人的积极因素，健全质量管理机制和约束机制，成为质量工作中的一个重要环节。

质量责任制或以质量为核心的经济责任制是提高人的工作质量的重要手段。质量管理在企业各项管理中占有重要地位，这是因为企业的重要任务就是生产产品，为社会提供使用价值，同时获得自己经济效益。质量责任制的核心就是企业管理人员、技术人员、生产人员在质量问题上实行责、权、利相结合。作为生产过程质量管理，首先要对各个岗位及人员分析质量职能，即明确在质量问题上各自负什么责任，工作的标准是什么。其次，要把岗位人员的产品质量与经济利益紧密挂钩，兑现奖罚。对长期优胜者给予重奖，对玩忽职守造成质量损失的除不计工资外，还处以赔偿或其他处分。

此外，为突出质量管理工作的重要性，还要实行质量否决。就是把质量指标作为考核干部职工的一项硬指标，其他工作不管做得如何好，只要在质量问题上出了问题，在评选先进、晋升、晋级等荣誉项目时均实行一票否决。

4. 抓住影响产品质量的关键因素，设置质量管理点或质量控制点

质量管理点（控制点）的含义是生产制造现场在一定时期、一定的条件下对需要重点控制的质量特性、关键部位、薄弱环节以及主要因素等采取的特殊管理措施和办法，实行强化管理，使工厂处于很好的控制状态，保证规定的质量要求。加强这方面的管理，需要专业管理人员对企业整体作出系统分析，找出重点部位和薄弱环节并加以控制。

质量是企业的生命，是一个企业整体素质的展示，也是一个企业综合实力的体现。伴随人类社会的进步和人们生活水平的提高，顾客对产品质量要求越来越高。因此，企业要想长期稳定发展，必须围绕质量这个核心开展生产，加强产品质量管理，借以生产出高品质的产品，让企业领导放心，让我们的客户称心。

三　集装箱多式联运的六西格玛管理

1. 管理理念

西格玛（δ）来自于希腊文，用来表示总量里的误差数（瑕疵率）。一般企业的误差数是 3δ—4δ，以 4δ 为例相当于每一百万个产品或者每一百次的服务里有 6210 次失误。如果产品或者服务得到不断的改进后，达到了 6δ 的程度，就是说每一百万个产品或者每一百次的服务里仅仅有 3.4 次失误。六西格玛以管理质量的目标而得名，追求产品或者服务最大限度地满足市场需求。

6δ 管理策略作为一种统计评估法，其核心理念是追求集装箱多式联运的零误差，防范货运服务的责任风险，降低成本，提高服务质量和市场占有率，提高市场需求的满意程度和用户忠诚度。假如集装箱多式联运服务水平达到 3δ—4δ，则其失误次数在 6210—66800，这些失误需要多式联运供给者以销售额的 15%—30% 的资金来进行事后弥补或者修正。但是，假如集装箱多式联运服务水平达到 6δ，那么事后弥补或者修正的资金额将降低到销售额的 5%。

2. 管理方法

6δ 管理策略高度关注市场需求。6δ 管理策略是因管理目标而得名，

其绩效评估也是从市场用户的满意度开始的。6δ 代表了极高的满足市场需求和低级的服务失误率，集装箱多式联运的 6δ 管理策略将货运市场需求者的期望作为目标，并且不断地超越当前目标实现更高的目标。对集装箱多式联运企业而言，从现有的服务水平开始（3δ—4δ），实现 5δ，追求 6δ。

6δ 管理策略充分重视统计数据。集装箱多式联运服务水平的高低、市场满意程度的高低，需要通过一定的统计数据获得。准确的市场数据为管理人员提供了可靠的决策依据，6δ 管理策略充分重视统计数据。

6δ 管理策略通过改善业务流程实现管理目标。6δ 管理策略的核心思想是从集装箱多式联运服务产生失误的根本原因入手，通过优化出现失误的流程来实现对失误率的严格控制。因此，6δ 管理策略从失误产生的源头开始进行集装箱多式联运服务质量的管理，从本质上解决了失误问题。

3. 策略实施

（1）辨别货运服务的关键用户。任何一个集装箱多式联运企业或者相关组织不可能完全满足市场中的所有用户需求，因此对其关键用户的辨别是极其重要的，集装箱多式联运服务的供给方在运作过程中需要首先辨别其关键用户。

（2）了解关键用户的市场需求。6δ 管理策略中准确、充分了解用户需求是成本实施 6δ 管理策略的关键。首先要收集用户数据，制定用户反馈战略；其次，对用户的货运服务自身需求以及相关的需求进行综合说明，包括界面友好的订货程序、装运完成后的预通知服务、顾客收货后满意程度监测等，产品需求主要包括按照时间要求发货、采用规定的运输工具运输等；再次，对用户的不同需求进行分类整理，并将不同的需求按照重要性、紧迫性的不同进行排序，在确保重要需求的前提下保证其他需求。

（3）进行核心流程的优化。核心流程是对创造顾客价值最为重要的部门和作业环节，如吸引顾客、订货管理、装货、顾客服务与支持、开发新服务、开票收款流程等，它们直接关系到用户的满意程度。应用 6δ 管理策略，对核心流程进行优化，特别是对有可能出现货运服务失误的核心流程的优化是整个 6δ 管理策略的关键所在。

（4）再次优化 6δ 管理策略。6δ 管理策略是一个不断循环、不断优化的过程。当某一个 6δ 管理改进方案实现了减少服务失误的目标之后，巩固并扩大这一管理策略的成功又成为下一个 6δ 管理策略的起点。

四　ISO 9000 质量管理

随着全球经济的发展以及各国经济之间的相互融合，企业或者其他经济组织如何在国际市场中占据一席之地，如何在国际市场中不断提升自身的竞争力已经成为大家有目共睹的重要问题。ISO 9000 质量管理体系应运而生，其主导思想是要求企业或者经济组织将工作重点从价格转移到质量上来，关注质量的全面提高和改进。ISO 9000 系列标准使管理工作的普遍特征可以实现有效的标准化，给供需双方都带来了好处。集装箱多式联运活动往往会涉及国际性的经济运作，因此在集装箱多式联运中应用 ISO 9000 质量管理体系是可行的，而且是非常必要的。

1. ISO 9000 质量管理理念

集装箱多式联运的 ISO 9000 质量管理是以预防为主的管理方法，ISO 9000 质量管理体系认为集装箱多式联运服务的质量是企业生存的关键。而集装箱多式联运服务质量的影响因素又是多种多样、动态变化的，仅仅依靠经验不能完全保证货运服务的质量。因此，有必要对集装箱多式联运所有运作过程的质量进行控制。对多式联运所有运作过程进行控制的出发点在于"预防不合格的产生"，争取在不合格服务产生之前就对其进行控制管理，将人力、物力、财力资源的浪费消灭在未产生阶段。集装箱多式联运的 ISO 9000 质量管理中心任务是建立并且实施文件化的质量体系。典型质量体系文件的构成分为三个层次，即质量手册、质量体系程序和其他质量文件。质量手册可以包括质量体系程序，也可以指质量体系程序在何处进行规定。质量体系程序是为了控制每个过程质量，对如何进行各项质量活动规定有效的措施和方法，是有关职能部门使用的文件。其他质量文件包括作业指导书、报告、表格等，是工作者使用的更加详细的作业文件。

2. 集装箱多式联运的 ISO 9000 管理体系构成

普遍意义上的 ISO 9000 质量管理体系是由 5 个标准构成的，集装箱多式联运的 ISO 9000 管理体系是在以上 5 个基本的标准上结合集装箱多式联运的特点产生的。

3. 策略实施

在集装箱多式联运过程中应用 ISO 9000 质量管理策略可以按照以下

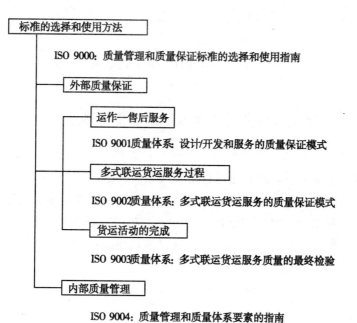

图 8 - 1　集装箱多式联运的 ISO 9000 质量管理体系示意图

步骤实施：

（1）集装箱多式联运质量体系建立的组织策划阶段。首先要开展对 ISO 9000 体系的学习，统一管理思想；其次是组织领导层进行决策；接着建立工作机制，着手培养骨干人才；之后就可以制定集装箱多式联运质量管理的工作计划和具体的管理程序。

（2）集装箱多式联运质量体系的总体设计阶段。此阶段的主要工作有：制定质量方针和质量目标，质量体系总体设计与系统设计，对现有的质量体系进行科学评价。

（3）集装箱多式联运质量体系的建立阶段。建立组织结构，规定质量管理过程中的责、权、利，配置实施质量管理的基本资源。

（4）集装箱多式联运质量管理体系文件的编制阶段。编制质量体系文件，并将此文件向多式联运参与方进行公开并听取意见，从而完成文件的审定、批准和颁发工作。

（5）集装箱多式联运质量管理系统的实施和运行阶段。展开集装箱多式联运质量体系的实施与运行，并对质量系统进行审核和评审，完成质量体系实施中的检查和考核。

第二节　降低成本以提高价值

一　优化集装箱多式联运流程以降低变动成本

1. 基于运输路径最短的多式联运路径优化

集装箱多式联运的运输过程是集装箱多式联运的重要组成部分，运输成本占总成本比重较大。多式联运货物的运输过程涉及多种运输方式与多种路径，货运主体可以有多种运输方案，可以选择多种运输路线的组合。鉴于此，可以分析寻找集装箱多式联运网络中的运输最短路径。[①]

（1）计算程序

假设：集装箱多式联运网络中，各节点以及各节点之间的连接情况，相连结点之间的路径距离已知。

特给出以下程序，用于计算一般网络中的最短路径问题。

程序内容详见附录。

（2）应用举例

根据以上程序，寻求如下图所示的多式联运网络的运输最短路径。圆圈表示各个运输节点，连线表示各运输节点之间的运输路径，连线上的数据表示运输路径的距离权数。

将上图用数列可以表示如下：

11（共有 11 个节点）

2　2　5　4　　0

2　5　1　4　6

1　7　9

1　3　7

2　9　1　4　5

3　5　3　4　1　7　4

3　4　7　9　3　10　1

---

① Lozano A. , Storchi G. Shortest viable path algorithm in multimodal networks [J] . Transportation Research Part A, 2001, 35（3）: 2251 – 141.

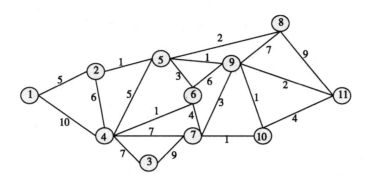

图 8 - 2　集装箱多式联运的运输网络图

2　5　2　11　9
2　6　6　8　7
2　9　1　11　4
1　9　2

输出结果：

从第 1 个节点到第 2 个节点的最短路为 5，路径为 1→2；

从第 1 个节点到第 3 个节点的最短路为 17，路径为 1→4→3；

从第 1 个节点到第 4 个节点的最短路为 10，路径为 1→4；

从第 1 个节点到第 5 个节点的最短路为 6，路径为 1→2→5；

从第 1 个节点到第 6 个节点的最短路为 13，路径为 1→2→5→9→6；

从第 1 个节点到第 7 个节点的最短路为 17，路径为 1→2→5→9→6→7；

从第 1 个节点到第 8 个节点的最短路为 14，路径为 1→2→5→9→8；

从第 1 个节点到第 9 个节点的最短路为 7，路径为 1→2→5→9；

从第 1 个节点到第 10 个节点的最短路为 18，路径为 1→2→5→9→6→7→10；

从第 1 个节点到第 11 个节点的最短路为 22，路径为 1→2→5→9→6→7→10→11。

即所求的最短运输路径如图 8 - 3 所示。

（3）优化方法评价

此算法的程序虽然篇幅比较长，但是该程序是 C＋＋界面下的程序，其运作快捷而且准确，适用范围更广，应用此算法可以直接求出集装箱多式联运网络中的运输最短路径，特别适合复杂的运输系统。而且，此优化

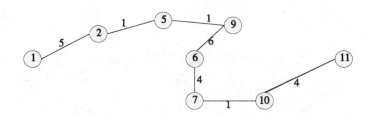

图 8-3 集装箱多式联运的最短运输路径

方法最大的优势在于其应用对实践操作人员的计算机水平要求很低，就算是没有任何软件基础的工作人员同样可以方便、快捷、准确地应用该方法，得出任意两个节点之间的最短运输路径。但是此算法仅仅从路径的距离上来进行多式联运网络的优化，并没有关注到各运输路径上的运输成本以及各种运输方式之间的协调。在实际应用中，最短路径并不一定就是最优路径，因此，此算法也具有一定的局限性。但是，当运输线路对应的运输成本难于衡量时，此算法不失为一种有效的优化方法。而且，运输网络越复杂，运输节点越多，越能体现出此方法的快捷性和准确性特点。

2. 基于运输成本最小的多式联运运输网络优化

基于运输成本最小的多式联运优化法中，主要研究对象系统中费用成本和时间成本两项，因为多式联运过程中产生的其他成本（包括外部成本）由于其所占的比重比较小而忽略不予计算。

（1）费用成本最优

基于费用成本最优的多式联运分配模型思路来自张建勇等《一种多式联运网络的最优分配模式研究》一文，其计算主体思想如下。

假设所研究的多式联运网络有节点 N 和连线集 A、运输方式集 M 合换装弧集 T 组成。弧 α（$\alpha \epsilon A$）的费用函数为 $s\alpha$（·），每条换装弧 t（$t \epsilon T$）的费用函数为 st（·）。P 为运输对象，o（$o \epsilon \subseteq N$）为运输起点，d（$d \epsilon 0 \subseteq N$）为货物交付地点。v^p 为多式联运网络中对象 P 的流量，v^p 包括弧流 $v_a{}^p$ 和换装流 $v_t{}^p$ 两部分。则运输对象 P 的费用函数为：$S^p \begin{bmatrix} (S_\alpha^P)，& \alpha \epsilon A \\ (S_{P_t})，& t \epsilon T \end{bmatrix}$。因此，对象 P 对于连接线 α 的总费用为 $S_\alpha^P (v) v_\alpha^p$，对于换乘点的总费用为 $S_t^P (v) v_t^p$。

再令 $K_{0d}{}^{m(p)}$ 表示通过 m（p）中的运输方式从起点到终点的路径集合，则流量平衡公式可以表示为：$\sum\limits_{K \epsilon K0d^m(p)} hkg0d^{m(p)}$，其中 $0 \epsilon O$，$d \epsilon D$，$d \epsilon Dm$

(p) ϵm (p), $p\epsilon p$。可求得：$v_\alpha^p = \sum\limits_{k\epsilon k^p} \delta_{\alpha k} hk$，其中：$\alpha\epsilon A$，$P\epsilon P$。

$V_t^p = \sum\limits_{k\epsilon k^p} \delta_{tk} h_k$，其中：$t\epsilon T$，$P\epsilon P$，且当时 $t\epsilon k$ 时 $\delta_{ik}=1$，否则 $\delta ik=0$。

基于总费用成本最优的多式联运模型为：

$$C_{\min} = \sum\limits_{k\epsilon p}\left(\sum\limits_{\alpha\epsilon A} s_\alpha^p(v) \sum\limits_{k\epsilon k^p} \alpha k_k^h + \sum\limits_{t\epsilon T} \delta_{it} h_k\right) ①$$

且有
$$\begin{cases} \sum\limits_{k\epsilon k^p}{}_k^h = g_{od}^{m(p)}; \\[2mm] h_k \geqslant 0; \\[2mm] \delta_{ak} = \begin{cases} 1, a\epsilon k \\ 0, a\epsilon k \end{cases} \quad \delta_{tk} = \begin{cases} 1, t\epsilon k \\ 0, t\epsilon k \end{cases} \end{cases}$$

（2）时间成本最优

同样，假设所研究的多式联运网络由 N 和连线集 A、运输方式集 M 合换装弧集 T 组成。弧 α（$\alpha\epsilon A$）的时间函数为 S_α（·），每条换装弧 t（$t\epsilon T$）的费用函数为运输对象，S_t（·）为运输起点，o（$o\epsilon 0 \subseteq N$）为货物交付地点。

同上一小节的计算相似，可得基于总时间成本最优的多式联运模型为：

$$T_{min} = \sum\limits_{p\epsilon p}\left(\sum\limits_{\alpha\epsilon k^p} s_\alpha^p(v) \sum\limits_{k\epsilon k^p} \delta_{\alpha k} h_k + \sum\limits_{t\epsilon T} S_t^p(v) \sum\limits_{k\epsilon k^p} \delta_{tk} h_k\right)$$

（3）优化方法评价

基于运输成本最小的多式联运运输网络优化改进了基于运输路径最短的多式联运路径优化方法，兼顾到了运输路径上的费用成本和时间成本，在实际工作中更具积极意义，是集装箱多式联运运输网络优化方法的一大改进。然而，由于集装箱多式联运涉及多种运输方式在不同地区、不同国家之间的运输过程，时间成本与费用成本的转换无法统一，因此该优化方法所求的时间成本函数公式计算所得的结果不能直接与费用成本叠加，也难于求出总成本。故而，此优化方法暂时孤立了时间成本和费用成本，不能完全准确地求出整个运输网络上的总成本。

---

① 张建勇、郭耀煌：《一种多式联运网络的最优分配模式研究》，《铁道学报》2002 年第 8 期。

3. 基于 Petri 网的多式联运流程优化

（1）Petri 网简介

卡尔·A. 佩斯最早提出 Petri 网，Petri 网适合于描述异步的、并发的计算机系统模型，是对离散并行系统的数学表述。Petri 网既有严格的数学表述方式，又有直观的图形表达方式；既有丰富的系统描述手段和系统行为分析技术，又为计算机科学提供坚实的概念基础。由于 Petri 网能够表达并发的事件，因此研究领域认为 Petri 网是所有流程定义语言之母。同时，Petri 网通过对业务流程的仿真，寻找出系统的瓶颈提出优化方案。[①]见于 Petri 网的上述特性，这一理论被广泛应用于交通系统和业务流程优化过程中。

一个完整的 Petri 网由四元素组成，分别是库所、变迁、输入函数和输出函数。

①库所：资源按其所在系统中的作用分类，每一类存放一处，抽象为一个库所（Please）元素，库所不仅是一个场所，而且表示该场所存放的资源。

②变迁：资源的消耗、使用及产生对应于库所的变化，称之为变迁，又称为（Transition）元素。

③Petri 网：一个 Petri 网可以表示为一个五元组，$PN = (P, T, F, W, M_0)$，其中，库所 P 为状态变量，变迁 T 表示一个事件，$F = P \times T$ 是输入函数，$W = T \times P$ 是输出函数，$W = T \times P$ 是初始标识，M_0 代表初始状态。

对于 m 各库所，n 个变迁的 Petri 网，其关联矩阵定义为一个 $m \times$ 的整数矩阵，$R(i, j) = F(P_i, t_j) - W(P_i, t_j)$

$$则 \ R^T = \begin{bmatrix} F(P_1,t_1) - W(P_1,t_1), F(P_1,t_1) - W(P_1,t_1 \cdots F(P_1,t_n) - W(P_1,t_n) \\ F(P_2,t_1) - W(P_2,t_1), F(P_2,t_2) - W(P_2,t_2 \cdots F(P_2,t_n) - W(P_2,t_n) \\ \vdots \\ F(P_m,t_1) - W(P_m,t_1), F(P_m,t_2) - W(P_m,t_2, \cdots F(P_m,t_n) - W(P_m,t_n) \end{bmatrix}$$

$$(8.1)$$

对于一个 Petri 网存在一组变迁使得标识 M 到 M，则可得到：

① 王云鹏、王占中等：《基于扩展 Petri 网的多式联运流程研究》，《工业技术经济》2005 年第 24 期。

$$M_d = {}_{M0} + R^T \sum_{k=1\mu k}^{d} \qquad (8.2)$$

上式中的变迁矩阵 $\mu_k = \begin{bmatrix} 0 \\ 0 \\ \vdots \\ 1 \\ 1 \\ \vdots \\ 0 \end{bmatrix}$ 从第 k 行开始取 1，它的值是使得 M 到

M_0 变迁 t_j 发生的次数。[1]

（2）集装箱多式联运流程分析

多式联运价值流动过程反映在整个货运过程。以铁海公多式联运为例，具体的集装箱多式联运流程表示如图 8－4 所示。

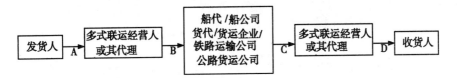

图 8－4　多式联运业务流程图

图 8－4 中的 A、B、C、D 分别表示的是多式联运各个节点：订立多式联运合同、制订运输组织计划、完成货运运送过程、到指定地点完成货物的交付等。

（3）流程优化

①建模

根据图 8－4 所示的简单的多式联运业务流程图，得到以下的 Petri 网模型。

如图 8－5 所示，圆圈代表显示某项运输任务的开始或者结束节点，或者信息等的流转节点；方框代表变迁，表示多式联运业务的实施；双方框代表多式联运中集合任务的子网。图中的 T 表示假设整个多式联运过程即从开始到为止花费的总时间。各子网对应的 Petri 网模型在此省略。

②状态矩阵

为了写出上述多式联运流程的状态矩阵可以引入矩阵 R^+ 和 R^- 来表示

---

① 胡晓龙：《集装箱空箱调运优化的模型与方法研究》，《东南大学》，2005 年。

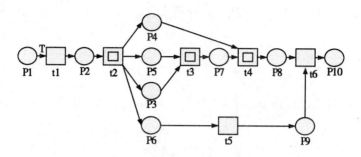

图 8-5　多式联运业务流程的 Petri 网模型

Petri 网中流的关系，其中 R^+ 表示 t 与输出位置的连接关系，R^- 表示与输入位置的连接关系，Petri 网模型的关联矩阵为 R，即：$R = R^+ + R^{-[-1]}$。①

$$R = R^+ + R^- = \begin{bmatrix} -1 & 0 & 0 & 0 & 0 & 0 & 0 \\ 0 & -1 & 0 & 0 & 0 & 0 & 0 \\ 0 & 1 & -1 & 0 & 0 & 0 & 0 \\ 0 & 1 & 0 & -1 & 0 & 0 & 0 \\ 0 & 1 & -1 & 0 & 0 & 0 & 0 \\ 0 & 1 & 0 & 0 & -1 & 0 & 0 \\ 0 & 0 & 1 & -1 & 0 & 0 & 0 \\ 0 & 0 & 0 & 1 & 0 & -1 & 0 \\ 0 & 0 & 0 & 0 & 1 & -1 & 0 \\ 0 & 0 & 0 & 0 & 0 & 1 & 0 \end{bmatrix}$$

同上，模型各子网的状态矩阵在此省略。

结合公式（5.2）可以写出目标函数：

例如，以时间最短作为优化的目标，实现整个集装箱多式联运的时间最小化。即：全程的总时间为：

$$T_{min} = \sum T_A I \left(R^T \sum_{k=1}^{d} \mu_k \right) \tag{8.3}$$

③仿真

Petri 网的仿真工具 ExSpect 软件，利用 ExSpect 可以得到在既定假定下的优化结果，实现有面向集装箱多式联运价值流的优化过程。见于仿真过程是应用软件的过程，本书在此省略。

---

① 张维明：《信息系统建模》，电子工业出版社 2002 年版。

（4）优化方法评价

应用 Petri 网技术优化集装箱多式联运的运作流程是当前最为有效的优化方法之一，特别是其仿真工具 ExSpect 软件具有强大的功能，能最大限度地提高优化效率。但是，由于我国集装箱多式联运还处于初级发展阶段，相关软件的发展与应用水平有限，因此该优化方法的普及还有大量的工作要做。

二　改善集装箱多式联运管理以降低固定成本

集装箱多式联运的管理水平在很大程度上决定了集装箱多式联运的总固定成本，通过改善集装箱多式联运管理可以实现固定成本的降低。

1. 建立多式联运数据库管理系统

多式联运数据库管理信息系统的构建有很大的操作难度，鉴于本书侧重的是理论研究，因此在此仅对系统进行扼要的说明。在实际操作中可以将整个管理系统进行细化、简化。

多式联运的发展比单一运输方式的发展更迫切需要信息化的管理，建立面向多式联运的货运信息化管理系统也是实现价值流优化的有效手段。

（1）货运信息化管理的内涵

信息化管理是以信息化带动工业化，实现企业管理现代化的过程，将现代信息技术与先进的管理理念相结合，转变企业生产方式、经营方式、业务流程、传统管理方式和组织方式，重新整合企业内外部资源，提高企业效率和效益、增强企业竞争力的过程。[①]

我国当前的信息化管理还存在一些发展误区，主要表现在以下三个方面。

首先，购置信息化装置（如电脑）就是实现信息化。其实，信息化装置只是实现信息化管理的前提准备，而不是判断是否实现信息化管理的唯一标准。

其次，建设企业的网站就是实现了企业的信息化管理。很多企业认为建立企业网站，就是实现了企业的信息化管理。其实，网站的建立只是信息化的一部分，对网站信息的更新、维护、使用、升级等才是信息化管理的内容。空洞、死板，没有实际应用的网站对企业的信息化管理来说没有

———————————

① 《什么是信息化管理》，http：//www. shenmeshi. com/Education。

任何实际意义。

再次，只有在 IT 行业才能实现信息化管理。[①] 其实，信息化管理并非 IT 行业的专有管理思路，制造企业、服务企业、商贸企业的信息化管理同样可以为企业的发展带来更大空间。例如，TCL、山东航空都通过开发企业的信息化管理获得了更大的发展空间。

货运信息化管理有别于传统的管理模式，信息化管理实现面向客户的集成化管理目标，联运企业内部和外部完全实现信息资源的共享，使得信息传递更为便捷，从而提高管理效率，降低管理成本。同时，信息化管理是一个动态的管理过程：企业处于动态的市场之中，企业的内外部环境都是不断变化的，企业管理的信息系统也随之不断变化。因此，货运信息化管理是一个不断计划、管理、协调、实施、反馈、循环的动态过程。

货运信息化管理实质是通过信息在整个运输服务过程的共享，选择最优的运输组织方案为客户提供货运服务，并不断寻求适合企业发展的管理策略，实现高质量的动态管理。

（2）货运信息化管理系统的构建

货运信息化管理系统构建的前提是分析内外部环境和确定信息系统的构建基础，例如，以企业财务为基础构建信息化管理系统，以载运工具的维修为基础构建信息化管理系统，以运输组织为基础构建信息化管理系统等。如果以集装箱多式联运企业为例，其信息化管理系统的构建可以用图 8 - 6 来简要表述。

第一，需要对集装箱多式联运的企业内、外部环境进行深入分析，以准确把握企业现状以及发展方向，从而制定企业的发展目标；第二，确定集装箱多式联运企业信息化管理的基础，提出基于集装箱多式联运运营组织的信息化管理目标；第三，选择优秀的软件公司和企业联合开发信息化管理系统，并将其细化为各个子系统，如多式联运组织子系统、货物实时跟踪子系统、运输服务监督子系统等；第四，在企业范围内展开信息化管理系统的应用；第五，对企业信息化管理的实施情况进行评价。

2. 制定有助于价值增值的管理体系

集装箱多式联运企业作为整个集装箱多式联运系统的组成细胞，制定

---

① 张继焦：《价值链管理——优化业务流程与组织，提升企业综合竞争能力》，中国物价出版社 2001 年版。

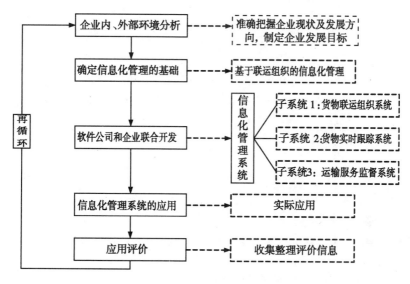

图 8 - 6 集装箱多式联运企业信息化管理系统的构建示意图

有助于集装箱多式联运价值增值的管理体系，是从经济系统的微观层面入手推进集装箱多式联运活动的价值增值。

在传统的企业管理中，一直强调"没有规矩不成方圆"，强调制度先行的重要性。但是随着管理理论的发展，特别是将价值流理念引入企业管理之后，硬性制度对生产所产生的制约性不断凸显。因此，面向多式联运的货运企业如果能做到管理制度与服务价值、价值增值相互协调，则会得到更好的管理效果。

从联运企业内部出发，制定适合于促进货运价值增值的企业管理制度，例如，改善企业的奖励制度，加大对创新意识的奖励，鼓励企业员工从业务层出发自主寻求具有增值潜力的业务；改善企业的工资福利制度，加大对绩效工资的考核，调动企业员工的工作积极性等。甚至可以从企业的所有权出发，实施企业所有制的改制，鼓励员工认购股权等。总之，联运企业的管理制度要以货运价值增值为主要目标之一，最大限度地挖掘员工的能动性，最大限度地利用企业的内、外部资源，实现货运价值的最优。①

---

① 朱文英、马天山：《公路货运企业价值链理论及优化策略研究》，《武汉理工大学学报》（社会科学版）2010 年第 23 期。

第三节　合理创新以促进价值增值

"创新"是一个古老的词汇，但是创新成为一种理论学说则是在20世纪初的事情。20世纪50年代，美国著名管理学家德鲁克将"创新"引入管理领域，进而发展成为一种新兴的理论——创新理论。德鲁克认为，创新过程是赋予资源以新的创造财富能力的行为过程。创新不仅仅是一种经济机制或技术过程或管理行为，还是一种必然的社会现象。集装箱多式联运的创新分为三个层面：集装箱多式联运服务的创新、集装箱多式联运流程的创新和集装箱多式联运战略的创新，这三个层面的创新源于集装箱多式联运创新思维，由集装箱多式联运服务的创新体现出来。

一　集装箱多式联运创新思维

1. 创新思维的重要性分析

思维的理解有广义和狭义之分。广义的思维是指主体能动地、连续地获取各种环境信息，由特定的组织或者组织体系对获得的环境信息和之前的运算结果信息进行一系列的运算，得出应对环境变化的方案的运动，以上的运算包括转型、传递、提取、存储、对比、排列、组合、删除等多种最简单、最基本的操作。狭义的思维是不受现成的常规思路约束，寻求对问题的全新认识和独特解答方法的思维过程，是指向理性的各种认识活动。创新思维是带有创新活动的思维过程，集装箱多式联运的创新思维要求创新意识贯穿于集装箱多式联运的全过程。

集装箱多式联运价值增值过程中的创新思维在很大程度上决定了价值增值的成功与否以及价值增值的程度。但是在实际工作中，创新思路往往由于定式思维的桎梏很难发挥巨大作用，这就需要摒弃对新事物、新方法、新思维的惧怕和怀疑，以不同的视角，从多个层面来研究货物的多式联运，摒弃墨守成规、循规蹈矩的被动工作，抓住集装箱多式联运价值增值中的关键因素，充分发挥创新思维的巨大作用，实现价值增值目标。

2. 集装箱多式联运的创新思维

（1）水平思考法

创新思维之父英国学者德·波诺博士创立的水平思考法，是当代最具影响力的创新思维。《简明牛津英语词典》中对水平思考法的解释是：通过非正统的或明显不合逻辑的方法来试图解决问题。水平思考法最典型的应用可以用如下的实例做以说明：假如有一座房子，四个人分别站在房子的不同的四个面处。那么，四个人观察这座房子都有着不同的观察角度，也有不同的观察结果，四个人都在争论自己看到的那一面是正确的。如果换用水平思考法来观察同一座房子，那么这四个人都会绕着房子转一圈，每个人都会看到房子完整的四个面。因此，这四个人在每一时刻都在用同一的观点进行平行思考。这就是水平思考法的妙处所在，在集装箱多式联运运作中具有同样的奇妙所在。应用水平思考法有助于多式联运参与主体站在同一观点下进行平行的思考，而非割裂集装箱多式联运过程片面地进行运作管理等工作。而且，应用水平思考法，有助于实现集装箱多式联运过程中的创新，并能使得创新更为有效。

（2）六顶思考帽法[1]

德·波诺提出的六顶帽思维法是对过去二百多年来人们思维方法最重大的变革。六顶思考帽法解决了人类思考的复杂性问题，将思考这一复杂的问题化繁为简，强调了一个非常简单的概念：只允许思考者在同一时间内只做一件事情。六顶思考帽法将不同的思维形象地比喻为六种颜色不一的帽子，一种颜色的帽子就代表着一个思考方向。这一创新思维方法同样适用于集装箱多式联运中，不同的帽子代表不同的思考方向，在一定的时间内只允许戴着一顶帽子。

白色思考帽：与集装箱多式联运中的信息和数据直接相关，使用白色思考帽时注意力完全集中于集装箱多式联运信息；

红色思考帽：在集装箱多式联运过程中允许参与方提出问题，了解系统内各方的情绪和感觉，同时不需要对各种感觉进行解释和修正；

黑色思考帽：是适用最多、有效防止错误、最有价值的思考帽，强调在集装箱多式联运过程要谨慎、小心，尽可能地杜绝失误；

黄色思考帽：关注集装箱多式联运过程的时间价值，是六顶思考帽中唯一促使人们去用时间寻找价值的思考帽；

绿色思考帽：与集装箱多式联运中的创新息息相关，其价值在于让每个人留出专门的时间去进行创新性思考；

蓝色思考帽：关注集装箱多式联运的多方协调，往往扮演着主持人的

---

[1]　杨建昊、金立顺：《广义价值工程》，国防工业出版社 2009 年版，第 339 页。

重要作用。

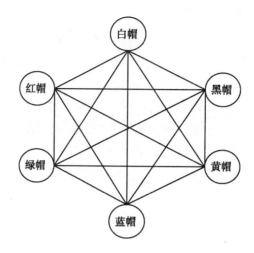

图 8 - 7 六项思考帽法示意图

六项思考帽相互独立而又相互作用，共同促生集装箱多式联运中的创新思维。

二　集装箱多式联运服务的产品创新

1. 产品创新

集装箱多式联运的主要产品是集装箱多式联运服务，对集装箱多式联运服务的创新主要从以下方面入手：

（1）行业内的新产品：开发行业内当前还未曾出现的新产品，从而抢占市场，实现创新价值。例如，将现代物流理念注入集装箱多式联运活动中来。

（2）企业内的新产品：不同的集装箱多式联运企业产品不尽相同，通过市场分析开发企业内的新产品，向新的利润市场进军。例如，扩展企业的业务范围，提供更全面的集装箱多式联运服务。

（3）增加新功能的新产品：为了更好地满足市场的集装箱多式联运需求，可以开发增加了新功能的产品。例如，实现集装箱多式联运过程中的实施监控功能等。

（4）更新换代的新产品：更新换代的新产品是原有产品的代替品，应用新的运作组织模式提供更加便捷、安全、及时的集装箱多式联运服务。例如，通过应用各种流程优化方法实现集装箱多式联运服务的换代升级。

2. 创新方法

实现集装箱多式联运服务的产品创新可以借鉴以下的创新方法。需求创新法：根据市场新需求创造新服务，出现新的货运需求时供给者投其所好，提供新的集装箱多式联运服务；组合创新法：综合集装箱多式联运市场中不同需求层次、不同利润空间的市场需求，提供新的、具有组合功能的产品，从而吸引更多零散的集装箱多式联运服务需求者，为其提供更高价值的货运服务；模仿创新法：当货运供给者自身实力不是足够强大的时候，很难在第一时间满足货运市场中的新需求，往往采取模仿市场上刚刚出现的新产品的做法来跟进创新；质疑创新法：根据市场需求以及集装箱多式联运过程中可能出现的疑虑实施产品创新，这就需要带着疑虑的眼光审视市场中的货运需求；联想创新法：根据实际操作和管理工作中产生的联想实施创新。

三　集装箱多式联运服务的功能创新

集装箱多式联运服务的功能创新以货运服务功能系统的整体配置和整合优化新方案，开创具有全新性、跨越性功能的新产品。

1. 功能创新

首先，功能创新的出发点是市场需求。集装箱多式联运服务功能的创新必须以市场需求为导向，离开需求单一方面追求创新只能是缘木求鱼罢了。其次，要以功能创新指导产品创新。集装箱多式联运市场需求的本质是对集装箱多式联运功能的需求，以功能创新为目标实现的产品创新才是有价值的创新，才是能够带来价值增值的创新。再次，功能创新要以产品成本和价格降低为目的，为市场需求者提供更高价值的产品。如果为了一味地追求创新而提高了产品的成本和市场价格，也是没有实际意义的。

2. 创新方法

实现集装箱多式联运服务的功能创新可以借鉴以下两种创新方法。一是产品功能集成创新：集装箱多式联运服务相关功能互补集成，摒弃冗余功能降低成本，在原有的多个功能基础上增加派生功能（同时保持成本），进而实现 $1+1>2$ 的目的；二是产品功能专一化创新：对某些关键功能进行专用化创新，加强关键功能以强化核心竞争力。以上两种创新方法中，前者追求集装箱多式联运服务功能的集成，尽量满足所有的市场需求，而后者则追求保持核心功能优势。两种创新方法的出发点完全不同，但最终目标一致，都是为了追求集装箱多式联运价值的增值。

第四节　提高决策能力实现价值增值

一　多式联运决策类型

结合我国目前运输业现状，多式联运决策可分为以下两类：战略性决策和战术性决策。

1. 战略性决策

战略性决策是指货主企业在选择承运商时进行的决策，货主企业在选择承运商时应考虑以下因素：

（1）企业产品（货物）种类：高价值的货物要求运输速度快，运费承受能力强；低价值的货物对速度要求不高，对运输成本控制要求严格，因为运费承受能力弱。

（2）企业工厂、仓库分布情况以及各分布点生产（存储）产品（货物）情况：工厂、仓库的位置分布直接影响着运输网络的设计。

（3）企业客户分布情况及主要特点。

（4）运输网络、运输资源情况：例如虽然铁路、水运价格便宜，但是有些地方没有这种条件，就只有考虑其他方式。公路运输虽然价格比上述两种稍高，但其到达性很强，很容易实现"门到门"运输。

（5）各种运输方式的主要特点及运输成本：考虑运输方式主要影响因素就是时间和成本（运费），成本当然要考虑，但在激烈的市场竞争环境下，运输时间是首要考虑因素。运费在不同地区不能笼统地讲，同样的运输方式在不同地区价格差别很大。

（6）承运商的实力资信、服务水平、经营网络、收费情况：因为责任重大，多式联运承运人注册时有很高的要求，如有一定量的注册资金，完善的经营网络（子公司或代理），只有有实力的企业才能为客户提供更好的服务。

（7）装卸搬运工具特点，货物的装卸搬运方式：不同货物对装卸、搬运等要求也不一样。

（8）其他税费情况：不同的承运商有不同的运输组织方式，而不同的运输方式税费支出也不一致，其直接影响了运输成本。

2. 战术性决策

战术性决策是指承运商进行运输组织时进行的决策，承运商在进行运输组织时应考虑如下因素：

（1）客户对运输配送时间及其他服务要求：由于产品种类的不同，其对物流费用的承受能力也大不一样；"根据产品的性质和市场要求，客户会提出一个配送到达时间以及其他更为详细的要求"，这是物流公司进行运输决策时最主要的考虑因素。

（2）各种运输方式的运输成本：在满足客户要求的前提下，物流公司要对各种运输方式组合进行成本核算，从中选取盈利能力最强的方式组合。通常情况下，终端集货和送货用公路运输，以实现"门到门"服务，干线运输则会考虑铁路和水运，但是由于铁路编组计划慢，送达时间不能保证，水运时效性差，因此有时干线运输也会采用公路。

（3）各种运输方式的可用性：由于不同地区的运输资源不同，目前只有公路覆盖了全国绝大部分地区，铁路和水运还有很多地方不能到达，航空则受限于固定的航线，在选择运输方式时必须考虑这些运输方式的可用性。

（4）各种运输方式所需提前期运输时间长短：如铁路运输，其计划性很强，必须进行计划编组，所需提前期较长。水路运输，大宗货物可以租船，时间比较灵活，散货则只能等待航班计划，也需要一定的提前期。航空运输也是如此，相比起来公路提前期最短，计划最灵活，可以即时起运。

（5）运输方式间的衔接性：多式联运承运人必须考虑不同运输方式间的衔接性，尽量缩短转换时间，减少装卸次数，以避免货损货差。

（6）运输服务质量（破损率、灭失率、服务准时率）。

（7）装卸成本，装卸次数。

（8）其他成本费用。

二　运输方式对比分析

从上述介绍的战略性决策和战术性决策两种多式联运决策类型来看，运输方式是影响多式联运决策的最关键因素之一，也就是通过不同的运输方式组合，选择出不同的多式联运线路。不同运输方式均有其各自的特征和优缺点，只要充分了解各种不同运输方式，才能选择出更优的多式联运线路。为此，本书对多式联运常用到的公路运输、铁路运输、水运、航空运输等四种运输方式进行对比分析。

各种运输方式的优缺点比较如下。

1. 铁路运输

铁路是一种适宜于担负远距离的大宗货物运输的重要运输方式。在我国这样一个幅员辽阔、人口众多、资源丰富的大国，铁路运输不论在目前还是在可以预见的未来，都是统一运输网中的骨干和中坚。铁路运输的优势是运输量大、运价较低、速度快、安全性强。长期以来由于铁路在我国国民经济和货物运输中的重要地位，因此已经得到了货主的广泛认同。另外，由于铁路网络深入内陆腹地，在内陆长距离运输方面占有绝对优势。劣势是，铁路是以承运大宗物资和外贸货物为主，集装箱运量占其总运量不足，未能引起足够的重视，虽然铁路运网能深入到边远内陆地区而集装箱货源主要集中在经济发达地区。近年来，随着国际贸易的快速发展，我国港口集装箱吞吐量增长迅速，但是经由铁路集疏的集装箱量不足 2%。2005 年我国港口集装箱吞吐量为 6989 万 TEU，而铁路港口车站进出口集装箱运量仅为 81.4 万 TEU，其中还包括箱到箱的方式运输。铁路集装箱运输的运输范围和运输方式经历了从国内到国际由单一运输到多式联运，再向陆桥运输的发展过程。其组织机构经历了曲折过程，2005 年成立了中铁集装箱运输中心，从而实现了由管理型到经营性的转变。集装箱的制造在材料上经历了由木制到铁制的过渡过程，箱型经历了由小型到大型的发展过程。装运集装箱的车辆也由使用车辆装运发展到使用专用车辆装运，而且专用车辆装运集装箱的比重呈逐年递增的趋势。"十一五"时期，集装箱的发展除依托于路网整体能力的提高外，铁道部将在哈尔滨、沈阳、大连、北京、天津、青岛、上海、宁波、郑州、武汉、西安、广州、深圳、昆明、成都、重庆、兰州、乌鲁木齐等省会城市及港口城市建设 18 个集装箱物流中心。这些中心按照国际标准建设，采用集装箱专用装卸机械，相互间能够开行集装箱班列，具有国际先进管理水平。

随着以京九铁路、南昆铁路为主要标志的新线建成通车以及其他一些线路的双线、电气化改造的完成，铁路运输网络得到了进一步的完善。对于铁路运输方式，集装箱集疏运路径主要为京广、京沪、京哈、浙赣、陇海等五大铁路干线，重箱箱流主要流向是由南向北、由东向西，铁路在长距离、大批量集装箱运输中占有一定优势。

（1）优点

铁路运输的优势在于：巨大的运送能力；廉价的大宗运输；较少受气候、季节等自然条件的影响，能保证运行的经常性和持续性；计划性强，比较安全、准时；运输总成本中固定费用所占的比重大（一般占60%），收益随运输业务量的增加而增长。

（2）缺点

铁路运输的缺点在于：始发站和终到站作业时间长，不利运距较短的运输业务；受轨道限制，灵活较差，必须有其他运输方式为其集散客货。公路运输方式在多式联运中也扮演着十分重要的角色，适宜承担客、货的中、短途运输，可为铁运、水运和空运集散客、货。近年来，随着我国建设高等级公路和改造已有公路步伐的加快，公路运输的竞争力越来越强。

（3）存在问题

具体到国内的铁路运输业，铁路运输还存在以下问题：没有统一的收费标准，虽然声称是一口价，实际上还存在其他收费；物流跟踪比较落后，信息化还有待提高；货主不能及时获得货物状态信息；需要编组、计划，等待时间较长；中间环节还存在野蛮装卸现象；各地方铁路局条块分割，责任不统一；理赔困难。

2. 公路运输

公路运输是主要使用汽车在公路上运送旅客和货物的一种运输方式，其运输方式灵活，适于短途运输和"门到门"运输。从目前来看，公路运输对市场信息的掌握以及反应都比铁路和水运要快，公路货运通常可实现即时运输，即根据货主的需求随时启运。

（1）优点

公路运输的优点在于：货物的送达速度快，仅次于航空运输，比铁路、水路、管道等运输方式要高出若干倍；有较强的灵活性和机动性；运输的连续性较强，仅次于铁路运运；中转环节少，可实现"门到门"的运输；辐射范围广，可以延伸到等级外的公路，甚至许多乡村便道；普通货物装卸方便，对场地、设备等没有专门的要求。

（2）缺点

公路运输的缺点在于：公路集装箱运输受到经济运距的制约；公路运输每次运量小；大多数公路都需要收取车辆通行费，运输成本偏高；除高等级公路外，其余公路路况较差，限制车辆运输效率的发挥。

（3）存在问题

国内公路集装箱运输业目前存在着以下问题：第一是价格体系混乱，无序竞争严重。国有公司、民营公司、个体散户，各种组织形式都有，缺乏统一的报价，而且都处在低水平竞争阶段，即低价格竞争上，很少有公司能从物流整体服务质量出发考虑。第二，适箱货多以散件的形式先运至港口周围的货运站，装箱后再运至港口。进口重箱也多在港内或城市外围的货运站拆箱，再以散件运抵目的地。公路整箱货运输比例较低。据统计，大多数集装箱货物是在港内或港口所在的城市的货运站拆箱的，集装箱门到门的优势没有得到发挥。第三，由于内陆地区缺少货运站及相应的还箱点，内陆地区的集装箱运输去程或回程空放现象非常严重，集装箱利用率很低。由此可见，我国目前的集装箱运输还只是围绕港口作业及水上运输而开展，所谓的集装箱公路运输仅仅是短途甚至是市内的集疏运，远没有将公路集装箱运输向内陆延伸。造成这种现象的根本原因是我国的外贸体制及三资企业的布局特点。随着这几年公路集装箱运输的发展，我国相继建设了一批集装箱货运站，这些货运站大都集中在沿海城市及周边地区，还没向内陆延伸形成网状的布局形式，由于经营集装箱货运站有利可图，因此目前沿海地区的货运站数量大于实际需求，一部分货运站未能充分发挥能力。

为加强公路运输的作用，交通部制订的全国公路主枢纽总体规划方案确定了45个公路主枢纽城市，它们是北京、天津、石家庄、唐山、太原、大同、包头、呼和浩特、沈阳、大连、鞍山、长春、吉林、哈尔滨、齐齐哈尔、上海、南京、无锡、杭州、合肥、福州、厦门、南昌、济南、青岛、贵阳、昆明、西安、兰州、西宁、银川、乌鲁木齐、吐鲁番、郑州、武汉、长沙、广州、深圳、珠海、南宁、海口、成都、重庆、连云港。规划中要求，公路主枢纽主要发挥运输组织与管理、中转换装、装卸储存、通信信息和辅助服务等功能，公路主枢纽各货运场站服务对象主要是公路零担货物和港口、铁路集装箱货物。从发展趋势看，零担货物的发展方向为集装化运输，同时公路主枢纽所在城市内的集装箱运量相对集中，公路主枢纽各场站的发展方向是以集装箱运输为主体的货物集装化运输枢纽。因此，公路主枢纽城市公路货运站的规划与建设的重点应立足于集装箱运输。

3. 水路运输

水路运输是由港口、航道和船舶三部分组成的，包括内河运输、沿海运输和远洋运输，这种运输方式的运输通道主要是天然形成的，只需稍加人工改造和整理（例如建立一些码头和装卸设备等）即可通航。在运输长、大、重件货物时，与铁路、公路相比具有明显的优势。我国内地沿海11个主要集装箱港口城市有上海、深圳、青岛、天津、广州、厦门、大连、中山、宁波、珠海、福州。11个港口中，大连港、天津港、青岛港、上海港、宁波港、福州港和厦门港7个港口沿海岸线呈现比较均衡地分布状态，深圳港、广州港、中山港和珠海港比较密集的分布在珠江口。

我国内河集疏运在区域上分为两大片，一是长江流域的集装箱运输；二是珠江三角洲水网的集装箱运输。长江的集装箱运输最早开始于武汉，1976年成立了长江干线第一家专业化的长江集装箱运输公司，经营往来于上海与武汉之间的集装箱运输。特别是公司开展以来，经营管理机构几经变化，集装箱运量呈递增态势。目前长江沿线开展集装箱运输的港口有武汉、南京、南通、镇江、张家港、江阴、芜湖及九江港。这些港口不仅经营喂给上海大支线运输，同时还经营中国香港、日本的支线运输。其中南京、南通、张家港的近洋航线航班密度相当密集。我国内河集装箱运输的另一个热点是珠江三角洲水网地区。珠江三角洲是我国对外开放最早的地区，在地理位置上紧靠香港，工厂的原材料来源及生产成品销售均依赖香港，因此珠江三角洲水网地区的集装箱运输绝大部分喂给香港。由于香港与内地的公路运输已趋于饱和，因此利用水路进行集疏运已越来越受到船公司的关注。

（1）优点

水路运输的优势在于：在沿海、沿江、沿河地区，集装箱货源比较充足和集中，容易就近组织大批集装箱货运量。对比于公路和铁路运输方式而水路集装箱运量大、运输成本低、运价低、能耗低，容易获得较好的规模经济效益，对空箱调运比较机动灵活，并且，适用于适箱货物的水陆联运、江海联运等。

（2）缺点

由于内河集装箱运输目前尚处在成长期，市场很不规范，不仅表现在竞争手段不规范、低价竞争严重，而且还表现在班期不准和运输时间较长。另外受自然条件限制较大，运行速度低，连续性差。

4. 航空运输

航空运输又称空运，是一种使用飞机运送人员和物资的运输方式，也是目前最快的一种运输方式。航空运输之所以能在短短半个多世纪内得到快速的发展，是与其自身的特点分不开的。

（1）优点

航空运输的优势在于：速度快、机动性大。速度快是航空运输的最大特点和优势。现代喷气式客机，巡航速度为 800—900 公里/小时，比汽车、火车快 5—10 倍，比轮船快 20—30 倍。距离越长，航空运输所能节约的时间越多，快速的特点也越显著。其次，飞机在空中飞行，受航线条件限制的程度比汽车、火车、轮船小得多。它可以将地面上任何距离的两个地方连接起来，可以定期或不定期飞行。尤其对灾区的救援、供应、边远地区的急救等紧急任务，航空运输已成为必不可少的手段。

（2）缺点

航空运输的主要缺点是：飞机机能容积和载重量都比较小，运载成本和运价比地面运输高。由于飞行受气候条件一定限制，影响其正常性、准点性。此外，航空运输速度快的优点在短途运输中难以充分发挥。

如果将固定成本和变动成本加以折中，那么，运输成本最低的应该是水路运输，因此，远距离大宗产品的运输，大多采用水路运输，如国际运输中的远洋运输。其次是铁路运输。但公路运输因包装便利、直达性能强、运输网络广等原因，国内运输大多还是采用公路运输，除非是距离过长才采用铁路运输而放弃公路运输"门到门"（DOOR–TO–DOOR）的便利。

三　影响运输方式选择的因素

根据不同货物所需运输服务的要求，参考不同运输方式的不同营运特性，可以使用一种运输方式，也可以使用几种运输方式的组合，进行最优选择，以达到降低运输成本，实现服务水平的要求。运输方式的选择受多种因素的影响，包括货物种类、运输量、运输距离、运输时间、运输成本、货物安全等。在运输的货物种类方面，货物的形状、单件重量、单件容积、货物特性等都是制约运输方式选择的因素。在运量方面，一次运输的批量不同，则所选择的运输方式也会不同。在运输距离方面，运输距离的长短也直接影响到运输方式的选择。由于运输货物的种类、运输量、运输距离这三个因素是由货物自身的性质和存放地点决定的，在基本条件既定的情况下，对运输方式选择影响较小，而运输时间与运输成本及货物运输的安全性是不同运输方式相互竞争的重要条件。下面分析这三个因素。

1. 运输时间

运输时间是指货物从起点运输到终点所耗费的平均时间。运输时间长短与交货期有关，所以应根据交货期来选择适当的运输方式。但是，运输时间的长短也影响运输的费用，一是货物价值由于其适用期有限（水果、蔬菜等）或因为其时间价值的适用期有限（报纸、时装等），若超过规定运输时间，就会造成损失；二是货物在运输中由其价值产生的资本占用费用，对高价值货物或货运量很大的货物，在运输时间较长的情况下，就会影响资金的周转。因此，对运输时间有较高服务要求的货物，运输费用也会增加。不同运输方式提供的货物平均运输时间是不同的，而且有些能够提供起止点之间的直接运输服务，有些则不能。如果要对不同运输服务进行对比，无论是一种或一种以上的运输方式，都要用门到门的运送时间来进行衡量。在考虑运输时间时，还要注意运输时间的变化。运输时间的变化指各种运输方式下多次运输间出现的时间变化。虽然起止点相同，但使用同样运输方式的每一次运输的在途时间不一定相同，因为天气、交通拥挤、中途暂停次数、合并运输所用的时间不同等都会影响在途时间。一般来说，铁路的运输时间变化最大，航空运输最小，道路运输介于中间。因此，对于一批需要多次运输的货物，运输时间的变化也是运输方式选择时需要考虑的因素。

2. 运输成本

运输成本实际上是将货物运送到消费者手中而支付的总费用。它的高低一方面取决于选择的运输方式，另一方面取决于不同承运人的报价。一般根据运输价格来选择其所能负担运费的能力的运输方式。应该注意的是虽然运输费用的高低是选择运输方式时要重点考虑的因素，但在考虑运输费用时，不能仅从运输费用本身出发，而必须从物流总成本的角度，并联系物流的其他费用综合考虑。物流总成本除运输费用外，还有包装费用、保管费用、库存费用、装卸费用以及保险费用等。运输费用与其他费用之间存在着相互作用的效益背反关系。根据这一原则，在选择最为适宜的运输方式时，所选用的运输价格应保证物流总成本为最低。

3. 运输安全

货物在运输过程中发生灭失与损坏，是运输的安全性问题。货物运输的安全性既与选择的运输方式有关，也与运输经营者的质量管理水平有关。为了保证运输安全，应对被运货物的特性如重量、体积、贵重程度、内部结构以及物理化学性质，如是否易碎、易燃、危险性等，做深入了解和分析，从而结合各种情况进行正确决策，以避免选择不当而造成的损失。另外，运输安全还包括在运输过程中应保证准时准点到货，无差错事故，做到准确无误，不错发、不漏交。货物运输的安全在很大程度上决定于发送和接收环节，与运输方式也有一定的关系。汽车运输可做到门到门运输，中转环节少，不易发生差错事故；铁路运输受客观环境因素影响小，容易做到准点准时到货。应该注意的是，如果运输的货物不能准点准时送达或送达的货物损坏，就会导致库存成本上升，并影响客户的经济效益，因此会引起索赔等经济纠纷。在处理经济纠纷中将占用时间和资金，若通过法庭解决，也会发生费用。为了防止货物在运输中发生破损，一般做法是增加保护性包装，从而增加了运输成本费用。由此可见，运输的安全性直接或间接地影响着物流运输成本。

四　多式联运路线选择分析

通常，多式联运的运费由运输成本、经营管理费用和利润三项构成。多个多式联运经营人在竞争时，都应尽量地降低运输成本，使自己更具有竞争力。运输成本不能单纯地考虑运费这一单一因素，认为运费越低越好，还要考虑运输时间、运输质量等因素。

1. 运输费用

运费高低决定着多式联运经营企业的竞争力，是线路选择的决定性因素。包括各区段的运输费用、中转费用，以及必要的时候的仓储费用。

2. 运输方式

根据货源结构、运输时间、运输批量、运输的出发地和目的地的不同，确定该运输线路的主要运输方式，以及与其配套的区段运输方式。例如，货物价值高、批量小、运送时间要求快的货物，主要运输方式可选用航空运输。多式联运的全程运输可选取陆—空—陆运输；长江中下游和珠江下游地区也可选用水—空—陆运输，通过上海、广州或香港机场进行空运。西欧和西北欧国家和地区的货物可选择铁—海联运，还可以选择陆—海—陆联运等。

3. 运输时间

在运输途中，同一运输区段上两条线路的运输时间不仅仅包括各区段的运输时间，还包括中转站的中转时间、必要时候的仓储时间。例如，通常认为，新亚欧大陆桥是连接亚太地区和欧洲最快捷、最廉价的运输通道，从地理上的运输距离来看，从我国连云港到荷兰鹿特丹全程海运距离约 19889 公里，而陆运距离仅为 10900 公里，且火车运行速度比船舶快，运输时间能大大缩短。但事实上按我国目前铁路规定的运输速度计算，从连云港到阿拉山口约需 18 天。出境后，每个国家都需要两天以上的时间进行换装、报关、报验等作业。初步计算，非整列集装箱运输从连云港到鹿特丹要超过 40 天，整列也需要 30 天以上，而全程海运实际运输时间目前平均仅需要 25 天左右。

4. 服务水平

运输线路的服务水平主要包括过境口岸设施条件、手续便捷程度、运输信息的畅通和港口、场站的服务质量等方面。货物在港口、海关、公路、堆场等环节滞留的时间越长，货物运输过程中的成本就越高，导致多式联运企业竞争力下降。在现代社会中，运输信息畅通也是十分重要的，畅通的运输信息可使多式联运经营人随时了解货物的运输状况，以便及时对突发性事件作出迅速的处理。所以，运输线路服务质量的高低也是多式联运经营人在选择运输线路时考虑的重要因素。

由此可见运输费用、运输时间和运输质量（货物完好程度）是最重要的三个因素。在运输低价值的货物时，货主会将运费看成是全程运输中最重要的方面，他们认为运输时间长一点、运输质量稍微低一些对他们的影响不大；但在运输高价值的货物时，他们就会认为运输的时间和运输的质量非常重要，在保证这两个前提下运输费用高一些也可以接受。

第五节　实现增值过程中的多方协调

集装箱多式联运的增值过程是对功能与成本的再分配过程，其中必然涉及某些环节成本的降低以及某些环节组织管理的改革，也将必然涉及各个参与方利益的重新分配问题。对集装箱多式联运各参与方而言，增值过程可能需要某一参与方付出更多的努力然而不一定能得到与付出成正比的利益增加，因此，整个增值过程将牵扯到各参与方或者不同运作环节主体之间的多方协调工作。为解决集装箱多式联运价值增值在具体操作中如何协调多方的利益这一问题，本书在此从两个不同的增值主体角度入手给予详细阐述。

当增值主体是集装箱多式联运企业时，在实现价值增值的过程中必然会涉及价值增值同企业财务管理、企业客户关系、企业内部活动及其创新活动等多方之间的协调。在对公路货运企业的价值链进行优化的过程中，企业必须要围绕其发展战略，保持企业财会、客户关系、内部活动和企业创新四方面的相对平衡。[①]

首先，集装箱多式联运企业在实施价值增值时必然要考虑到企业的财务情况，增值过程中的每一项活动都必须以提高集装箱多式联运的价值为最终目标，同时还要关注到企业的利润和利益。只有能为企业带来更高利润和更大利益的价值增值才是企业最为需要、最迫于实现的。当然，就增值过程本身而言，必然需要耗费一定的财务成本，需要企业财务从始至终的大力支持。其次，集装箱多式联运价值增值将降低用户的经济、时间成本，提高联运企业的服务质量和服务效率。成功的价值增值有助于企业与用户关系的良性发展，也有助于企业和潜在客户建立供需关系。再次，集装箱多式联运价值增值是对联运企业内部生产作业活动的改进。在改进优化过程中，首先需要企业内部人员对优化目标和优化途径很好的理解，需要内部人员之间的协调配合。最后，集装箱多式联运价值增值的过程无形中也促进了企业的创新活动。企业处于动态的市场竞争中，企业的价值增值同样也处于动态的市场竞争和企业发展中，这就要求企业在价值增值过程中不断创新，以适应不断发展变化的企业内部环境。

当集装箱多式联运价值增值的主体由政府管理部门来充当时，在实现价值增值的过程中必然涉及政府管理部门的增值行为与政府财政预算、政府管理部门与多式联运企业、政府管理部门与货运市场其他经济主体之间相互关系的协调。

首先，政府作为增值主体在实施价值增值的过程中必然需要耗费一定的人力、物力和财力，特别是为之付出的资金投入需要有足够的政府财政预算做支持。其次，政府管理部门与集装箱多式联运企业之间利益的分配问题也将成为增值过程中的主要问题，即政府和企业共同付出成本实现价值增值后的利益如何分配这一问题需要双方协调、妥善处理。再次，政府管理部门与货运市场其他经济主体的关系也需要协调处理。例如，政府为了集装箱多式联运价值的增值可能会出台一系列的扶持政策等，而这些政

---

① 李扣庆：《企业优化价值链的战略性思考》，《管理世界》2001 年第 5 期。

策的出台可能会在一定程度上影响到其他经济主体的利益。

总之，集装箱多式联运价值的增值是一个复杂的、循环的动态过程，涉及的多是理论方法的应用，也涉及多个参与主体的利益和这些主体之间相互关系的协调，只有妥善处理增值过程中可能出现的矛盾和问题，协调多方关系，才能保证集装箱多式联运价值增值目标的顺利实现。

本 章 小 结

集装箱多式联运的价值增值不是一味地提高集装箱多式联运的功能，也不是一味地减小集装箱多式联运的成本，而是从两者的联动关系出发，寻求功能与成本之间的最大比值。本章从四个方面展开了对以上问题的研究。

1. 保证质量以确保功能

集装箱多式联运对价值增值的追求必须以保证质量为前提，可以选择以下三种管理策略：集装箱多式联运的全面质量管理策略、集装箱多式联运的六西格玛管理策略、集装箱多式联运 ISO 9000 质量管理策略。

2. 降低成本以提高价值

一般情况下，如果降低成本将可能导致功能的降低，但是，通过协调功能与成本之间的联动关系同样可以在降低成本的同时保持功能不变，甚至增加功能。在此思路指导下，可以选择以下两种策略来降低成本：优化集装箱多式联运流程以降低变动成本，改善集装箱多式联运管理以降低固定成本。

3. 合理创新以促进价值增值

创新作为新兴的管理理论贯穿于集装箱多式联运价值增值过程中必然起到积极的推动作用，在实际操作中可以应用水平思考法、六顶思考帽法等。集装箱多式联运增值过程中的创新主要表现为两个方面：一是集装箱多式联运服务的产品创新；二是集装箱多式联运服务的功能创新。前者是从集装箱多式联运服务本身出发通过创新来增加价值，后者是从集装箱多式联运服务的功能出发通过对功能的创新增加价值。

4. 实现增值过程中的多方协调

集装箱多式联运的增值过程是对功能与成本的再分配过程，不论增值主体是集装箱多式联运企业还是政府管理部门都将涉及多方关系的协调问题。只有妥善处理增值过程中可能出现的矛盾和问题，协调多方关系，才能保证集装箱多式联运价值增值目标的顺利实现。

第九章

基于价值增值的集装箱多式联运风险及控制

集装箱多式联运过程中存在着一定的风险，其价值增值过程中必然涉及对风险的有效控制，即在保证功能、提高价值的增值过程中必须以保证安全为第一前提。

第一节　集装箱多式联运风险因素分析

一　集装箱多式联运风险外部因素分析

多式联运风险外部因素，即外界的不确定性因素，这些因素常常具有不可预测性和不可抗拒性，具体如下。

1. 自然环境因素

（1）自然灾害

自然灾害包括自然界的水灾、火灾、地震、火山爆发、海啸、飓风、热带风暴、龙卷风、山体滑坡等。自然灾害的发生必然导致交通系统的瘫痪，从而导致运输过程的中断。

目前，我国正处于突发公共事件的高发期，自然灾害的爆发频率越来越高，因此由自然灾害导致的运输风险问题越来越突出，危害也越来越大。

（2）疾病、瘟疫

疾病、瘟疫的传播会给运输过程带来巨大的影响。如在 2009 年世界的甲型 H1N1 型病毒的传播，给各个行业都带来了巨大的冲击，由于病毒传播的主要介质是空气，这迫使贸易往来减少，以降低病毒传播的可能性。

（3）气候条件

气候条件是指在多式联运过程中所经历和面临的不同天气情况，如雨雪、大风等强对流天气都会对运输过程造成危险，一旦出现交通事故，将导致运输过程的中断，多式联运会因此而受到影响。

2. 政治因素

（1）政治动荡、战争、恐怖主义

国际政治格局的变化常常因为各种利益的重新布局和各种资源的重新分配，导致国际贸易运输的合作关系发生改变。另外，国内政局不稳定、政府的换届以及战争的爆发、恐怖主义活动的猖獗，同样会给货物和商品的运输造成很大的危害。

（2）社会秩序的不稳定

社会秩序的不稳定，例如罢工、盗窃、暴动等引起的社会混乱都可能引起运输过程的中断。

3. 交通环境因素

（1）交通状况

多式联运过程中运输工具经过的道路、沿海以及航空等交通情况对运输过程有着直接而严重的影响。例如，某处道路交通堵塞，海水上涨，高空气流等都会使运输过程发生滞后甚至中断，很有可能导致多式联运的失败。

（2）交通管制

多式联运途经地点如果实行交通管制或对某种运输工具实行限制，也会导致运输过程的中断。

二　集装箱多式联运风险内部因素分析

多式联运风险内部因素，即内部的不确定性，主要存在于运输过程以及管理过程中，本书根据运输过程的人员、设备以及管理等因素进行分析，主要包括以下几方面。

1. 人员因素

（1）责任意识

人类的一切活动，包括人的语言、肢体语言交流沟通等，均受到大脑支配，均要接受来自大脑的意识思维、决策指挥。

因而，自然人在从事运输作业的一切行为、活动时，应受制于人的

"责任意识、思维决策"这一点，当是毋庸置疑的。

（2）技能资历

娴熟的操作技术，丰富的运输实践，无疑是保证运输安全的重要前提。以海上运输为例，船员们所跑的航线、港口多了，所通过的海峡、狭窄水道多了，所经历的港口潮汐水文气象，引航员操船、用车习惯，甚至于拖轮傍靠的习惯、与大船的配合默契程度、反应能力，包括在航海实践中遭逢的险情多了，等等，这些都会使粗浅的认识逐渐熟悉，并逐步积累那些关于船舶通航密度，航道浅点、水深，避碰技巧，包括通过应对险情所采取的那些被认为是正确的、有效的措施等这些维系船舶安全的多重要素，都将成为提高应对海上突发事件、险情能力的宝贵经验。

（3）身心状态

人的健康状况和工作效率不仅取决于全身各器官、系统的功能和相互协调，而且还取决于整个身体对自然和社会环境的适应能力。

一个人的体质和身体状态对一个人的心理和情绪有着极大的影响；一个人的举止谈吐对一个人的性格有着极大的影响；一个人的动作和习惯姿势对一个人的内在有着很大的影响；一个人的健康程度对一个人的情志会产生极大的影响。这是四条无论正反均能成立的定律。由上述定律可以看出，运输从业人员在高度紧张、高度压力、高度风险的特定环境下，在运输活动中的一切行为，人自身的身体条件、身体状况，将直接影响到生产活动中的行为，将直接影响到大脑的思维决策这一点，却是值得我们警醒的。

（4）应变能力

应变即是应对突变事件的能力，或称下意识、潜意识。人的应变能力、本能反应下意识，是智慧与个人综合素质的体现，虽不能回避风险，但是却可以注重学习、注重积累，在风险发生的时候将损失尽可能降低到最小程度。所以也可以说应变能力和"技能资历"以及"身心状态"都有着十分密切的联系，都会对运输风险产生极大的影响。

2. 设备因素

（1）运输基础设备

设备是除了人以外，影响货物运输安全的另一个重要因素。设备技术状态和质量状态的好坏直接影响、制约着货物运输的生产效率和安全。运输基础设备的危险性主要体现在运输工具老化、故障检修、排除不及时，技术性能差等方面。

（2）装卸设备

多式联运过程中由于运输方式的变换，必然导致装卸作业的频繁进行，所以装卸设备对整个运输安全也会产生较大影响，主要表现在设备的设计安全性和使用安全性上。

3. 管理因素

（1）运输线路的选择

多式联运作为一个运输系统，如何选择最优同时是最安全的路线，是影响多式联运风险的一个重要因素。如果运输线路选择不合理，就有可能会遇到气候、环境以及交通状况因素产生的风险。

（2）运输方式的选择

多式联运包括的运输方式主要有铁路、公路、水路、航空这四种，它们的性质、技术经济特点和运用范围也不相同。如铁路运输载运量大、连续性强、行驶速度快、运费较低，运行一般不受气候、地形等自然条件的影响，适合于中长途客货运输；公路运输虽然载运量较小，运输成本较高，但是机动灵活性较大，连续性较强，适合于中、短途客运和高档工农业产品的运输；水运具有载运量大、运输成本低、投资省、运行速度较慢、灵活性和连续性较差等特点，适合于大宗、低附加值和多种散货货物运输；航空运输具有速度快、投资少、不受地方地形条件限制、能进行长距离运输等优点，也存在载运量小、运输成本高、易受气候条件影响等缺点，适合于远程客运及高档、外贸货物与急需货物的运输。

在多式联运过程中，运输方式的选择，除了考虑货物品种、运输期限、运输成本、运输距离、运输批量等因素外，很重要的一点就是考虑运输安全，尽可能选择能够有效规避风险的运输方式。

（3）信息沟通不畅

信息沟通的作用在于使组织的每一个成员都能够做到在适当的时候，将适当的信息，用适当的方法，传给适当的人，从而形成一个健全的、迅速的、有效的信息传递系统，以有利于组织目标的实现。

很多风险的发生都是归根于信息沟通的不畅，不能有效地进行信息沟通和共享，就不能及时做出准确的决策。在运输的过程中尤其要注重信息的沟通。例如，及时告知承运人某地的天气和交通状况，可以使其尽可能地调整运输方案，才能避免风险的发生。

（4）承运人的选择

承运人是运输过程的主体，从货物装运时起，至货物运抵到达地交付完毕时止，承运人应对货物的灭失、短少、变质、污染、损坏负责。所以说，承运人不仅仅要按照托运人的要求从事简单的运输活动，更担负着运输过程中的风险防范责任。有效选择和管理承运人，尽可能调动承运人的积极性，对于降低运输风险起着至关重要的作用。

通过以上分析，多式联运风险因素主要来源于多式联运系统外部和系统内部，而且外部因素和内部因素又包括许多二级因素，如表9-1所示。

表9-1　　　　　　　　　　多式联运风险因素构成表

风险因素		风险因素细分
多式联运系统外部因素	自然环境因素	发生自然灾害
		疾病、瘟疫的流行
		气候条件
	政治因素	发生政治动荡、战争、恐怖主义
		社会秩序不稳定
	交通环境因素	交通状况
		交通管制
多式联运系统内部因素	人员素质	责任意识
		技能资历
		身心状态
		应变能力
	设备因素	运输基础设备
		装卸设备
	管理因素	运输线路的选择
		运输方式的选择
		信息沟通不畅
		承运人选择

第二节　集装箱多式联运风险因素类型

根据前一节对多式联运风险的起因分析，可以将集装箱多式联运风险分为以下几类。

1. 外部风险

外部风险，是指由外界的不确定性因素导致的风险，这些风险一般是难以预测和控制的。

（1）自然界风险

自然界风险主要包括水灾、火灾、地震、火山爆发、海啸、飓风、热带风暴、龙卷风、山体滑坡等不可抗拒的自然灾害和疾病、瘟疫的原因以及气候条件等，给运输过程带来的风险。

（2）政治风险

政治风险主要指由于政治动荡、战争、恐怖主义、社会秩序的不稳定、政府干预、法律法规及行业政策的变化等政治因素的存在引起的风险。

（3）交通环境风险

交通环境风险主要指交通状况以及某些地域交通管制现象的存在对运输过程产生的风险。这种风险有些是本来就存在的，有些是在多式联运过程中突发的。所以，除了要充分了解运输线路上的交通情况外，还要做好应急预案。

2. 内部风险

（1）人员风险

人员风险是指由多式联运过程中操作人员导致的风险。主要包括人员的责任意识、技能资历、身心状态以及应变能力四个方面。

（2）设备风险

设备风险是指多式联运过程中使用的运输和装卸设备自身存在的问题而导致整个运输过程可能存在的风险。

（3）管理风险

管理风险是指源于一切多式联运管理问题的风险。主要包括运输线路的选择、运输方式的选择、信息沟通以及承运人的选择四个方面。

第三节　基于价值增值的风险评价指标体系

集装箱多式联运风险的评价，是一个对多层次、多因素问题的评价，必须合理地构建一个基于价值增值的评价指标体系，使大量相互关联、相互制约的因素条理化、层次化。指标体系要集中反映评估目标的主要特征和层次结构，区分各层目标和单个目标对系统整体评价的影响程度。建立评价指标体系要做到评估指标的数量要合适，要在系统分析的基础上，做到科学合理，符合系统实际，并为管理人员和领导接受。评价指标体系的建立过程实际上是一个运用系统思想分析问题的过程，其基本步骤为：

①针对具体问题收集相关资料，提出评价系统的目标及影响因素。

②分析和比较各影响因素之间的关系，对指标进行筛选。

③经过优化后确定指标之间的层次和结构，即得到评价指标体系。

选择科学的指标体系是进行风险评估的关键，选择指标不但要注重单个指标的意义，还必须注重指标体系的内部结构；既要考虑单个指标的代表性，又要指标体系的全面性。但是，这两方面的要求常常难以兼顾。因为既要单个指标能独立反映研究对象某方面的特性，又要指标体系能联合反映评估对象的整体属性。若满足全面性，势必要增加指标个数；但指标之间常常是非独立的，增加了指标个数，指标间相关的可能性增大，反而影响了代表性。所以至今还没有一种方法能将代表性和全面性完美地综合起来，以准确地衡量指标体系的有效程度。根据多式联运的特点，本书在进行指标设计时，主要考虑以下原则：

（1）科学性

科学性原则是指对多式联运风险进行评价要有相关的科学依据，通过该指标体系提供的基本数据资料，应当能够客观全面地评价更新期所面临的各种显现和潜在的风险。并且，风险因素体系的大小必须合适，如果风险因素体系过大，指标层次过多、指标过细，势必将评估者的注意力吸引到细小的问题上；而风险因素体系过小，指标层次过少，指标过粗，将不能全面反映更新期中的各种风险。

（2）代表性

指标的代表性考虑的是所选指标最好能代表被评对象某方面的特性，指标之间没有相互影响。在考虑指标的代表性问题时，应该对指标反映的评估对象的性质进行分析。如果指标反映的评估对象性质不同，可初步判定指标间没有信息重叠。

（3）全面性

风险因素体系必须能够全面、深刻、客观地动态反映更新过程各方面、各环节的风险水平。多式联运风险评价对象具有复杂性。整个多式联运过程是由多因素构成的动态系统，这些因素之间相互依赖、相互制约。在评价标准中必须树立整体性观念，处理好各因素之间的关系，通过评估对更新期的风险有一个整体的、全面的判断。

（4）可操作性

在考虑指标体系的科学性、全面性的基础上，必须考虑到该体系的可操作性，应尽量选取较少的指标反映较全面的情况，为此，所选指标要具有一定的综合性，指标之间的逻辑关联要强。而且所选取的指标应该尽量与现有数据衔接，必要的新指标应定义明确，以便于数据采集。同时，设计指标体系时还应考虑到多式联运是一个动态过程，有些指标是变化的，应留有一定余地，以适应其变化趋势与发展动态。

一 集装箱多式联运风险指标体系的构成

基于价值增值的多式联运风险评价体系，本书采用第三章多式联运风险因素识别分析所得出的风险因素作为备选指标，包括：自然环境因素、政治因素、交通环境因素、人员因素、设备因素、管理因素等6个一级指标和18个二级指标。如表9-2所示，在这个指标体系中，可进一步对一级指标进行单独评估，以揭示多式联运系统不同侧面的风险特征。

表9-2 集装箱多式联运风险指标体系

一级评价指标	二级评价指标	一级评价指标	二级评价指标
自然环境因素	自然灾害的影响程度	人员因素	责任意识
	疾病、瘟疫流行的严重程度		技能资历
	气候条件的影响程度		身心状态
政治因素	政治动荡、战争、恐怖主义的影响程度	管理因素	应变能力
	社会秩序的稳定性		运输线路的选择
交通环境因素	交通状况的影响程度		运输方式的选择
	交通管制的影响程度		信息沟通程度
设备因素	运输基础设备		运作效率高效
	装卸设备		承运人的选择

二 集装箱多式联运风险评价指标分析

考虑到多式联运风险指标具有不确定性且风险水平难以量化，可将各指标的可能风险程度划分为五个等级：V = ｛V1，V2，V3，V4，V5｝ = ｛低风险，较低风险，中等风险，较高风险，高风险｝。以此给出风险评价指标与风险等级的对应关系作为风险水平估计的参考。

集装箱多式联运风险的评价是在单个风险估计的基础上确定系统风险水平的过程，因而是风险的综合评价。迄今为止，人们已经开发出几十种综合评估方法，这些方法各有不同的数理机理，其数据要求、作用效果亦有很大差异。所以，综合评价方法选择不仅要考虑方法的特点，而且要注意评价目标和评价对象的类型与评价方法的对应问题。由于多式联运是一个动态的过程，许多数据的获取存在较大困难，而一般的评价方法对此问题都存在一定的局限性。层次分析法（AHP）考虑了专家的知识和经验以及决策者的意向和偏好，虽然指标权重的排序往往具有较高的合理性，但仍然无法克服主观随意性较大的缺陷；熵权法充分挖掘了原始数据本身蕴涵的信息，结果比较客观，但却不能反映专家的知识和经验以及决策者的意见，有时得到的权重可能与实际重要程度不相符，甚至相悖。综合分析两种方法的优缺点，所以本书把 AHP 法和熵权法所铸出的结果相结合，综合考虑得到主客观因素的指标权重向量，并通过几何平均法确定组合权重。

第四节　基于价值增值的集装箱多式联运风险控制措施

通过分别对集装箱多式联运风险因素识别和风险评价，已经认识了风险来源及基本特征，这为集装箱多式联运风险控制提供了基础。但是，在集装箱多式联运体系中，仅仅对风险因素识别和风险评价是不够的，风险管理的目的就是要对潜在的风险进行有效的防范或对已发生的风险进行有力的控制。而且由于多式联运风险变量多，不但涉及自然原因、运输工具状况等客观原因，还涉及人员、管理等主观原因，因此，既要积极主动预防风险的发生，又要建立良好的风险应急处理机制，从而实现监控、降低、化解和消除风险，使集装箱多式联运过程达到快速、安全的目的，既能满足托运人的需要，又能实现货运企业的长期发展。本章所探讨的问题就是根据前两章的工作成果，对多式联运风险因素中风险水平比较高的因素进行有针对性的分析，在此基础上提出风险控制的方法和措施。在这里，我们认为第五章对集装箱多式联运风险因素进行评价的结果中，风险水平在"中等"及以上的，都属于风险水平值得重视的因素，应该尤其注意防范和控制。

一 交通安全风险控制

交通事故是货物运输风险的一个重要方面，每年因为交通事故造成的经济损失和人员伤亡触目惊心，所以，提高交通安全水平是货物运输风险控制工作的重要组成部分。

（1）自然环境因素

自然环境因素是交通安全不可忽视的因素，其中，多数自然因素是不可人为改变的，但是，如果事先获得足够的信息，却可以通过有效的管理和决策避免风险的发生。例如，气候条件对运输环境的影响，雨、雪、大风天气可能会造成道路安全性降低，视线受阻，海上风浪可能会造成船舶颠簸等。但是，运输环境存在的不安全问题，可以靠运输人员发现和预防，如果运输人员的安全思想牢固，责任心强，驾驶技术熟练，也可以保证运输安全。对自然环境因素可能造成的风险，可以采取事先预防，事中控制的方式进行防范。

①首先要保证信息的畅通，对天气的变化情况及时关注、收集和讨论，特别恶劣的天气争取不要从事运输活动。

②必须进行的运输活动，应该严格检查运输工具安全性能，运输单位和个人应建立健全运输工具技术检验与安全检查制度，发现故障及隐患应及时排除，不超限运输。

③选派经验丰富、技术熟练、应急能力强的运输队伍承担此次运输任务，在运输过程中要多观察，留意环境的变化，并时刻保持通信联系，及时汇报。

④严禁疲劳驾驶，可以通过限制驾驶员每次驾驶的最长小时数，规定每天行驶的时间，为驾驶员提供充足的时间和设施供他们在旅途中停下来休息、进食和小睡，保证驾驶员的精力和体力，有效降低疲劳驾驶的频率。

⑤大力改善运输作业环境。作业环境是指技术环境，影响人们作业环境的因素主要有物化性质的环境因素（粉尘、化学性气体、蒸汽、熏烟、雾滴等）、物理性质的环境因素（光、辐射、噪声、振动、温度、湿度和

气压等）和空间环境因素等。关于物化性质的环境因素，国家有关部门制定了相应的政策和标准，其安全要求有标准可查。在改善作业环境中，应严格按照国家规定标准实施，防止人员生病、中毒现象发生，避免过早疲劳和不舒适感，使作业人员在繁忙的工作中，仍能保持良好的心态和充沛的精力。

改善空间环境条件的有效措施是实行科学的"定置管理"。定置管理是按照运输作业过程，将设备定位、人员定岗、物料定址、流通定时的时空管理技术，可为系统有序可控、正常运行提供良好的安全保障。

（2）交通环境因素

交通环境是影响运输安全的重要因素，交通环境主要包括运输活动所经过路线的道路状况、车辆通行状况、海域状况以及航空状况等。尤其对道路运输而言，道路的不安全因素是造成货运风险，以至交通事故发生的重要原因，这些不安全因素主要有：非法占用挖掘道路、视距不够、路拱不符、超高不符、路面光滑、路面损坏、路肩松软、急弯陡坡等。所以，交通环境因素对集装箱多式联运产生的风险主要应从道路状况以及通行状况等方面进行预防控制。

①提高道路设计的安全性

道路的设计应考虑驾驶人员、行人、乘车人、骑自行车者的安全。比如，设置减速振动带、设置单独分开的人行道和自行车道、道路两侧没有树木、大木块、钢制和水泥杆柱等。

②高危碰撞地点的补救措施

道路碰撞事故并非均匀地分布于整个道路网络中，事故常集中于某个地点、某些特定路段或散发于居民区中。可行的措施包括：增加防滑路面，改进照明条件，提供中央安全区或安全岛，增加标志或标记，在交叉路口设信号灯或环形路，安装摄像仪在红灯时拍摄闯红灯的车辆，以及增加步行路或过街桥等。

③建立船舶运输的控制系统

针对关键时间、岗位、车次和人员，把安全教育工作做到运输过程中去。

掌握自然规律：根据风、雨、雾、霜、雪等天气和季节变化对运输生产和人员心理带来的影响，有预见地做好事故预想和预防工作。

掌握人员思想变化规律：对于社会条件和职工需求之间的矛盾，坚持以正面教育为主，及时疏通引导，协调关系，增强团结。

掌握人的生理心理规律：按照人员性别、年龄、体力和智力差异在运输过程中担当工作的性质不同，加强对运输主要工作人员的选拔和管理。

④提高对人员的安全管理水平

大力进行运输人员队伍的思想道德和职业道德教育。提高干部和员工的政治素质和品德修养，充分发挥广大职工安全生产的积极性、主动性和创造性。对违反作业标准、规章制度的人与事，应实事求是地予以批评教育，对事故责任者根据损失和责任大小给予相应的处罚。

全面强化人员业务培训。重点提高全员实际操作技能，特别是非正常情况下作业技能和设备故障应急处理能力，落实作业标准化，并严格执行人员持证上岗制度。

提高安全监察人员和安全管理人员的综合素质。安全监察人员和安全管理人员具备良好的思想、业务和身心素质是运输安全方针政策得以贯彻执行，运输安全技术、安全工程和安全管理得以推行和落实的重要基础条件。鉴于安全监察人员和安全管理人员工作的多样性、复杂性与重要性，应通过培训，使其努力掌握运输安全系统工程的基本理论和方法，并在实践过程中不断运用、总结、提高，以增强安全工作的预见性，提高风险防范工作的有效性，从根本上改变凭经验管理的落后状态。

构建运输人员生理心理安全保障体系。对运输操作主要工作人员建立并逐步完善人员生理、心理指标体系及其标准，以便对人员的管理更加科学可靠。

⑤加强对运输具体操作人员的选拔管理

由于人的主观能动性在运输风险管理中起到很大的作用，运输操作人员良好的生理心理素质显得尤为重要。所以要求合格的运输操作人员应具备的职业生理与心理素质归纳如下：

认知能力。智力中等程度以上，视觉功能强，注意力转移和分配好，反应快，动作协调、准确。

身体状况。生理功能正常，体格健壮，有良好的适应环境能力。

人格（个人性格）特点。责任心强，情绪稳定，紧急状态下应变能力较强，对单调工作有良好的心理承受能力，疲劳状态下有耐久力等。

根据上述要求，可以对运输操作人员建立人员生理心理指标体系和测验检查方法。为了加强对重点操作人员的选拔和管理，除思想品德和业务素质要求外，运输企业管理部门应重视从生理、心理素质角度选拔操作人员，对他们进行专门的适应性检查，定期进行生理心理测试和咨询，在不断录用新人员的同时，妥善安排生理心理素质不适应运输工作的人员。

（3）设备因素

运输基础设备是运输过程的基础，也是风险产生的重要方面，为提高运输基础设备质量，必须加快发展安全技术装备，不断增强保证运输风险防范能力，设备安全管理的重点工作主要包括加强对设备的养护维修，加快设备更新改造速度，保证安全技术装备重点项目顺利实施等。

①提高运输基础设备的安全管理水平

提高设备质量，加强设备管理，必须坚持定期检查制度，建立各种检查记录制度，定期保质保量地做好维修保养和病害整治工作。对设备的惯性故障、重点病害、严重隐患要集中力量加以整治，采取严密的安全防范制度和措施，杜绝简化检查、检测、维修作业程序的现象发生，确保运输安全。对设备的养护维修，应坚持预防为主、检修与保养并重、预防与整治相结合的原则，处理好设备维修与运输生产的关系，正确合理地使用设备，提高操作技术和保养水平，防止超负荷、超范围、超性能地使用设备，使设备质量可靠稳定，逐步形成"修、管、用"良性循环的发展模式。

②提高运输基础设备的安全性能

改善运输设备技术状态，有计划、有步骤地淘汰超期使用的旧设备；依靠科学技术加快对新型设备的研制和使用；提高设备制造和检修质量。大力发展先进通信设备。

③加强装卸搬运的安全操作管理

搬运装卸人员应严格遵守安全操作规程，正确使用搬运装卸机械，避免发生货损和人员伤亡事故。

进行搬运装卸作业时，要轻装轻卸，堆码整齐、捆扎牢固，衬垫合理，避免货物移动或翻倾，防止混杂、撒漏、破损。

严格遵守货物配装规则，严禁有毒、易污染物品与食品混装，危险货物与普通货物混装。

危险货物的搬运装卸作业人员应根据危险货物的具体情况穿戴胶服、防毒手套、胶靴、披风帽等防护用品，保护人身安全。

搬运装卸过程中，发现货物包装破损，搬运装卸人员应及时通知托运人或承运人。

搬运装卸作业完成后，货物需绑扎苫盖篷布的，搬运装卸人员必须将篷布绑扎苫盖严密并绑扎牢固；由承、托运人或委托站场经营人、搬运装卸人员编制有关清单，做好交接记录；并按有关规定施加封志和外贴有关标志。

承、运双方应履行交接手续，包装货物采取件交件收；集装箱及其他施封的货物凭封志交接；散装货物原则上要磅交磅收或采用承托双方协商的交接方式交接。交接后双方应在有关单证上签字。

货物在搬运装卸中，承运人应当认真核对装车的货物名称、重量、件数是否与运单上记载相符，包装是否完好。包装轻度破损，托运人坚持要起运的，应征得承运人的同意，承托双方需做好记录并签章后，方可运输，由此而产生的损失由托运人负责。

（4）管理因素

当前，货物运输风险管理方面存在的主要问题：一是没有有效地利用先进的信息技术对多式联运的线路和运输方式进行规划和设计，而是按照各自擅长或是经常使用的方式进行操作，从而很容易导致货物运输风险发生率的提高。二是在处理问题时存在好人主义。部分货检站之间、货检站与装卸作业站之间的干部职工对检查发现的问题，只要未严重危及行车安全，就相互隐瞒，掩盖问题，从而造成安全信息不畅通，使隐患得不到彻底解决。三是在承运人的选择方面缺乏标准的承运人评价指标体系，没有严格审查承运人的承运资质和运输能力等条件，从而很可能会导致运输系统不稳定、运输时间增加、货损率上升甚至公司机密泄露等问题。

①有效建立和使用信息系统风险管理机制

基于智能交通系统（ITS）的技术和原理，将先进的信息技术、数据通信传输技术、电子传感技术、电子控制技术以及计算机处理技术等有效地集成运用于整个交通运输管理体系，建立起一种大范围、全方位发挥作用的，实时、准确、高效的综合运输和管理系统。制定 ITS 标准，加快标准体系研究；根据中国国情制定 ITS 的近期发展战略，以城市为中心、以交通干线为纽带，逐步将 ITS 联成网；加快交通事故管理技术、机动车信息管理技术、运输操作人员档案信息管理等应用软件的研发和使用；完善交通信息服务与车载路径导航系统，关键技术为交通信息采集与处理技术、交通信息发布技术等；建立完善的安全事故预防系统。

②建立有效的信息沟通机制

运输过程中实时保持信息通畅，遇到问题及时汇报，及时处理，也可以通过船舶运输控制管理一体化系统对船舶运输过程的有关信息进行传输、接收、存取、变换和反馈，并不断对过程进行调整和优化。控制管理一体化系统，涉及航海、通信、计算机、机电、自动控制、运输管理、船货代理、码头港务、商贸、金融及保险等专业技术。通过建立船舶运输控制系统，对船舶的航行状态进行实时监控、定位导航，使船舶航行处于一种安全、平稳的航行状态之中。

③GPS 与 GIS 系统的应用

GPS 即全球定位系统（Global Positioning System），主要有以下用途：

陆地应用，主要包括车辆导航、应急反应、大气物理观测、地球物理资源勘探、工程测量、变形监测、地壳运动监测、市政规划控制等。

海洋应用，包括远洋船舶最佳航程航线测定、船只实时调度与导航、海洋救援、海洋探宝、水文地质测量以及海洋平台定位、海平面升降监测等。

航空航天应用，包括飞机导航、航空遥感姿态控制、低轨卫星定轨、导弹制导、航空救援和载人航天器防护探测等。

GIS 即地理信息系统（Geographic Information System），它是以地理空间数据库为基础，在计算机软硬件的支持下，运用系统工程和信息科学的理论，科学管理和综合分析具有空间内涵的地理数据，以提供管理、决策等所需信息的技术系统。广泛应用于资源调查、环境评估、灾害预测、国土管理、城市规划、邮电通信、交通运输、军事公安、水利电力、公共设施管理、农林牧业、统计、商业金融等几乎所有领域。

GIS 与 GPS 两种信息技术的结合可以针对车辆在长途运输途中车辆的流量、流速来判断是否堵车，从而重新规划运输路径，节约运输时间，减少风险的发生；同时也可以帮助船舶操作人员进行实时调度和导航，寻找安全航线，避免海况对船舶运输产生风险。

（5）人员因素

人是多式联运风险诸要素中最为重要的部分，人的高素质即能力、责任意识以及身心状态等是确保运输安全的根本所在。运输风险的防范和控制固然要依靠科学技术的不断进步，采用先进的技术装备，以加强安全生产的物质基础，加大安全系数，降低风险水平，但要防止见人不见物的倾向，风险水平防范的好与坏，主要取决于管理人员和操作人员的综合素质，如果人员的素质不高，技术设备再先进，也往往发挥不了应有的作用。因此，在风险管理工作中，不仅要发挥现代化技术设备的作用，更为重要的是要在提高人员素质上下功夫，充分调动人员的积极性、主动性和创造性。

　　一般要求要掌握运输生产规律。结合实际情况，对预算效果进行有效控制。

　　做好事后审计和风险内部审计工作。做好事后审计控制的关键在于建立内部审计机构并使其发挥应有作用。内部审计机构是强化内部控制制度的一项基本措施，内部审计工作的职责包括审核会计账目，稽查、评价内部控制制度的完善程度，企业内各组织机构执行指定职能的效率。之后将审计结果向企业最高管理部门提出报告，从而保证企业的内部控制制度更加完善和严密。在建立企业内部审计制度的同时，还应发挥社会审计部门和上级审计机构的作用，由这些机构和部门对企业预算执行情况、内部控制制度实施情况、组织机构建立情况等进行定期或不定期的审计监督，以便遏制企业管理部门负责人滥用职权所造成的内部控制制度践行不利。开展企业内部风险审计。企业内部审计部门每年至少一次对风险管理部门和其他职能部门按照风险管理手册进行监督评价并出具监督评价报告。直接送董事会或风险管理委员会和审计委员会。风险评估是一个持续不断的过程，风险无时不有，无处不在，任何企业的风险管理体系的建立都不是一成不变的，必须根据发展变化的内、外部环境进行反复的持续的检测和分析。

　　减少人为因素对内部控制的负面影响。企业内部控制体系的实行过程应是客观化系统化的过程，在这个过程中，必须最大限度地减少人为因素对制度执行带来的负面影响。当前，企业内部控制制度得不到良好的执行，主要来源于以下几点因素：第一，员工对内部控制制度具体内容不够了解；第二，员工由于疏忽造成内控制度执行上有所偏差；第三，员工主观上认为工作受到过多的控制，在执行某项内部控制制度时产生了反感情绪；第四，员工为了个人利益，故意绕开内部控制制度使企业利益受到损失。上述因素的存在导致了企业内控制度执行效率低下，执行效果也不尽如人意。因此，减少人为因素带来的负面影响也是完善企业内部控制工作的一个重要环节。要尽量减少和避免人为因素对内控制度的消极影响，主要可以从以下几个方面进行改进和完善。第一，加强对企业内部控制制度的宣传工作，通过各种渠道向员工介绍本企业各项内部控制制度，并使其了解内控制度的内容和具体作用；第二，加强对员工执行内部控制的操作培训，注重对员工职业道德的教育，针对部分员工对制度产生的反感情绪进行相应的解释和说明，让员工在执行内控制度时保持正确良好的践行态度；第三，在制定内部控制制度时，尽量减少或避免对职工利益的损害，从根本上解决职工因追求个人利益而做出损害企业利益的行为；第四，管理者和相关负责人在制定内部控制制度时，既要考虑过多的控制会引起员工的不满，可能会扼杀员工的积极性、主动性和创造性，又要认识到过少的控制将不能使企业的经营管理活动有序地进行；第五，对于员工违反内部控制制度，违反法律、法规的行为，一方面要对当事人进行恰当的处理，另一方面要反思内控制度是否存在漏洞并及时找出改进方法；第六，通过层层授权、绩效考核与奖罚机制，使每位员工都明确自己的责任、目标和动力；第七，建立管理层与员工的沟通渠道，鼓励员工发现企业内控制度存在的缺陷并及时进行反馈。

完善内部控制信息系统。建立标准和实用的承运人评价指标体系：建立一套规范、标准并且符合企业实际需要的承运人评价指标体系是承运人选择的必要前提，针对运输风险，承运人的选择应更多地考察承运人运输成本、运输时间、运输能力、可靠性、可用性以及安全性等指标。另外，货主与承运人在对承运人评价指标的重要性程度上有着不同的理解，此问题的存在既影响了对货主提供服务的好坏，又造成承运人在自身资源分配上的错误，带来一定的损失。因此，运输企业在考虑选择承运人指标时，应尽量与货主在评价指标认识上达成一致。

完善安全运输管理责任制：首先，运输管理部门和运输企业要制定明确的责任目标，把安全工作量化、细化，做到人人有任务、有目标，制定目标既要科学合理，又要便于操作；其次，要制定具体的考核办法，使考核制度化。这样才能做到预防为主。同时要抓好运输市场的清理整顿。一是严格把好市场准入关，把安全生产资质作为经营许可审批的重要内容，实行安全一票否决制；二是重点解决无证、手续不全、非法经营问题；三是打击货运超载和超范围承运化学危险品问题。

二　运输企业经营风险控制

（1）强化风险意识，建立风险责任机制

　　要有效对交通运输企业进行风险管理，必须首先树立起良好的风险意识，建立和落实经营风险责任考核机制。具体到实践中，首先要对企业经营结果和决策结果形成责任具体化和量化，属于经营者个人因素应追究个人责任，属于集体决策责任的，要落实到直接责任人。通过明确责任，把这种风险激励约束机制与经营者的政绩和任用结合起来，让经营者主动适应市场，增强抵御风险的能力。

　　（2）对风险进行全过程管理

　　①对潜在风险进行分析和评估

　　风险评估的关键在于总结风险发生的频率和损失大小、预防风险发生以及风险发生后采取何种措施应对等。在进行潜在风险评估时必须明确如下几点：首先，资产类型的不同决定了对风险的承受力不同，不同的标准会面临不同的风险；其次，不同的风险会造成不同财产、不同程度的损失，对极易发生的风险，要准确掌握其损失的程度；再次，要根据估算的财产损失情况，评价哪一种风险转移方式最为合理。

　　②根据企业具体情况妥善处理风险

　　当企业面临风险时，应根据实际情况结合风险控制目标，决定采取哪种方式来化解风险和如何最大限度减少风险给企业带来的损失。如某一航线上气候恶劣或者出现其他突发性问题，可以及时调整运输线路或者改走其他线路。对于意外事故造成的损失，企业可以根据购买的保险产品上规定的理赔项目，及时找保险公司索赔，以转嫁风险，降低企业的经济损失。

　　（3）完善企业风险的内部控制

　　①加强企业内部的组织机构控制

　　企业应根据自身经营活动的具体需要在企业内部设置相关内控部门和机构，确保其组织机构的合理性和职责分工的明确性。一方面，各组织机构必须得到授权才能行使其职权。同时，相关部门和机构在行使职权时不能受到其他部门和外界其他因素的干预；另一方面，企业的各项经营活动必须在授权范围内运行，并保证负责部门或个人对其在授权范围内行使的权利和职责进行有效的检查和监督；此外，在对经营业务的检查中，检查者必须是不从属于被检查者的独立个人或部门。

　　②做好授权批准控制

　　授权批准控制是指对企业内部各部门和人员处理经济业务的权限的控

制。单位内部某个部门或某个职员在处理经济业务时，必须经过授权批准才能进行，否则就无权审批。授权批准控制可以保证企业既定方针的执行并且有效限制职权的滥用。授权批准可分为一般授权和特定授权，其中一般授权是对办理一般经济业务权利等级和批准条件的规定，通常在企业内部控制中会予以明确。特定授权是对特别经济业务处理的权利等级和批准条件的规定，如当某项经济业务的数额超过某部门的批准权限时，只有通过特定的授权批准才能处理。做好授权批准控制，首先要明确一般授权与特定授权的区别，并严格分清其界限和责任；其次，每一笔经济业务的授权批准程序都必须严密，对授权批准进行检查时，要有相关的凭证和记录；再次，要建立相关的授权批准检查制度，以保证经授权后所处理经济业务的质量。

　　③做好预算控制

　　做好企业的事前预算控制是完善内部控制的重要方面，预算控制从时间上分主要包括年度预算、季度预算、月度预算等项目。从内容上包括收入、成本、采购、生产等项目。在有效的内部控制体系下，企业必须针对各项经济业务制定详细的预算和计划。通过授权后，由各有关部门对预算计划的执行情况进行控制。事前预算主要包括三项内容：第一，编制预算应与企业经营管理目标相符合，预算编制中要明确相应负责部门的职责。第二，预算执行中，应当允许经过授权批准对预算进行调整，以便使预算更符合实际需求。第三，要定期及时反馈预算。从内部控制角度来说，运输企业的信息系统主要有两个方面的作用：一方面，为企业管理者和相关控制部门提供全面及时有效的信息，以便使企业管理者和内部控制部门，及时发现企业内部控制的薄弱点和各项活动的执行情况，以便对其进行及时的处理和反馈。另一方面，信息系统是确保内部控制制度执行的重要手段。在企业内部的很多系统中，相关人员只有拥有一定的权限才能进入。如会计凭证未经审核不能在会计系统中入账，不同层面的员工对其他层面和部门的办公系统没有浏览和修改权限。因此完善企业信息系统对于提高内部控制水平，促进内部控制制度的执行具有重要的意义。运输企业在实践中应结合企业自身特点，不断建立和完善信息系统。首先，企业制定信息系统的总体开发规划，实现信息在各部门间的有效传递和资源共享；其次，要提高信息内部各子系统的关联性，如对业务系统和会计系统中已实现的收入和成本信息的关联；再次，要充分从成本和效益两个方面综合考虑，不能盲目追求信息系统的先进性和完备性，要从企业具体需要出发，选取最经济的系统建设方案；此外，要掌握好系统开发的节奏，系统开发过程不能过于仓促，要充分考虑系统在运用中的各种实际问题，及时发现漏洞和缺陷并及时进行补救，以确保系统的稳定性，避免因系统漏洞给企业造成额外的风险。

（4）通过购买保险产品以转移风险

运输企业属于高风险行业，选择有效的保险产品对于转移风险具有直接的作用，能够在很大程度上直接减少和避免因不可抗力等自然因素给企业带来的经济损失。充分利用保险制度，选取符合企业生产经营特点的保险产品，主要应从以下几个方面进行考虑：首先，要从企业和保险公司方面共同考虑，选择适合企业的保险公司和保险品种。运输企业在投保时，既要充分考虑自身的经济情况和具体需求，还要从保险公司的实力和信誉以及保险产品的具体内容和事项上进行考虑。一方面，港口企业选择产品要符合经营业务的特征，并且还要充分考虑自身的经济实力，不能脱离企业实际在保险上投入过多的资金，或者单纯从目前的经济投入上来考虑，在保险方面投入过少。具体到实践中，企业应对风险进行归类，根据风险等级的高度确定投保方式和投保金额。并进行严格的保险成本测算，选取成本耗费最小成本潜在效益最大的保险产品进行组合。如对于低频率高损失事故，企业一定要购买保险，因为这类事故一旦发生就会给企业带来巨大的损失。另一方面，企业在选择保险产品时，不能单纯以价格因素来衡量，而要从保险产品的价格、期限、保障金额等各个方面进行综合考虑。注重保险公司的服务水平和信誉度，购买符合实力雄厚口碑良好的保险公司的产品，确保一旦出现保险条款规定的问题时，能够顺利获得理赔，使保险产品真正发挥转移企业风险，降低企业经济损失的作用。其次，企业在签订保险协议时，应注重对合同条款的推敲和考量，确保每一项合同规定事项的全面，避免因保险合同规定不清而导致执行过程中发生争议。此外，一旦发生保险合同争议，企业应及时诉诸法律维护自身的合法权益，确保保险规定的权益的获得。

本 章 小 结

集装箱多式联运过程中存在着一定的风险，其价值增值过程中必然涉及对风险的有效控制，即在保证功能、提高价值的增值过程必须以保证安全为第一前提。

集装箱多式联运的风险有来自外部的风险也有来自内部的风险，不同来源的风险其类型各不相同。通过对集装箱多式联运风险指标体系的分析，提出从交通安全风险控制和运输企业经营风险控制两方面来有效控制集装箱多式联运风险。

1. 集装箱多式联运风险因素

多式联运外部因素，即外界的不确定性因素，这些因素常常具有不可预测性和不可抗拒性，具体包括自然环境因素、政治因素和交通环境因素等；多式联运内部因素，即内部的不确定性，主要存在于运输过程以及管理过程中，包括人员因素、设备因素、管理因素等。

2. 基于价值增值的风险评价指标体系

集装箱多式联运风险的评价，是一个对多层次、多因素问题的评价，必须合理地构建一个基于价值增值的评价指标体系，使大量相互关联、相互制约的因素条理化、层次化。指标体系包括：自然环境因素、政治因素、交通环境因素、人员因素、设备因素、管理因素 6 个一级指标和社会秩序的稳定性、交通管制的影响程度、运输基础设备、技能资历、运输线路的选择等 17 个二级指标。

3. 基于价值增值的集装箱多式联运风险控制措施

集装箱多式联运风险因素识别和风险评价，既要积极主动预防风险的发生，又要建立良好的风险应急处理机制，从而实现监控、降低、化解和消除风险，使集装箱多式联运过程达到快速、安全的目的，既能满足托运人的需要，又能实现货运企业的长期发展。风险控制措施包括自然环境因素、交通环境因素、设备因素、管理因素、人员因素等交通安全风险控制；强化风险意识，建立风险责任机制，对风险进行全过程管理，完善企业风险的内部控制、通过购买保险产品以转移风险等运输企业经营风险控制。

第十章

集装箱多式联运价值增值实例验证

以价值工程为理论基础追求集装箱多式联运的价值增值，主要有以下三个步骤：一是选择价值工程研究对象；二是就研究对象展开价值分析；三是选择增值策略实现价值增值。

第一节　集装箱多式联运的优化流程

在多式联运价值增值的实证分析中，本书选定集装箱多式联运的优化流程为研究对象，对典型的集装箱多式联运流程应用价值增值分析。

一　优化流程简介

集装箱多式联运一般都会涉及出口和进口，以下分别给出多式联运出口货运流程图和多式联运进口货运流程图。[①]

集装箱多式联运具体的运作可以用出口货运流程图（图 10 - 1）和进口货运流程图（图 10 - 2）来表示。但是在实际运作中，集装箱多式联运活动因为货物运输时间、地点，以及货运要求等各个因素的不同而多种多样，但是就其本质，可以将集装箱多式联运的一般性流程总结如下：

（1）多式联运经营人接受委托申请，订立多式联运合同。

（2）空箱出发，提取、运送货物。

（3）出口报关、送检。

（4）货物装箱及接收货物。

（5）订舱，安排货物的第一程运输。

（6）签发多式联运提单，组织完成货物的第一程运输。

---

① 王占中：《基于 Petri 网的多式联运流程优化研究》，吉林大学学位论文，2007 年。

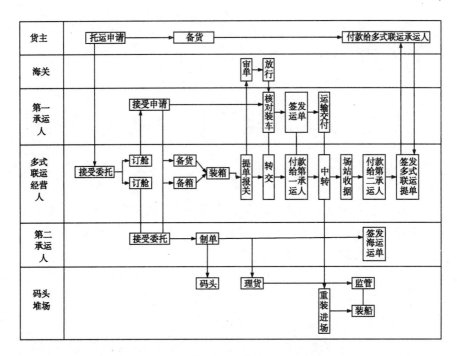

图 10 - 1　多式联运出口货物流程图

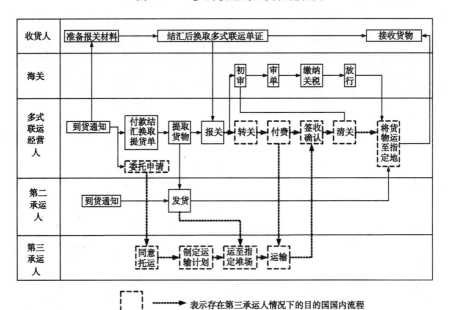

图 10 - 2　多式联运进口货物流程图

（7）在第一程运输终点完成货单交接，同时组织第二程货物运输。

（8）在第二程运输终点完成货单交接，进口报关，如有需要组织第三程（或者更多）货物运输。

（9）货物交付。

（10）货运事故处理。

二　选定具体流程

本书在此仅就比较典型的集装箱多式联运流程进行分析，分析有铁路—海运—公路三种运输方式的集装箱多式联运流程。

首先给出多式联运框架图（见图10-3）。图中整个集装箱多式联运始于发货人，止于收货人。

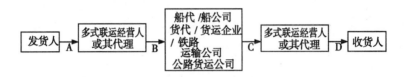

图10-3　铁海公路多式联运框架图

同时，给出集装箱多式联运详细流程图如图10-4所示。

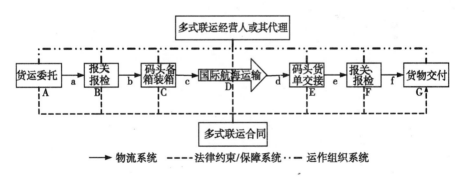

图10-4　典型集装箱多式联运流程图

以上流程图中，各个节点、各个环节的解释如下：

环节a：多式联运经营人得到货运委托后，接受申请，通知相关部门备箱，货主备货；制作报关单证并报关。

环节b：得到海关、商检机构的认可后，海关监管将货物交给货物的第一程运输承运人。

环节c：第一程承运人将货运费用明细交予多式联运经营人，并得到付款，多式联运经营人得到实收费用凭证，第一承运人签发运单并开始运输；以此类推，完成货物的全程运输。

环节 d：完成货物的全程运输后，货物抵达目的地港口，承运人制作相关单证，通知入港，将载货清单传给码头；并且重箱进港。

环节 e：承运人理货装船报关，生成费用明细，给多式联运经营人或代理签发场站收据；多式联运经营人付款换取实收凭证，核对后签发提单。

环节 f：多式联运经营人将货物交付给收货人，办理各种手续以及事故处理工作。

第二节 展开价值分析

价值分析是集装箱多式联运价值增值的基础性工作，其中的功能分析是价值分析的核心工作。[①] 开展价值分析有助于集装箱多式联运增值主体在纷繁冗杂的货运活动中以价值为主线厘清各个运作环节的关系，进而在众多的运作环节中寻找出具有增值潜力的运作环节，并准确把握具有增值潜力的大小，从而制定科学合理的增值目标，实现集装箱多式联运价值增值。针对上一节的多式联运流程，结合本书 4.2.1 中给出的集装箱多式联运功能分类和功能定义的分析，得出以下的分析结果。

一 功能分析

1. 功能分类

集装箱多式联运是由各种货运活动共同完成的，不同货运活动有其特定的功能，按照不同的分类标准可以对各种功能进行分类有助于厘清多种功能。

（1）按照集装箱多式联运功能的重要程度不同，集装箱多式联运的功能分为基本功能和辅助功能。基本功能是实现货物的时空效用；辅助功能是完成货物在运输途中的包装、配载、换装、搬运装卸等。

（2）按照集装箱多式联运用户的需求程度不同，集装箱多式联运的功能分为必要功能、多余功能和不足功能。必要功能主要有实现货物的物理性位移，实现货物的使用价值，完成货物的仓储、包装等；多余功能主

---

① 陈洁：《关于价值工程的价值分析》，《价值工程》2006 年第 1 期。

要体现在目前将货主强行纳入某些多式联运联合会等入会服务；不足功能主要是货物运输过程中的紧急救助等功能。

2. 功能定义

（1）基本功能：集装箱多式联运实现货物的时间效用和空间效用。

（2）辅助功能：集装箱多式联运包装货运；集装箱多式联运搬运装卸货物；集装箱多式联运商品市场等。

（3）必要功能：装载合理等。

（4）多余功能：包装防水等。

（5）不足功能：运输信息实时准确等。

3. 功能整理

（1）功能卡片。集装箱多式联运流程的功能整理借助制定一系列的功能卡片，下面列出几个简单的功能卡片（见表10-1—表10-4）。

表10-1　　　　　　　　　　　　　　功能卡片1

集装箱多式联运运作环节	环节 a
功能定义	集装箱多式联运运送重量
功能成本	集货的公路运输运输成本

表10-2　　　　　　　　　　　　　　功能卡片2

集装箱多式联运运作环节	环节 a
功能定义	集装箱多式联运包装货物
功能成本	集货过程中的包装成本

表10-3　　　　　　　　　　　　　　功能卡片3

集装箱多式联运运作环节	环节 a
功能定义	集装箱多式联运搬运装卸货物
功能成本	集货过程中搬运装卸的成本

表10-4　　　　　　　　　　　　　　功能卡片4

集装箱多式联运运作环节	环节 c
功能定义	集装箱多式联运运送重量
功能成本	集装箱多式联运运输过程的成本

以此类推，可以写出集装箱多式联运环节 a 到环节 f 每一环节的各功能卡片，在实际操作中，功能卡片中的成本可以用具体的货币量来表示。

（2）绘制功能系统图。功能系统图的绘制有双向分析法、单向分析法和系统分析法三种。本书中选择第三种方法。

首先，由于集装箱多式联运是复杂的货运过程，其功能卡片的数量也比较多，需要将功能卡片进行分类，分成基本功能卡片和辅助功能卡片两大类。其次，将选出的基本功能卡片按照"目的—手段"这一逻辑关系连接起来，绘制基本功能系统图。

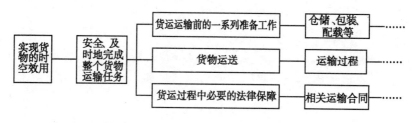

图 10 - 5　简要的功能系统图

二　功能评价

1. 功能分析与评价

首先，求出功能系统图中各项主要功能的重要性系数 F。实际操作中，邀请价值工程研究人员和富有经验的工作人员 n 人，采用百分制对各项功能的重要性进行评分。然后，根据这些评分求得该项功能的重要性系数 $F = f_i / \sum_{i=1}^{n} f_i$。本书在此给出和表 10 - 5 对应的各项功能重要性系数打分表实例。

表 10 - 5　　　　　　　　　　功能重要性系数打分表

序号	功能名称	评价人员打分					得分合计	功能重要性
		1	2	3	4	5		
1	实现货物的安全运送	40	50	40	39	38	207	0.414
2	实现货物的及时性送达	38	32	32	38	38	178	0.356
3	完成货物的包装	6	8	10	8	6	38	0.076
4	完成货物的配载	16	10	18	15	18	77	0.154
	合计	100	100	100	100	100	500	1.000

资料来源：对 Nufarm limited 某一货运订单的分析数据。

其次，求出成本系数 C。结合上章内容，将集装箱多式联运总成本分摊到各流程中去，计算各项功能的成本系数 $C = c_i / \sum c_i$。在此简要列出实现货物的安全送达和实现货物的及时送达这两项基本功能的成本系数。

表 10 - 6　　　　　　　两项基本功能的成本分摊系数表

序号	流程名称	预测成本	各项功能分摊的预测成本	
			实现货物的安全送达	实现货物的及时送达
1	运输前的准备工作	3541.0	2980.0	561.0
2	货物运送	8690.0	5530.0	3160.0
3	运输保障工作	685.0	342.5	342.5
	功能成本合计	12916.0	8852.5	4063.5
	成本系数	1	0.6854	0.3146

资料来源：对 Nufarm limited 公司某一货运订单的成本数据分析。

最后，求出价值系数 V。根据以上的功能分析和成本分析分别计算出了功能系数和成本系数，直接可以求出该项功能的价值系数 $V = F/C$。在此，依然选择实现货运的安全送达和及时送达这两项基本功能，求出这两项基本功能的价值系数。

表 10 - 7　　　　　　　两项基本功能的价值系数计算表

序号	功能名称	功能系数	成本系数	价值系数
1	实现货物的安全送达	0.414	0.6854	0.6064
2	实现货物的及时送达	0.356	0.3146	1.1316

从表 10 - 7 的计算结果可以看出，以上实例分析的结果是：实现货物的及时送达这一基本功能的价值大一些，甚至大于 1，功能和成本的配置比较理想。但是实现货物安全送达这一功能的价值 $V = 0.6064 < 1$，说明此项功能的先行成本预测过高，需要加以改进以提高价值。

2. 结果分析

根据对典型集装箱多式联运流程结合实例进行价值分析寻找出了需要改进的基本功能，在此基础上可以求出降低成本的流程对象和目标。应用逆推法，首先假定实现货物的安全送达这一基本功能的目标价值为 "1"，则根据价值目标逆推出这一基本功能的成本应该为 0.414。如此再逆推可得表 10 - 6 中的成本系数 0.6854 也应该为 0.414，即实现货物安全送达的总成本8852.5应该减少为或者根据逆推法求出实现货物安全送达这一基本功能的功能应提高到0.6854，同样可以实现其价值增加到1的目标，则要提高工作人员对这一基本功能重要性的打分。而在实际操作中，工作人员对集装箱多式联运中各项活动的认可程度是一定的，而且有一定的经验基础，并不宜对其轻易改变。因此，通过增加功能来实现增加价值的做法在此时是不可取的。

综上分析，改进的功能对象是实现集装箱多式联运安全性基本功能；改进的目标价值1；改进的目标成本将实现集装箱多式联运安全性的当前成本从8852.5降低到5347.224。要实现目标成本，就需要调整表10－6中各项功能分摊的预测成本，协调表中三流程在实现货物安全送达这一功能中分摊的成本。

第三节　实施价值增值

针对上一节中的结果分析可知，以上实证中应用价值工程改进的功能对象是：实现集装箱多式联运安全性基本功能；改进的目标价值为1；改进的目标成本是将实现集装箱多式联运安全性的当前成本从8852.5降低到5347.224，成本降低了39.6%。鉴于此，需要在保证集装箱多式联运服务功能的前提下选择能够降低成本的增值策略。

一　降低集装箱多式联运的运作成本

鉴于改进的对象是实现集装箱多式联运安全性这一基本功能的成本，需要从影响这一成本的因素入手。在实际操作中，主要的影响因素有：天气情况、货运的中转环节（主要是仓储、包装和配载环节）和货物的运输环节。

1. 在确保货运安全性的前提下减小货运中转环节的成本

在确保货运安全性的前提下寻求减少仓储、包装、配载的成本：一是积极发展港口城市的物流园区的建设，争取在物流园区内完成货物的仓储、包装和配载工作，从而减少货运中转环节的成本。二是在货物的包装中积极开发新的、可重复利用的包装材料和包装技术，尽可能减少整个集装箱多式联运过程中的重复包装行为。三是采用更为先进的集装箱多式联运运营组织模式，以减少各程运输中的配载成本。

2. 在确保货运安全性的前提下减少货物运输环节的成本

货物运输成本在整个集装箱多式联运过程中占很大的比重。一是实施基于运输成本最小的多式联运运输网络优化，在关注运输费用成本的同时关注运输时间成本。二是积极开发利用集装箱多式联运中不同运输方式的经济、技术特性，尽量减少运输总成本。三是借助信息、网络技术的便捷性减少集装箱多式联运运输成本。

二　降低集装箱多式联运的管理成本

集装箱多式联运过程涉及多方参与者，也涉及不同参与者对集装箱多式联运环节的管理，降低集装箱多式联运全过程的总的管理成本可以从以下两个方面入手。一是建立多式联运数据库管理系统，将集装箱多式联运全过程涉及的数据信息进行整合，并将其提供给各个参与方，各参与方就此数据库为行为准则，开展管理活动，从而最大限度地提高管理效率，同时减少不必要的管理环节，降低管理总成本。二是制定有助于价值增值的管理体系，即所有的参与方都以集装箱多式联运全过程的价值增值为行为目标，实施全过程、全员性的管理活动，调动所有参与方的最大积极性，整合全过程的货运资源，实现全过程的管理成本的降低。

本 章 小 结

集装箱多式联运的运作流程具有其特征但同时集装箱多式联运的同质性特征也不可忽视，本书在本章选择典型的集装箱多式联运运作流程，以 Nufarm limited 公司的某一货运订单的相关数据展开对其价值增值的分析。首先，通过功能分析和功能评价寻找需要实施价值工程实现价值增值的环节，即改进的功能对象是：实现集装箱多式联运安全性基本功能；改进的目标价值为 1；改进的目标成本是将实现集装箱多式联运安全性的当前成本从 8852.5 降低到 5347.224，成本降低了 39.6%。以此目标进行逆推分析选择实施价值增值的策略，降低集装箱多式联运的运作成本与管理成本。由于实证选择的有限性，增值策略的选择也是有限的，在实际工作中，可以结合所选研究对象的具体情况选择更为有效的增值策略。

结　　论

　　本书站在经济分析的视角，通过对集装箱多式联运和价值理论进行分析，以价值工程理论为基础，阐述了货运价值增值的本质内涵，分析了集装箱多式联运价值增值问题。本书应用系统性的思想、价值分析的方法、价值增值的基本理念，借鉴数学、运筹学、博弈论等学科的科学优化方法，信息技术和数据库管理技术等，以集装箱多式联运为集中点综合多学科管理思想和计算方法，得出集装箱多式联运发展过程中追求货运价值增值的意义、增值主体、增值动力、增值策略以及策略的应用。并就典型的集装箱多式联运流程进行价值分析，结合具体实例分析集装箱多式联运价值的增值过程。解决集装箱多式联运中无效、低效运作等问题，为集装箱多式联运以及整个货物运输的发展做出一定贡献。

　　1. 通过对集装箱多式联运基本理论和价值工程基本理论的分析，得出价值工程理论在集装箱多式联运发展中具有适用性这一重要结论，为本书的分析研究奠定了理论基础，同时也界定了本书研究的理论范畴。

　　2. 对集装箱多式联运的价值和集装箱多式联运价值增值这两个基本概念给出了科学的界定。结合系统理论与集装箱多式联运的特征可知集装箱多式联运系统属于经济系统范畴，经济学理论同样适用。再加上本书研究过程中以价值工程为基本理论基础，集装箱多式联运的价值是集装箱多式联运功能与其对应的成本之间的比值，是集装箱多式联运系统中的一个比值性质的概念。集装箱多式联运价值的增值即是因为集装箱多式联运功能与成本的变化引起的这两者之间比值的增加，增值的衡量可以借用具体的量化数据，本书研究中引入了价值系数这一指标。

　　3. 集装箱多式联运企业与政府管理部门共同组成了集装箱多式联运价值的增值主体。集装箱多式联运企业在集装箱多式联运系统中起着决定性的主体作用，同时也是集装箱多式联运价值增值的主体力量。集装箱多式联运企业以追求企业的经济效益、社会效益及其他方面的效益为增值动机，以企业的生产、经营和创新这三种行为方式为手段追求价值增值。而政府管理部门在集装箱多式联运体系中兼顾引导方与监管方的双重角色，以追求更高的社会效益、生态效益和更大的经济效益、追求市场竞争的公平性为增值动机，以政府管理部门的生产、管制和协调这三种行为方式为手段促进价值增值。

4. 集装箱多式联运价值增值动力按其来源可以分为经济效益动力、社会效益动力、生态效益动力和技术发展动力。同时，上述动力的影响因素复杂多样、动态发展，主要可以概括为增值主体内部影响因素和增值主体外部影响因素两部分。在内、外部影响因素的共同作用下，增值动力的作用机制主要有竞争和协同两种，通过应用博弈论的分析方法本书得出在集装箱多式联运价值增值中，协同机制更优于竞争机制。

5. 集装箱多式联运增值过程中，集装箱多式联运企业的行为模型有单一逐利模型和协同逐利模型，通过应用博弈论的分析方法本书得出协同逐利模型更优于单一逐利模型，因此在我国集装箱多式联运发展中更需要有政府管制力量的介入。政府管理部门的行为模型有积极鼓励行为模型和合理限制行为模型，后者是在政府管理部门为了保证其他更关键的利益而暂时放弃的。

6. 集装箱多式联运价值增值的关键工作是价值分析。增值的前提是功能分析，增值的重点是增值环节的选择，增值效果由增值后新的价值量来体现，量化过程中引入价值系数（功能系数与成本系数的比值）即：如果 $V_c'/V_c > 1$，则实现了价值增值，而且比值越大实现的价值增值越大；如果 $V_c'/V_c = 1$，则集装箱多式联运价值没变；如果 $V_c'/V_c < 1$，则集装箱多式联运价值有所减小，增值失败。

7. 集装箱多式联运价值的增值要同时关注功能与成本，因此价值增值策略也是兼顾功能与成本提出的。首先要确保质量以保证功能，其次才能在保证功能的前提下降低成本以提高价值，最后，创新理念应该贯穿于整个增值过程的始终。

8. 集装箱多式联运价值增值是复杂的动态过程，涉及多方的成本付出和利益分配，因此在增值过程中务必要做好多方的协调工作，以保证价值增值的顺利实现。

在 Visual C + +6.0 中，"货运多式联运最短路径" 软件界面的主要程序代码如下：

```cpp
#include < iostream. h >
    #include < fstream. h >
    #include < memory. h >
    #define M 99999
    #define COUNT 100
void CShortPathView：：OnGetShortPath（）
{
    int G [COUNT] [COUNT];
    int n;
    int p [COUNT], flag [COUNT], s [COUNT], A [COUNT];
    int cur;
    int m, k, l, i, j;
    fstream fin;
    fin. open（"in. txt", ios：：in）;
    fin > > n;
    for（i = 0; i < n; i + +）
        for（j = 0; j < n; j + +）
            G [i] [j] = M;
for（i = 0; i < n; i + +）
{
    fin > > m;
    for（j = 0; j < m; j + +）
```

```
        {
        fin > > k > > l;
        G [i] [k-1] = l;
            }
        }
    for (i = 0; i < n; i + +)
        {
            flag [i] = 0;
            s [i] = M;
    }

    cur = 0;
    flag [cur] = 1;
    s [cur] = 0;
    p [cur] = 0;
    for (i = 1; i < n; i + +)
        {
            for (j = 0; j < n; j + +)
            {
                    if (flag [j] = = 0)
                    {
                    m = s [cur] + G [cur] [j];
                    if (m < s [j])
                        {
                            s [j] = m;
                            p [j] = cur;
        }
        }
        }
    m = M;
    for (j = 0; j < n; j + +)
        {
                    if (flag [j] = = 0)
```

```
            {
        if (s [j] < m)                    {            m =
s [j];
            cur = j;
        }
        }
    }
flag [cur] = 1;
if (s [cur] = = M)
  {
    p [cur] = 0;
    for (j = 0; j < n; j + +)
      if (flag [j] = = 0)
        {
          s [j] = M;
          p [j] = 0;
          flag [j] = 1;
        }
      break;
    }
}

  CString str, strMsg;
for (i = 1; i < n; i + +)
  {
  memset (A, 0x00, COUNT * sizeof (int));
  int cc = 0;
  if (s [i] = = M)
    {
    strMsg. Format (" 从第 1 个点到第% d 的最短路为:%
d. ", i + 1, M);
      m_ ShortPathList. AddString (strMsg);
      strMsg = " ";
```

```
            }
        else
            {
                strMsg. Format（" 从第 1 个点到第% d 的最短路为:%
d", i + 1, s [i]）;
                    m_ ShortPathList. AddString（strMsg）;
                strMsg = " ";
                A [cc] = i + 1;
                    cc + + ;
                k = p [i];
                A [cc] = k + 1;
                cc + + ;
                while（k! = 0）
                    {
                        k = p [k];
                        A [cc] = k + 1;
                        cc + + ;
                    }
                int f = 0;
                for（l = n; l > = 0; l--）
                    {
                        if（A [l]! = 0）
                        {
                        if（f = = 0）
                            {
                                str. Format（" 路径为:% d", A [l]）;
                                strMsg = strMsg + str;
                            }
                            else
                            {
                                str. Format（" -- > % d", A [l]）;
                                strMsg = strMsg + str;
```

```
          }
       f + + ;
     }
   }

      m_ ShortPathList. AddString（strMsg）；

     }
   }
 }
```

在 Visual C + +6. 0 中，设计出"集装箱多式联运最短路径"的软件界面如下图所示：

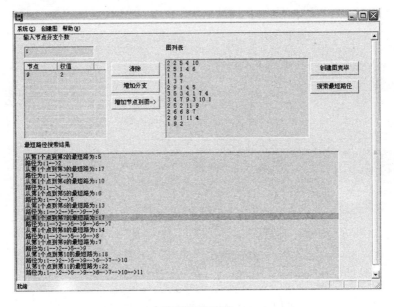

技术路线流程

通过输入分支节点并添加到右侧的图列表中，当创建图完毕时软件自动生成一个输入文件：in. txt，该文件记录了所有输入的节点信息，当执行"搜索最短路径"时，软件自动进行搜索再将结果显示在最短路径结果列表框中。

参 考 文 献

[1] 严启明、韩艺萌:《国际货物运输》,对外经济贸易大学出版社 1994 年版。

[2] 李勤昌、黄海东、周秀宇:《国际货物运输实务》,清华大学出版社 2008 年版。

[3] 张周堂:《基于可持续发展的综合运输体系》,陕西人民出版社 2012 年版。

[4] 美国学者 G. 穆勒在其出版的《综合货物运输》,1995 年。

[5] 吕凯:《面向多式联运的运输优化研究》,北京交通大学,2011 年。

[6] 霍红、沈欣:《国际货运代理与海上运输》,化学工业出版社 2009 年版。

[7] 杨建昊、金立顺:《广义价值工程》,国防工业出版社 2009 年版。

[8] Porter M. E. *Competitive Advantage*. New York:The Free Press,1985.

[9] 美国国防部:《价值工程手册》(新版),张耀涛等翻译,1968 年版。

[10] 日本文部审定的《价值工程函授教材》,2007 年。

[11] 中国国家标准(GB 8223—87)。

[12] 田威、韩荣:《价值工程与创造》,科学普及出版社 1991 年版。

[13] 彭景云: 《基于价值工程理论的结构体系经济性分析》,昆明理工大学,
2011 年。

[14] 张彩江:《复杂价值工程理论与新方法应用》,科学出版社 2012 年版。

[15] 王关义:《生产管理》,经济管理出版社 2004 年版。

[16] 王乃静:《价值工程概论》,经济科学出版社 2006 年版。

[17] 邱木根、孙晓军:《美国铁路集装箱运输和多式联运服务对我们的启示》,《理论
学习与探索》1995 年第 5 期。

[18] 朱晓宁、边彦东、马桂贞:《关于多式联运通道效益综合评价问题的研究》,《系
统工程理论与实践》1999 年第 4 期。

[19] 钱小小:《基于 BPEL4WS 的多式联运业务流程集成研究》,吉林大学,2009 年。

[20] 张孝伟:《多式联运承运人若干问题》,《集装箱化》2007 年第 11 期。

[21] 黄小平:《中国大陆桥国际多式联运的现状和展望》,《大陆桥视野》2008 年第
12 期。

[22] 杨文东、王文芳:《有时间窗的多式联运问题分析与建模》,《南京航空航天大学

学报》2009 年第 2 期。

[23] 王雪瑞、包文:《基于时间竞争的多式联运程序模型》,《物流技术》2009 年第 8 期。

[24] 王巍、张小东、辛国栋:《基于多式联运的组合优化模型及求解方法》,《计算机工程与应用》2009 年第 45 期。

[25] 戴恩勇:《集装箱多式联运策略研究》,武汉理工大学,2010 年。

[26] 王斌:《集装箱空箱调运优化研究》,上海海事大学,2005 年。

[27] 周跃:《集装箱多式联运运输决策与协调问题的研究》,河海大学,2006 年。

[28] 左志:《集装箱多式联运政策与技术评价模型研究》,大连理工大学,2011 年。

[29] 马彬:《集装箱多式联运物流系统研究》,西安建筑科技大学,2012 年。

[30] 刘秀章:《集装箱多式联运经济合理分析》,《管理纵横》2011 年第 3 期。

[31] 胡树华、张治河、覃家君:《价值工程的创新本质与发展》,《价值工程》2011 年第 1 期。

[32] 刘贵文、沈岐平:《价值工程在我国建筑业中发展现状的调查研究》,《价值工程》2001 年第 3 期。

[33] 张彩江、李克华、徐咏梅:《对我国价值工程理论与实践的回顾和影响降低的深层次原因分析》,《南开管理评论》2012 年第 1 期。

[34] 张彩江、孙东川、李莎莉:《由系统及系统复杂性检视传统 VE 认识和实践的不足》,《南方经济》2013 年第 1 期。

[35] 张彩江、马庆国:《价值工程应用系统的复杂性机理认识》,《科学研究》2005 年第 2 期。

[36] 王乃静:《新经济时代的价值工程——全面价值管理》,《价值工程》2006 年第 2 期。

[37] 刘泠、沈明、李成忠:《应用领域延伸对价值工程理论的挑战》,《北京机械工业学院学报》2006 年第 1 期。

[38] 付建兵、邱菀华、易卫平:《价值工程在建筑节能中的应用》,《中国能源》2012 年第 6 期。

[39] 尹美群:《价值链与价值评估》,中国人民大学出版社 2008 年版。

[40] Hong, Duan, Xianfeng, Huang. *A design of strategic based on value chain of surveying and mapping enterprises in China.* Proceedings of SPIE—The International Society for Optical Engineering, v 6754, n PART 2, 2007, Geoinformatics 2007: Geospatial Information Technology and Applications.

[41] 冯海龙:《价值链管理———一种提升企业竞争力的战略管理模式》,《经济体制改革》2002 年第 4 期。

[42] 方琢:《价值链理论发展及其应用》,《价值工程》2011 年第 6 期。

［43］ 孙婧：《基于价值流的企业成本控制研究》，河海大学，2012 年。

［44］ ［美］詹姆斯·P. 沃麦克、丹尼尔·T. 琼斯：《精益思想》，商务印书馆 2002 年版。

［45］ 马汉武、刘颖：《基于供应链的价值流分析》，《物流技术》2008 年第 11 期。

［46］ 李涵：《再建企业价值流》，《企业活力》2003 年第 8 期。

［47］ ［美］詹姆斯·赫斯科特（Heskett）、萨赛（Sasser）和史科莱斯格（Schlesinger）：《价值利润链》，机械工业出版社 2005 年版。

［48］ 闫磊：《公路工程中价值工程的应用》，《林业科技情报》2012 年第 3 期。

［49］ 刘运强：《价值工程在客车研发中的应用》，《客车技术与研究》2012 年第 5 期。

［50］ 李丹：《轿车价值工程研究》，吉林大学，2008 年。

［51］ 邹海波、吴群琪：《交通与运输概念及其系统辨析》，《长安大学学报》（社会科学版）2007 年第 3 期。

［52］ 王翼：《经济系统分析预测与控制》，中国城市出版社 2001 年版。

［53］ 张华夏：《物质系统论》，浙江人民出版社 1987 年版。

［54］ 富永建一：《经济社会学》，南开大学出版社 1984 年版。

［55］ 樊一江：《交通运输系统结构优化经济机制研究》，长安大学，2012 年。

［56］ ［美］H. A. 西蒙：《人文科学》，商务印书馆 1987 年版。

［57］ 邱晓明：《地方政府利用外商投资中的博弈分析》，兰州大学，2010 年。

［58］ Roy Garder. *Games for Business and Economics*, John Wiley & Sons, Inc., 1995.

［59］ 高群：《房地产投资分析》，机械工业出版社 2008 年版。

［60］ 国际标准化组织（ISO）的《ISO 9000：2000 质量管理体系——基础和术语》。

［61］ 张国强、王庆云、张宁：《中国交通运输发展理论研究综述》，《交通运输系统工程与信息》2007 年第 7 期。

［62］ 吴群琪：《运输需求经济分析》，《交通运输工程学报》2011 年第 1 期。

［63］ ［美］费根鲍姆：《全面质量管理》，经济管理出版社 1961 年版。

［64］ Lozano A., Storchi G. *Shortest viable path algorithm in multimodal networks*, Transportation Research Part A, 2011, 35.

［65］ 张建勇、郭耀煌：《一种多式联运网络的最有分配模式研究》，《铁道学报》2002 年第 8 期。

［66］ 王云鹏、王占中等：《基于扩展 Petri 网的多式联运流程研究》，《工业技术经济》2005 年第 24 期。

［67］ 胡晓龙：《集装箱空箱调运优化的模型与方法研究》，东南大学，2005 年。

［68］ 张维明：《信息系统建模》，电子工业出版社 2002 年版。

［69］ 《什么是信息化管理》，http：//www.shenmeshi.com/Education。

［70］ 张继焦：《价值链管理——优化业务流程与组织，提升企业综合竞争能力》，中

国物价出版社 2001 年版。

［71］杨建昊、金立顺：《广义价值工程》，国防工业出版社 2009 年版。

［72］李扣庆：《企业优化价值链的战略性思考》，《管理世界》2001 年第 5 期。

［73］王占中：《基于 Petri 网的多式联运流程优化研究》，吉林大学，2007 年。

［74］朱文英、马天山：《公路货运企业价值链理论及优化策略研究》，《武汉理工大学学报》（社会科学版）2010 年第 23 期。

［75］杨竹节：《论企业价值系统与价值链》，《价值工程》2001 年第 4 期。

［76］吴群琪：《交通运输系统价值分析理论研究》，西安公路交通大学，2010 年。

［77］李国敏：《价值工程法在房地产项目产品决策中的应用》，《项目管理技术》2005 年第 8 期。

［78］张瑞生、邵春福：《交通运输系统协调发展理论与模型研究》，《数学的实践与认识》2007 年第 37 期。

［79］张为峰：《国际集装箱多式联运协调问题的研究》，上海海运学院，2002 年。

［80］胡培兆：《经济学本质论：三论三别》，经济科学出版社 2006 年版。

［81］陈贻龙、邵振一：《运输经济学》，人民交通出版社 2003 年版。

［82］吴志恒：《公路运输经济学》，陕西科学技术出版社 1985 年版。

［83］马天山：《汽车运输企业管理》，人民交通出版社 2011 年版。

［84］陈引社：《道路运输市场学》，人民交通出版社 2012 年版。

［85］许庆斌、荣朝和、马运：《运输经济学导论》，中国铁道出版社 1995 年版。

［86］孙家庆、田征：《国际货运商务管理理论与实务》，大连海事大学出版社 2002 年版。

［87］李盾、张燕文、马玉霞等：《国际货运代理》，对外经济贸易大学出版社 2008 年版。

［88］王丹：《我国交通运输资源配置分析与评价》，大连海事大学，2005 年。

［89］盛刚：《国内集装箱多式联运发展对策研究》，吉林大学，2009 年。

［90］杨志刚：《国际货运物流实务、法规与案例》，化学工业出版社 2003 年版。

［91］谢识予：《纳什均衡论》，上海财经大学出版社 1997 年版。

［92］张维迎：《博弈论与信息经济学》，上海人民出版社 1996 年版。

［93］谢识予：《经济博弈论》（第 3 版），复旦大学出版社 2009 年版。

［94］朱文英、马天山：《基于完全信息的公路货运企业博弈分析》，《统计与决策》2010 年第 6 期。

［95］Robert Gibbons. *A Primer in Game Theory*, Harvester Wheatsheaf, 1992.

［96］Fudenberg, D. and J. Tirole. *Game Theory*, MIT Press, 1991.

［97］Weibull J. W. , *Evolutionary Game Theory*, MIT, 1995.

［98］吴志清：《管理学基础》，机械工业出版社 2003 年版。

［99］邱庆剑：《管理的简单道理》，广州经济出版社 2004 年版。

［100］王春利、李大伟：《管理学基础》，首都经济贸易大学出版社 2005 年版。

［101］单凤儒：《管理学基础》，高等教育出版社 2000 年版。

［102］［美］托马斯·贝特曼、斯考特·斯奈尔：《管理学》（第四版），北京大学出版社 2004 年版。

［103］周三多：《管理学》，复旦大学出版社 1997 年版。

［104］骆守俭：《管理学基础教程》，立信会计出版社 2003 年版。

［105］宋云、陈超：《组织战略管理》，中国经济出版社 2001 年版。

［106］王玉：《组织战略管理教程》，上海财经大学出版社 2002 年版。

［107］肖刚：《现代组织经营决策学》，中国经济出版社 2001 年版。

［108］［美］斯蒂芬·P. 罗宾斯：《组织行为学》（第 7 版），中国人民大学出版社 1997 年版。

［109］［美］罗伯特、B. 斯图尔特、邱苑华：《价值工程方法基础》，机械工业出版社 2007 年版。

［110］孙怀玉：《实用价值工程》，机械工业出版社 2009 年版。

［111］李东、王翔、陈良华：《企业价值战略》，东南大学出版社 2005 年版。

［112］王海林、侯岩、侯龙文、郭金胜：《现代质量管理》，经济管理出版社 2005 年版。

［113］刘广第：《质量管理学》，清华大学出版社 1996 年版。

［114］［美］休伯特·K. 兰佩萨德：《全面质量管理——持续改进指南》，卜晓云译，中国人民大学出版社 2004 年版。

［115］熊伟：《质量机能展开》，化学工业出版社 2012 年版。

［116］苏比尔·乔杜里：《六西格玛的力量》，电子工业出版社 2002 年版。

［117］徐育才等：《六西格玛管理培训》，京华出版社 2012 年版。

［118］［美］小哈里·菲吉：《降低成本指南》，姜龙云译，上海人民出版社 1995 年版。

［119］［美］爱德华·布洛克、孔·陈、托马斯·林：《战略成本管理》，王斌等译，人民邮电出版社 2005 年版。

［120］艾宝俊：《竞争成本论》，中国社会科学出版社 2006 年版。

［121］王绍印：《全面降低成本实战》，广东经济出版社 2012 年版。

［122］［美］菲利普·克劳士比：《削减质量成本》，杨钢、林海译，中国人民大学出版社 2006 年版。

［123］迟会礼、唐华山：《管理者要善意砍成本》，人民邮电出版社 2007 年版。

［124］邱木根、孙晓军：《美国铁路集装箱运输和多式联运服务对我们的启示》，《理论学习与探索》2009 年第 5 期。

［125］［英］保罗·罗伯特：《创新管理和新产品开发》，吴东等译，中国人民大学出版社 2005 年版。

［126］［英］爱德华·德·波诺：《严肃的创造力——运用水平思考法活动创意》，杨新兰译，新华出版社 2003 年版。

［127］［英］爱德华·德·波诺：《六顶思考帽——迅速搭建智力资本扩张平台》，冯杨译，北京科学技术出版社 2004 年版。

［128］［美］罗伯特·塔克：《创新才有增长》，燕清联合译，新华出版社 2004 年版。

［129］［美］伊莱恩·丹敦：《创新的种子——解读创新魔法》，陈劲、姚威等译，知识产权出版社 2005 年版。

［130］［日］大前研一：《创新者的思考：发现创新与创意的源头》，王伟译，机械工业出版社 2007 年版。

［131］周鑫：《我国集装箱多式联运系统协调性分析与研究》，上海海事大学，2004 年。

［132］［美］戴维·R. 安德森、丹尼斯·J. 斯威尼、托马斯·A. 威廉斯：《数据、模型与决策》（第 10 版），于淼等译，机械工业出版社 2003 年版。

［133］许晓东：《定量分析方法》，华中科技大学出版社 2008 年版。

［134］［荷兰］Wilvan der Aalst & Kees wan Hee：《工作流管理——模型、方法和系统》，王建民、闻立杰等译，清华大学出版社 2004 年版。

［135］［美］冯·贝塔朗菲：《一般系统论》，清华大学出版社 1987 年版。

［136］席涛：《个人、企业、政府行为分析：经济分析的一个理论框架》，《经济纵横》2001 年第 5 期。

［137］曾永长：《多式联运流程设计与路径优化》，重庆大学，2009 年。

［138］徐业洋：《分工专业化与一体化问题研究及其在交通运输业中的应用》，海上海运学院，2001 年。

［139］张得志、凌春雨：《多种运输方式的组合优化模型及求解算法》，《长沙铁道学院学报》2002 年第 20 期。

［140］吴群琪：《运输需求经济分析》，《交通运输工程学报》2011 年第 1 期。

［141］唐志英、周德苏、王仕川：《基于多式联运的虚拟企业模式研究》，《铁道运输与经济》2008 年第 3 期。

［142］周跃：《集装箱多式联运运输决策与协调问题的研究》，河海大学，2006 年。

［143］朱晓宁：《集装箱多式联运通道规划理论与方法的研究》，北方交通大学，1999 年。

［144］吴永富等：《国际集装箱运输与多式联运》，人民交通出版社 1998 年版。

［145］贾振军：《货物多式联运的风险分析及控制》，重庆交通大学，2009 年。

［146］傅冬绵：《交通问路系统中最短路径的新算法》，《华侨大学学报》（自然科学

版）2001 年第 2 期。

[147] 陈洁：《关于价值工程的价值分析》，《价值工程》2012 年第 1 期。

[148] 张维迎：《企业的企业家——契约理论》，上海人民出版社 1995 年版。

[149] 王众托：《信息化与管理变革》，大连理工大学出版社 2010 年版。

[150] 吴群琪、黄智英：《运输行为的本质及其特征分析》，《交通运输工程学报》
2012 年第 7 期。

[151] 田聿新：《集装箱多式联运组织与管理》，大连海事大学出版社 1999 年版。

[152] 王方：《基于多式联运的物流配送系统研究与实现》，哈尔滨工业大学，
2007 年。

[153] 王小卫、宋澄宇：《经济学方法——一位经济学家的观点》，复旦大学出版社
2006 年版。

[154] 赵颖：《多式联运流程设计与仿真研究》，吉林大学，2011 年。

[155] 李践：《砍掉成本》，机械工业出版社 2007 年版。

[156] 邓成梁：《运筹学的原理和方法》，华中理工大学出版社 1996 年版。

[157] 梁良良：《创新思维训练》，中央编译出版社 2011 年版。

[158] 袁加林：《集装箱多式联运标准化及其经济动因分析》，北京交通大学，
2010 年。

[159] 朱宝玉：《集装箱多式联运发展研究》，长安大学，2010 年。

[160] 张健琦：《货物运输时间价值理论在国际多式联运产品设计中的应用》，《中国
铁路》2011 年第 12 期。

[161] 孙巍：《基于协同的集装箱多式联运组织协调计划研究》，大连海事大学，
2007 年。

[162] 荣朝和：《重视基于交通运输资源的运输经济分析》，《北京交通大学学报》
（社会科学版）2006 年第 6 期。

[163] 蒋志清：《企业业务流程设计与管理》，电子工业出版社 2004 年版。

[164] 林理升、王晔倩：《运输成本、劳动力流动与制造业区域分布》，《经济研究》
2006 年第 3 期。

[165] 崔利刚：《货物多式联运运输方式选择研究》，重庆交通大学，2009 年。

[166] 张军、刘慧梅、孙克任：《我国物流成本区域差异的比较》，《企业经济》2008
年第 1 期。